LUTO
RIO
GREVE
SISTEMA PENAL
CEDAE

REVISÃO
Milene Couto

IMAGENS
Luiz Baltar, ensaio Ratione Imperii

PROJETO GRÁFICO
Patrícia Oliveira

CIP-BRASIL. CATALOGAÇÃO NA PUBLICAÇÃO
SINDICATO NACIONAL DOS EDITORES DE LIVROS, RJ
Elaborado por Meri Gleice Rodrigues de Souza — CRB 7/6439

E52

Entre utopias e memórias : arte, museus e patrimônios / organização Myriam Sepúlveda dos Santos. - 1. ed. - Rio de Janeiro: Mórula, 2021.
308 p. ; 21 cm

Inclui bibliografia
ISBN 978-65-86464-63-4

1. Memória coletiva - Aspectos sociais - Brasil. 2. Museus - Aspectos sociais - História - Brasil - Séc. XX. 3. Brasil - Política cultural - História - Séc. XX. 4. Patrimônio cultural - Brasil. 5. História social. I. Santos, Myriam Sepúlveda dos.

21-74733 CDD: 306.0981
CDU: 316.74(81)

Rua Teotônio Regadas 26 sala 904
20021_360 _ Lapa _ Rio de Janeiro _ RJ
www.morula.com.br _ contato@morula.com.br
/morulaeditorial /morula_editorial

Entre utopias e memórias:
ARTE, MUSEUS E PATRIMÔNIOS

MYRIAN SEPÚLVEDA DOS SANTOS [ORG.]

mórula
EDITORIAL

FAPERJ

SUMÁRIO

AGRADECIMENTOS

Este livro é o resultado dos debates promovidos pelo V Seminário Arte, Cultura e Poder, ocorrido entre maio e junho de 2021. O objetivo do Seminário foi aprofundar a compreensão sobre as relações de poder inerentes à arte e à cultura, privilegiando os embates e reflexões em torno de memórias políticas e de políticas da memória. Partindo de campos interdisciplinares, os pesquisadores lançaram mão da complexa trama de significados e de historicidade presente tanto nas práticas analisadas como nas estratégias travadas em torno da memória. As teias de significados analisadas estiveram presentes desde esferas locais até nacionais e transnacionais.

Dedico os primeiros agradecimentos àqueles que junto comigo organizaram o V Seminário Arte, Cultura e Poder, que ocorreu sob a forma de *webinário*, tarefa exaustiva uma vez que todos nós nos encontrávamos já no segundo ano de enfrentamento da pandemia causada pelo novo coronavírus. O cansaço com as apresentações e palestras online, melhor recebidas no ano anterior quando ainda se configuravam como novidade para o mundo acadêmico, aliou-se ao acúmulo de tarefas já exercidas no ritmo alucinante que as novas mídias requerem. Ainda assim, os professores doutores e pesquisadores Gabriel da Silva Vidal Cid, Maurício Barros de Castro e Leopoldo Guilherme Pio participaram da coordenação geral do evento, e cada um deles ficou responsável pela coordenação de uma mesa, de acordo com suas áreas de atuação e pesquisa. Agradeço ainda a professora doutora e pesquisadora Tereza Ventura pela mesa organizada. Todos os coordenadores das mesas contaram com contribuições valiosas às nossas pesquisas apresentadas pelos palestrantes convidados, os quais são colegas e parceiros de debates. Também a eles nossos agradecimentos.

Antes de continuar com os agradecimentos, algumas notas sobre a formação desse coletivo precisam ser ditas. Os pesquisadores envolvidos nesse ciclo de debates fazem parte do grupo de pesquisa Arte, Cultura e Poder (GP ACP-PPCIS/CNPq), criado em 2009 com a proposta de melhor compreender as relações de poder inerentes à arte e à cultura a partir de abordagens interdisciplinares e tecendo parcerias nacionais e estrangeiras. As primeiras parcerias foram com os professores Victor Hugo Adler, Geraldo Pontes e Carmem Lucia, todos do curso de Pós-Graduação em Letras da Universidade do Estado do Rio de Janeiro (UERJ). A partir de discussões sistemáticas, dois seminários foram organizados, gerando debates e publicações. Nesse período, o projeto "Ecomuseu Ilha Grande", voltado para a proteção do meio ambiente e da população local, consolidou-se agregando parcerias fundamentais no campo da museologia, das quais destaco a participação de Mario Chagas, atualmente diretor do Museu da República. O Ecomuseu, coordenado atualmente pelo historiador Gelsom Rozentino e sua equipe, faz parte da estrutura administrativa da UERJ, está em plena atividade e já é um dos mais visitados do Rio de Janeiro. Outro resultado das pesquisas desenvolvidas pelo GP Arte, Cultura e Poder (www.artecultpoder.org) é o Museu Afrodigital Rio de Janeiro (http://www.museuafrorio.uerj.br), que atualmente faz parte do Departamento Cultural da UERJ. Ele foi criado em 2010 como parte de uma rede nacional iniciada pelo antropólogo Lívio Sansone. Os museus digitais, sediados em diferentes universidades pelo Brasil, são coordenados pelos professores e pesquisadores Livio Sansone (UFBA), Antonio Motta (UFPE), Julie Cavignac (UFRN), Marilande Abreu (UFMA) e Ana Paula Alves Ribeiro (UERJ). Essas iniciativas universitárias têm por objetivo contribuir para a inclusão social da população negra, cujas produções culturais e representações são tradicionalmente excluídas de espaços institucionais. Em suma, o Grupo de Pesquisa ACP tem mantido diálogo com inúmeros pesquisadores, bolsistas, orientandos e estudantes, desde a graduação até o pós-doutorado. O GP ACP deve muito a Maurício Barros de Castro, que compartilhou comigo a coordenação entre 2016 e 2019, e a Gabriel da Silva Vidal Cid, atual vice-coordenador. Meus agradecimentos a ambos e a todos os que têm contribuído com participações nas aulas ministradas, nas palestras, nos seminários, nos trabalhos de campo realizados e até mesmo nas conversas informais, pois a formação do conhecimento ocorre a partir de um processo coletivo de trocas e interações.

Ao longo destes anos, o apoio da UERJ e de agências de fomento (FAPERJ, CAPES, CNPq, MinC) às pesquisas desenvolvidas permitiu o aprofundamento das investigações propostas desenvolvidas ao longo de seminários nacionais e internacionais e concretizadas em publicações e formação de sítios eletrônicos. Bolsas e financiamentos permitiram o trabalho de campo, a obtenção de apoio técnico, a compra de material de pesquisa e a manutenção de sítios eletrônicos. Estes últimos nos permitem ter acesso a espaços de diálogo e troca de conhecimento com a sociedade mais ampla. A Universidade do Estado do Rio de Janeiro incentiva e propicia atividades relacionadas à pesquisa, ensino e extensão.

Podemos relacionar a memória a diferentes contextos históricos e sociais, e, nesse sentido, a obsessão pela memória no mundo moderno pode ser vista como consequência de um conjunto de fenômenos, desde enfraquecimento de tradições e referências morais até fragmentação das esferas sociais. Nas últimas décadas, a memória passou a ser percebida não apenas como uma iniciativa de preservação do passado, mas como um movimento de relações de poder e obtenção de justiça frente às violações do passado. Este livro, graças à valorização do conhecimento e às políticas públicas que se voltaram para o fortalecimento das universidades, tão ameaçadas em dias atuais, procura contribuir com novos paradigmas e se associar a movimentos sociais na procura da justiça, prática que ocorre também no campo da memória.

MYRIAN SEPÚLVEDA DOS SANTOS
Rio de Janeiro, 7 de setembro de 2021

INTRODUÇÃO

Entre memórias e utopias: a construção de um novo paradigma

MYRIAN SEPÚLVEDA DOS SANTOS

Entre utopias e memórias é um livro que gira em torno não apenas de memórias coletivas, mas também de política, de formas de poder que se perpetuam, de conflitos e resistências, de silêncios e ausências e de buscas por reparação de violações cometidas no passado. Atualmente, mais do que em qualquer outro período da modernidade, há a percepção corrente de que a memória coletiva é construída e disputada. Inicialmente, as versões oficiais da História e da historiografia profissional foram contestadas, e a memória apareceu associada a testemunhos e narrativas autobiográficas como contraponto ao discurso dominante. Grupos sociais e diversos especialistas procuraram as versões não autorizadas do passado como forma de se contrapor ao discurso único. A memória e diversas outras representações coletivas passaram, então, a ser disputadas em meio às guerras culturais. Embora os conflitos tenham desempenhado mudanças importantes, logo ficou claro que as tensões entre as "invenções" das memórias e suas contestações relacionam-se com estruturas de poder já existentes. No Brasil, por exemplo, a ausência de uma esfera pública inclusiva torna o trabalho de crítica da memória oficial — que necessita ser constante — desfavorável, senão inalcançável, para diversos segmentos da sociedade.

O questionamento à história oficial estendeu-se aos testemunhos que surgiam como vozes alternativas, uma vez que a cada nova narrativa, novas formas de silenciamento são produzidas. Como a construção do passado é sempre plural e está condicionada e limitada por uma gama de variáveis, estudos recentes sobre a memória abandonam a procura de um passado real e inalcançável, mas não a desconstrução daquelas narrativas que perpetuam injustiças. Apontar os conflitos e também as ausências torna-se essencial na procura de justiça. O recorte priorizado neste livro é aquele que considera tanto as políticas da memória, nas quais construções do passado entram em conflito, como as memórias políticas, em que a busca de silêncios e ausências questiona a centralidade da história única. Podemos dizer que, nesse sentido, o trabalho da memória é interdisciplinar, necessita da arte e de novas formas de conhecimento e cumpre um papel próximo ao das utopias no passado: a busca do caminho para liberdade e justiça.

No final da década de 1980, a queda do Muro de Berlim, de forma inesperada para o Ocidente, marcou para muitos o fim da Guerra Fria e a abertura de novos cenários. Junto com o colapso dos governos comunistas da antiga União Soviética e de países do Leste Europeu, passamos a conviver com a hegemonia de novas práticas capitalistas, desencadeadas não só pelas novas tecnologias de informação, mas também por um novo regime de temporalidade em que a procura por redenção do passado ganhou centralidade em detrimento de antigas utopias de um tempo melhor. Diversos autores procuraram compreender essas mudanças.

O historiador francês François Hartog, por exemplo, escreveu sobre a mudança do regime da memória a partir da abertura de um novo campo para a História e de uma rememoração ativa do presente que visa à transformação. Procurou dar sequência às análises do historiador alemão Reinhart Koselleck, as quais, em estudo que se tornou clássico, apontaram a exaustão da história mestra da vida no século XVIII, quando uma historiografia centrada na busca de fontes e métodos científicos substituiu as narrativas repletas de lições morais e políticas. A historiografia moderna consagrou a ideia linear de progresso em detrimento de visões cíclicas da história (Koselleck, 1985).

Em *Seduzidos pela memória*, Huyssen (2000) destacou — a partir da década de 1970 — diversos elementos que indicariam uma guinada cultural nesse sentido: a restauração de velhos centros urbanos, a explosão do número de museus, as modas retrô, a comercialização da nostalgia, o aumento da literatura memorialística e confessional e dos romances autobiográficos e históricos, a importância dos documentários e canais de História, bem como a atenção voltada para a literatura sobre trauma, síndrome da memória recuperada, histórias difíceis e pedidos de desculpas sobre o passado. Em *Regimes de Historicidade: presentismo e experiências do tempo*, Hartog (2015) descreveu nossa época como marcada pelo "presentismo" e pela obstinada memorialização de lugares sociais. À medida que o olhar para trás ganhava relevância, os diversos movimentos sociais afastavam-se das lutas que prometiam um mundo de liberdades a se realizar no futuro.

Em um livro mais polêmico, o historiador italiano Enzo Traverso apontou o surgimento de um sentimento melancólico nos setores de esquerda ocasionado pelo sentimento de culpa por não desafiar suficientemente as autoridades, pelo medo de se render em resignação, pelo luto por perdas humanas e pelo sentimento de fracasso por não realizar aspirações utópicas. A emergência da memória no espaço público seria uma consequência dessa mudança. Para Traverso (2017), o novo regime de historicidade, que não é muito distante daquele descrito por Hartog, teria o poder de reacender a dialética do pensamento revolucionário.

O trabalho de Walter Benjamin (1985) sobre o conceito de história tem sido resgatado. Benjamin, que certamente estava à frente de seu tempo, criticou duramente a construção da história de forma linear, como se fosse contas de um rosário, na qual ocorria o distanciamento entre passado e presente. Para o autor, que se considerava marxista, as grandes narrativas da história, que anunciavam a vitória inevitável do proletariado ou ainda a emancipação plena do indivíduo de todas as amarras e condicionantes sociais não se sustentavam. O caminho a ser trilhado na direção dada pelo progresso inexorável era resultado de um pensamento equivocado. A crítica ao positivismo científico alcançou com ele a historiografia do início do século XX.

Nas ciências sociais, o "olhar para trás" ganha atenção no mesmo período da chamada "virada linguística", em que as antinomias entre indivíduo e sociedade abrem espaço para a interpretação das representações sociais. Podemos dizer que a partir dos anos 1980 não é mais possível uma ciência voltada para o objeto considerado real ou absoluto, nem mesmo aquela que considera o sujeito como parâmetro imutável e universal. O conhecimento passa a ser associado à linguagem pela qual o sujeito se expressa e o real é representado. Além disso, a atribuição de significado associa-se às relações de poder ao mesmo tempo que os sistemas analisados não são considerados fechados em oposições binárias e classificatórias, mas sim abertos. Segundo o sociólogo britânico Stuart Hall (2016), por exemplo, o importante é perceber que grupos sociais ordenam, organizam e dão sentido ao mundo em relação com o poder inerente às estruturas políticas, econômicas e institucionais. Por meio das análises de práticas de representação, fenômenos como produção de alteridade e exclusão social são explicados.

Não só o "outro", mas também o tempo, passa a ser considerado como representação social atravessada por relações de poder. O filósofo Michel Foucault (1979) ao retomar o pensamento de Nietzsche sobre história, no início da década de 1970, deu densidade à crítica às histórias lineares voltadas para o futuro, a qualquer ideia de origem e continuidade na história e à abordagem ao passado que procurava causalidades ou finalidades em práticas sociais. Sua crítica abriu um leque de possibilidades para todos aqueles que estavam sendo continuamente esquecidos e apagados pelas narrativas históricas legitimadas por órgãos oficiais e acadêmicos. O resgate do passado esquecido foi a arma utilizada por diversos movimentos que se caracterizaram pela reconstrução da história no fortalecimento de novas identidades.

No Brasil, eventos que envolvem moradores de áreas periféricas, geralmente pessoas negras e com baixa renda, aparecem na grande mídia sempre por meio de narrativas que minimizam a violência policial e a morte de crianças, adolescentes e trabalhadores. Os mortos são associados ao tráfico de drogas ou às "balas perdidas". Há uma representação parcial da violência contra diversos segmentos sociais que permanece intacta na mídia. O mesmo acontece com as versões oficiais das histórias nacionais. Movimentos sociais reivindicam o direito de divulgarem suas próprias versões de eventos ocorridos, o que muitas vezes envolve processos judiciais que duram anos ou décadas.

Contranarrativas e protestos ganham força construindo uma memória própria com o auxílio de ferramentas digitais e mídias alternativas. Recentemente, por exemplo, a queima da estátua do bandeirante Borga Gato alcançou as páginas dos jornais, apesar de lideranças indígenas estarem denunciando há décadas a comemoração pública de bandeirantes acusados de massacrar povos originários. O movimento de derrubada de estátuas no Brasil e ao redor do mundo tem mostrado que as lutas contra o racismo e contra a discriminação de minorias estigmatizadas e brutalizadas são também batalhas pela memória. A conexão entre direitos e memória faz parte dos embates do século XXI.

Para acadêmicos e movimentos organizados, as representações oficiais tornaram-se alvo de crítica e revisão. O silenciamento foi desnaturalizado, deixando de ser um mero elemento do processo seletivo de escolhas. As narrativas oficiais têm sido questionadas, e testemunhos e novas fontes de conhecimento passaram a ser consideradas. Diversos movimentos sociais têm tido sucesso em revisões históricas do passado colonial e escravocrata, cujas injustiças dão sustentações a políticas reparatórias e equidade na distribuição de recursos e direitos. Conceitos como os de diáspora, hibridismo e diversidade passaram a fazer parte das atuais demandas por cidadania e liberdade. Esse tem sido um processo dinâmico e político em que grupos se organizam e fazem demandas em função de suas formações identitárias, denunciando concomitantemente ciclos históricos repetitivos de exploração e genocídio. A população se torna mais ciente dos efeitos políticos de mitos, monumentos, histórias e crenças oficiais e não oficiais. Ainda assim essas são tendências não lineares. Recentemente observa-se uma política federal que fortalece novamente discursos oficiais conservadores, bem como a violência generalizada contra grupos oprimidos e sem grande representação nas esferas públicas oficiais.

No Brasil, é possível ainda destacar o fortalecimento das políticas de salvaguarda, relacionadas ao patrimônio imaterial, como também o surgimento de iniciativas de preservação que partem de moradores de favelas e de bairros periféricos. Alinhados a movimentos sociais diversos, novos museus e lugares da memória procuram garantir o direito de coletivos diversos construírem suas próprias narrativas. Os conflitos resultantes do que podemos denominar de "guerras culturais" se fortaleceram, criando novas demandas por autodeterminação.

A segunda onda memorialística, que ocorre na década de 1980, relaciona-se à experiência de milhares de judeus que foram jogados em campos de concentração e exterminados durante o Holocausto (LaCapra, 2001; Yerushalmi, 1982). Os estudos sobre o massacre do povo judeu proporcionaram bases epistemológicas e filosóficas para abordagens a traumas e silenciamentos históricos diversos, associados a uma grande variedade de violações de direitos humanos[1]. O cuidado auferido aos testemunhos do Holocausto abriu um importante caminho para uma nova abordagem à memória traumática, a qual foi utilizada na compreensão e nas respostas dadas às diversas tragédias e violações acontecidas no passado. Museus, monumentos, arquivos, bibliotecas e memoriais foram erguidos ao redor do mundo como forma de manter viva a memória das vítimas da Shoa[2]. Testemunhos de guerras esforçaram-se para lembrar experiências sofridas com a esperança de que as barbáries do passado não se repetissem. Tornou-se urgente a procura de um acerto de contas com o passado, o "dever da memória", para que o passado não se repetisse. Contudo, a era da memória e das políticas reparatórias conviveu com as guerras e os conflitos, assim como as violações de direitos humanos. As esperanças de construção de um mundo melhor produzido pelo confronto com o passado não se concretizaram.

A procura do passado não é uma tarefa fácil. Em oposição a tantos movimentos identitários que nele se apoiaram, Foucault criticou a ideia de que experiências vivenciadas ao longo do tempo pudessem

---

1 Os estudos sobre a dificuldade de narrar eventos traumáticos são crescentes. Ver, por exemplo, Caruth (1995, 1996), Jacobus (1998), Seligmann-Silva e Nestrovski (2000) e Bresciani (2002).

2 Ver, entre outros, a casa de Anne Frank, na Holanda; o Memorial do Holocausto, em Berlim; o campo musealizado de Auschwitz-Birkenau, na Polônia; o United States Holocaust Memorial Museum, em Washington; a Shoah Foundation, na California; o memorial Yad Vashem, em Israel; como, também, no Brasil, o Museu do Holocausto, em Curitiba.

acumular sentido. Ao contrário, procurou ver tradições como um conjunto de falhas, fissuras, camadas heterogêneas em conflito. Em oposição às relações de causalidade na história, o filósofo adverte a falta de coerência entre práticas e suas consequências. A humanidade, para Foucault (1979), não progride lentamente, de combate em combate, até uma reciprocidade universal. As regras, ao estabelecerem a ordem, instalam a violência e um sistema de dominação. Sua proposta foi a de que procurássemos vestígios do passado por meio de um trabalho minucioso de observação em marcas inscritas nos corpos, nos sentimentos e instintos, bem como na constituição de regras e leis, que tanto abrem espaço para práticas sociais como as limitam.

É importante, nesse sentido, compreender a generalização ocorrida no conceito de trauma. No que diz respeito a guerras e situações de violência, o conceito de trauma, inicialmente formulado pelo médico Sigmund Freud (1999) para explicar a reação da psique a situações de extrema violência, passou a ser definido em termos tanto da natureza devastadora dos eventos sobre o indivíduo como da incapacidade da psique em lidar com determinados eventos. A questão que se impôs aos estudos da memória continuou a ser a impossibilidade de termos testemunhos do passado, uma vez que grande parte das experiências eram vivenciadas como trauma. A percepção de que experiências vivenciadas não eram facilmente compreendidas e narradas generalizou-se. Em casos de violência — como tem sido diagnosticado em comportamentos abusivos muitas vezes impostos, entre outros, a povos originários, mulheres, crianças, idosos, negros e homossexuais —, o passado ressurge não como uma narrativa de um evento vivenciado no passado, mas por meio de reações que indicam a incompletude da experiência anterior. Admite-se o colapso da compreensão e da testemunha nesses casos. Por mais que historiadores procurem explicações para as barbáries, o excesso cometido parece sempre ficar além da compreensão. Contudo, no trauma, experiências passadas continuam atuando no presente. Procura-se compreender elementos desestabilizadores da ação social, ou mesmo o porquê de lembranças emergirem no presente independentemente da vontade do sujeito.

As abordagens à memória, que envolvem trauma e reparação, passaram a ter — além dos tradicionais arquivos, museus e monumentos — a arte, a literatura, o cinema e os novos meios de comunicação, entre diversas outras formas de expressão, como instrumentos para traduzir a dor do outro a um público mais extenso, conectando sensibilidades do passado e formando alianças no presente. A memória se tornou objeto interdisciplinar, sendo seu alcance analisado também pelos novos estudos sobre emoções, mídia e comunicação. De narrativas voltadas para a representação e o fortalecimento das identidades, ou mesmo de narrativas relativas a um evento único, as novas memórias se voltam para a produção de encontros e emoções de modo a provocar ações solidárias. Essas mudanças estão associadas às novas formas de relação entre espaço e tempo e, consequentemente, às novas definições de memória coletiva. O passado deixa de ser associado a um contexto distante e passa a ser visto como parte do tempo presente. As novas políticas preservacionistas trazem à tona as opressões que atingem diversos povos e segmentos sociais, procurando construir pontes de solidariedade entre todos aqueles que tiveram que enfrentar, ou ainda enfrentam, as violações de seus direitos[3].

Os capítulos deste livro seguem a organização do V Seminário Arte, Cultura e Poder. Coube a mim, nesta publicação, organizar também os debates em torno da memória que envolvem reparação e política do afeto. Esses são temas que estão em diálogo com a "Memória coletiva e justiça social", tema do meu último livro. Os capítulos "Patrimônio em contextos de crise", "Arte e memórias políticas" e "Políticas de memória e luta antirracista" refletem os empenhos de Leopoldo Guilherme Pio, Maurício Barros de Castro e Gabriel da Silva Vidal Cid, cada um deles construindo debates e parcerias em seu próprio campo de investigação e trabalho. A professora e pesquisadora Tereza Ventura foi responsável pela coordenação da mesa "Memória e de(s)colonização", tema a que tem se dedicado nos últimos anos. Essas são todas contribuições, que partem de diferentes campos disciplinares e acompanham os debates que temos desenvolvido em torno dos temas "políticas da memória" e "memórias políticas".

---

3 Ver, entre outros, Landsberg (2004), Rothberg (2009) e Sodaro (2018).

REFERÊNCIAS

BENJAMIN, Walter. Sobre o Conceito de História. In: *Magia e Técnica, Arte e Política. Obras escolhidas I.* São Paulo: Editora Brasiliense, 1985. p. 222-232.

BRESCIANI, Maria Stella; NAXARA, Márcia (org.). *Memória e (res)sentimentos*: indagações sobre uma questão sensível. Campinas: Ed. Unicamp, 2002.

CARUTH, Cathy (ed.). *Trauma*: Explorations in Memory. Baltimore; London: The Johns Hopkins University Press, 1995.

CARUTH, Cathy. *Unclaimed Experience.* Baltimore; London: John Hopkins University, 1996.

FOUCAULT, Michel. Nietzsche, a genealogia e a história. In: *Microfísica do Poder.* Rio de Janeiro: Edições Graal, 1979. p. 12-23.

FREUD, Sigmund. Beyond the Pleasure Principle (1920-1922). Vol. XVIII. In: STRACHEY, James; FREUD, Anna; STRACHEY, Alix, TYSON, Alan (ed.). *The Standard Edition of The Complete Psychological Works of Sigmund Freud.* London: Hogarth Press, 1999. p. 3-64.

HALL, Stuart. *Cultura e Representação.* Rio de Janeiro: PUC-Rio, Apicuri, 2016.

HARTOG, François. *Regimes de Historicidade*: presentismo e experiências do tempo. Belo Horizonte: Autêntica, 2015.

HUYSSEN, Andreas. *Seduzidos pela Memória.* Rio de Janeiro: Aeroplano, 2000.

JACOBUS, Mary. Preface. *Diacritics*, v. 28, n. 4, p. 3-4, 1998.

KOSELLECK, Reinhart. *Futures Past*: On the Semantics of Historical Time. Cambridge; Massachussetts: The MIT Press, 1985.

LACAPRA, Dominick. *Writing History, Writing Trauma.* Baltimore: Johns Hopkins University Press, 2001.

LANDSBERG, Alison. *Prosthetic memory*: the transformation of American remembrance in the age of mass culture. New York: Columbia University Press, 2004.

ROTHBERG, Michael. *Multidirectional Memory*: Remembering the Holocaust in the Age of Decolonization. Stanford; California: Stanford University Press, 2009.

SELIGMANN-SILVA, Marcio; NESTROVSKI, Arthur. *Catástrofe e Representação*. São Paulo: Escuta, 2000.

SODARO, Amy. *Exhibiting Atrocity*: memorial museums and the politics of past violence. New Brunswick: Rutgers University Press, 2018.

TRAVERSO, Enzo. *Left-Wing Melacholia*: Marxism, History, and Memory. New York: Columbia University Press, 2017.

YERUSHALMI, Yerushalmi Hayim. *Zakhor:* Jewish History and Jewish Memory. Seattle; London: University of Washington Press, 1982.

PARTE I

Descentrando as memórias coletivas

Carlos Gadea e Tereza Ventura nos apresentam pesquisas importantes mostrando que a memória não está mais vinculada ao sujeito que se lembra, exaurido pelos traumas sofridos, mas às performances e mobilizações daqueles que trazem o passado para o presente por motivos éticos e políticos. Não há tampouco o passado a ser lembrado em sua veracidade absoluta, pois os que procuram a memória do passado já estão muito distantes dele. O distanciamento em relação às barbáries cometidas no passado não impede que uma nova geração se mobilize para recordá-lo, utilizando-se de novos meios de comunicação e denunciando crimes e abusos.

Carlos Gadea, em "Pós-memória e política dos afetos: a *Marcha del silencio* como política cultural", nos traz subsídios que permitem questionar a crítica ao desvanecimento dos afetos e da memória na era da pós-modernidade. Diversos autores que fizeram o diagnóstico da era pós-moderna associaram a ausência de um horizonte de sentido à crise de afetos. O sujeito pós-moderno seria aquele indivíduo solitário, isolado, incapaz de interações sociais mais profundas. Gadea, ao contrário, nos mostra o surgimento e fortalecimento de uma nova política de afetos no período. Para exemplificar seu argumento, ele analisa a *Marcha del Silencio*, evento protagonizado pelas mães daqueles que foram assassinados durante a ditadura cívico-militar no Uruguai, ocorrida entre 1973 e 1985. As mães querem respostas, "Que nos digan donde están!!!", respostas essas que não são dadas. Também a campanha fotográfica "Imágenes del Silencio" é analisada. O argumento de Gadea é que a "Marcha" é uma performance cultural capaz de transmitir as experiências passadas aos mais novos. Da mesma forma atuam as imagens retratadas pela fotografia. A transmissão de uma memória trágica e traumática de gerações anteriores não ocorre de maneira passiva, não se trata de uma imagem de sofrimento que surge de forma involuntária em momento de perigo. Ao contrário, a "Marcha" e as imagens retratadas são produções coletiva sobre o passado que não se quer esquecer, uma "espécie de reescritura criativa da experiência da primeira geração". Retomando o trabalho de Marianne Hirsch sobre pós-memória, Gadea destaca a importância do investimento emocional das novas gerações na transmissão da memória. Tanto a lembrança do fato vivenciado como o testemunho dão lugar às representações feitas pelas novas gerações. As memórias contemporâneas transmitidas têm — nas palavras de Gadea — uma potência política, pois são capazes de afetar os outros, de se constituir no contato com o outro. Ao enfatizar a importância do papel desempenhado pelas emoções na transformação das esferas públicas, Gadea fortalece o caminho da memória para além das guerras culturais por sentido. A transmissão geracional da memória nos casos apontados indica um trabalho terapêutico e político importante, pois trabalham-se no espaço público eventos violentos de difícil representação. O visual, o estético e o imaginário surgem não como contraponto da razão, como espelho do que não existe mais, mas sim como essenciais ao impacto narrativo. Nas palavras do autor, "trata-se de uma nova politização da memória em que o valor da vida, a democracia e as liberdades civis substituem o sujeito político carregado em excesso pelas particularidades ideológicas e histórias políticas concretas".

Tereza Ventura nos apresenta, em "Raça, genocídio, memória e reparação", as lutas por reparação de comunidades africanas herdeiras e vítimas da expansão colonial europeia. Percorrendo a perspectiva de autores como Mbembe e Fanon, a autora desenvolve o argumento de que o projeto de justiça pós-colonial deve consolidar uma concepção pós-racial do ser humano e uma ética de mutualidade. Trata-se de restituir formas e meios simbólicos de modo a reparar a violência colonial.

Não se tenta mais a reescrita do passado, uma vez que já se admite que passado e presente pertencem a um tempo que se move. O caso da Namíbia é destacado por ter se constituído o primeiro genocídio do século XX e pelo pedido de reparação feito contra o Estado alemão. As denúncias do colonialismo apontam a relação estreita entre pesquisas acadêmicas que estabeleciam hierarquias raciais, panópticos criados para expor os povos colonizados ao público europeu e acervos de remanescentes humanos que permanecem até os dias atuais em instituições europeias. As novas políticas da memória podem ser compreendidas pelas demandas por reparação que exigem a restituição de objetos sagrados, remanescentes de humanos e outros objetos saqueados dos povos que estiveram sob o poder da colonização. Práticas associadas ao colonialismo são denunciadas e associadas às políticas de extermínio que ainda ameaçam diversos povos e segmentos sociais no mundo contemporâneo.

MYRIAN SEPÚLVEDA DOS SANTOS

Pós-memória e *política dos afetos*: a *Marcha del Silencio*[1] como política cultural

CARLOS A. GADEA

. I .

No artigo intitulado "La democratización en el contexto de una cultura postmoderna", do ano de 1987, o crítico cultural chileno Norbert Lechner argumentava que a pós-modernidade devia ser compreendida como um fenômeno associado com o "desvanecimento dos afetos", com o "esfriamento das emoções", próprio de uma cultura *cool* e irônica, "mimética" e "não reflexiva", da geração de jovens daqueles anos de 1980 do contexto latino-americano.

A pós-modernidade era definida em sintonia com a eventual ausência de "referentes transcendentais" na vida pessoal e coletiva, a partir de uma espécie de "distanciamento histórico-crítico" dos grandes temas da política e da vida pública, correlato, aparentemente, desse mesmo "distanciamento afetivo" para com as "energias emancipatórias" que tanto tinha caracterizado décadas atrás. Para Lechner, a suposta crise dos afetos teria dado passo a uma nova subjetividade, cuja característica seria sua incapacidade de elaborar um "horizonte de sentido" com o qual poderia selecionar valores inerentes a uma "vida boa e justa" (Gadea, 2017, p. 150-152).

---

1 Nome dado à mobilização pública realizada em Montevidéu (e em algumas outras cidades do interior), no Uruguai, a cada 20 de maio, organizada e convocada por diversas organizações de Defesa dos Direitos Humanos no país, entre as quais se encontra "Madres y Familiares de Uruguayos Detenidos Desaparecidos", reivindicando o esclarecimento dos casos de desaparecimentos e detenções arbitrárias de cidadãos durante o período da Ditadura Cívico-Militar, entre os anos 1973 e 1985.

Publicado no ano de 1984, o pequeno livro do crítico da cultura norte-americana Fredric Jameson, intitulado *Postmodernism, or the cultural logic of late capitalism*, sugere um mesmo diagnóstico sobre a cultura pós-moderna. Beasley-Murray (2010) é quem nos aproxima às suas reflexões, afirmando que para ele teria desaparecido do horizonte os grandes temas modernistas da vida social, a alienação, a anomia, a solidão, a fragmentação e o isolamento social, surgindo como contrapartida "no solo una liberación de la ansiedad, sino también una liberación de cualquier sentimiento, puesto que ya no hay un Yo presente que produzca los sentimientos" (Beasley-Murray, 2010, p. 125). O resultado seria uma cultura de crescente despersonalização ou "impessoalidade", que levaria a compreender a cultura pós-moderna (uma vez mais) como própria de uma "desintegração dos afetos" (Beasley-Murray, 2010, p. 125). Por isso, se o "reino cultural se torna idêntico ao socioeconômico", como Jameson parece sugerir através das análises de Connor (1993, p. 44), seria, consequentemente, na euforia do "consumidor pós-moderno" em que se materializaria o fim do modernismo como energia crítica da sociedade moderna.

Não obstante, desde aqueles anos de 1980 até o presente, o mal-estar cultural não parou de produzir novos desafios. Assim, não seria a euforia consumidora, necessariamente, o que passaria a definir de forma exclusiva nosso presente, senão, em primeiro lugar, uma eventual crise das experiências individuais, sociais e políticas, se tomamos como parâmetro o tipo de sociedades a que se referiam nas suas análises tanto Lechner como Jameson. E, em segundo lugar, as importantes transformações históricas na esfera da cultura que levaram a se tornar explícitas novas experiências pessoais e coletivas, inserindo sentidos práticos novos à esfera da política.

Importante considerar que, sob certos aspectos, essas transformações culturais têm correspondência com a denominada "virada teórica" dos anos de 1970 e 1980, própria das abordagens pós-modernas e pós-estruturalistas, na qual trazia para o centro das reflexões não só uma espécie de reedição dos enfoques interacionistas e pragmatistas da teoria social (Gadea, 2013), mas também, e de maneira fundamental, a importância de realizar alguns "deslocamentos" quanto aos objetos e enfoques dos estudos culturais e sociais a serem realizados, na procura por privilegiar, por exemplo, a presença dos corpos e das emoções no mundo social, do comunitário e das comunidades como formas inerentes a novas sociabilidades, e dos próprios afetos, do elemento afetivo, inclusive, como "potência política".

A propósito, Beasley-Murray (2010) destacaria o "retorno do afeto" como objeto de estudo a partir dos anos 2000, a partir de diferentes perspectivas, desde os estudos da neurologia e da psicossociologia até os estudos feministas e os diversos estudos culturais. Aqui se chamará a atenção para a dimensão afetiva como parte de uma produção cultural que terá nas memórias coletivas, transgeracionalmente ativadas, um pilar característico de uma *política dos afetos*.

Talvez, Norbert Lechner e Fredric Jameson, nas suas reflexões sobre a cultura pós-moderna, tenham negligenciado alguns aspectos fundamentais que a própria crítica pós-moderna incorporava no debate em torno à vida social e às mudanças culturais daqueles anos de 1960, 1970 e 1980. Em especial, porque, justamente, a dimensão da afetividade se estabeleceria como um dos pilares da nova condição cultural, adquirindo um espaço de destaque para o que no futuro seria as novas políticas pós-modernas, usando a expressão das análises classicamente conhecidas de Heller e Fehér (1994). Mas, trata-se de uma *política dos afetos* que está estreitamente vinculada (e se complementa) com um novo contexto histórico e cultural em que a "comemoração" e a "nostalgia" ganham força; em um momento particular no qual a relação entre o presente e o passado adquire centralidade cultural e política (Huyssen, 2002), materializando-se em uma ampla variedade de formatos para sua expressividade, desde peças de teatro, cinema e exposições de arte até mobilizações sociais e *performances* políticas de todo tipo. Tempos de revisionismos e de revisitar episódios da história recente ou longínqua, de compreender os cenários e os seus protagonistas a partir de um olhar "não oficial" dos discursos pedagogicamente transmitidos.

. II .

A ditadura cívico-militar no Uruguai (1973-1985) é uma questão histórica inesgotável. Entre suas consequências está o impacto que teve na memória coletiva de várias gerações de uruguaios. Está na memória de alguns que foram presos, exiliados, dos seus filhos e netos, e na maioria da população que, como comumente se diz, pareceu assistir a um confuso conflito que, por momentos, apresentava-se como algo distante. Para todos, por igual, a cotidianidade tinha adquirido uma gravidade diferente naqueles anos. Havia silêncios obrigatórios ou provocados; um ar de controle social inquestionável que se poderia suspeitar no lugar de trabalho, na universidade, em um parque ao ar livre ou em uma reunião de amigos. Em particular, lembra-se de que as festas de aniversário de muitas crianças naqueles anos de 1970 poderiam ter horário determinado pela própria polícia para acabar e que, dependendo do convidado, lá na rua, dentro de algum carro com luzes apagadas, quatro policiais à paisana poderiam estar à sua espera para abordá-lo e, eventualmente, conduzi-lo a algum interrogatório.

Passaram-se quase cinquenta anos desde seu início e, depois de mais de sete governos eleitos democraticamente, esse episódio da história uruguaia não cessa em reapresentar-se, inclusive, através de múltiplos formatos e narrativas. É o caso, fundamentalmente, protagonizado durante décadas pela organização civil "Madres de Familiares de Uruguayos Detenidos Desaparecidos", originada a começos dos anos de 1980 como meio para poder denunciar a situação de detenção arbitrária e desaparição de familiares durante a ditadura cívico-militar. Não obstante, e apesar do processo de redemocratização política (de 1985 em diante) abrir espaços sociais consideráveis, os referidos governos eleitos democraticamente não conseguiram dar respostas às reiteradas demandas por "verdade e justiça" que as "Madres" historicamente tinham colocado em pauta.

Assim, no ano de 1996, a organização protagonizaria uma virada importante com relação ao seu protagonismo no cenário social e político, e a sua própria visibilidade nacional e internacional. Desde esse ano, e de maneira ininterrupta, organizaria, anualmente, uma mobilização social a cada 20 de maio, que seria posteriormente conhecida como a *Marcha del Silencio*. Essa mobilização pretendia dar continuidade à luta já iniciada nos anos de 1980 e gerar, em especial, uma pressão social e política para que se realizassem as investigações necessárias ao esclarecimento dos assassinatos e desaparições na ditadura cívico-militar. Com o passar dos anos, a dimensão da sua convocatória tem crescido consideravelmente, tanto do ponto de vista da visualização da sua agenda no cenário público e nos meios de comunicação, como do ponto de vista dos seus aderentes, transformando-se em um evento coletivo que transcenderia as próprias demandas específicas, para ir adquirindo um tom mais conectado com uma "defesa da democracia" em termos gerais. Sem dúvida, o contexto político e social propiciado pelos governos da Frente Ampla (esquerda uruguaia), desde os anos 2000, colaborou para reafirmar a identidade coletiva dessa mobilização, conseguindo penetrar no tecido social e na sociedade civil em geral, pautando uma agenda de sensibilização importante sobre o passado político e cultural do país. A mobilização realizada no ano de 2019, em uma cidade de Montevidéu chuvosa e repleta de guarda-chuvas coloridos, foi sintomática desse efeito simbólico e cultural suscitado na sociedade uruguaia.

Marcha del Silencio, 20 de maio de 2019, Montevidéu, Uruguai[2]

Marcha del Silencio, 20 de maio de 2019, Montevidéu, Uruguai[3]

2 Disponível em: https://www.elpais.com.uy/multimedia/miles-manifestaron-lluvia-edicion-marcha.html. Acesso em 15/08/2021

3 Disponível em: https://www.elpais.com.uy/multimedia/miles-manifestaron-lluvia-edicion-marcha.html. Acesso em 15/08/2021

Marcha del Silencio, 20 de maio de 2019, Montevidéu, Uruguai[4]

Mas, com o decorrer dos anos, a *Marcha del Silencio* se tornou uma mobilização social que não se pode ser compreendida, unicamente, atrelada às demandas que lhe deram origem e posterior desenvolvimento, crescimento e visibilidade social. Existe uma dimensão cultural no próprio fenômeno que permitiu ativar um olhar com particulares perspectivas para o passado do país a partir de uma evidente distância geracional, sublinhando a recuperação do significado traumático de um episódico histórico para a realidade atual. Não se trata de um olhar ativado, simplesmente, pela memória (lembranças) dos seu protagonistas diretos, os que se teriam envolvido no processo histórico de maneira direta. O que se quer afirmar é que a *Marcha del Silencio* se tem constituído, especialmente, em uma produção cultural gerada sob o guarda-chuva da pós-memória (Hirsch, 2015), ou memória de segunda ou terceira geração, numa espécie de *performance cultural* cuja função é a de transmitir uma "memória direta" de certas experiências aos que teriam nascido, em especial, depois da ditadura cívico-militar no país.

4 Disponível em: https://www.elpais.com.uy/multimedia/miles-manifestaron-lluvia-edicion-marcha.html. Acesso em 15/08/2021

No entanto, nem tudo se esgotaria na "experiência" que uns transmitem com base na construção do testemunho pessoal e coletivo, de uma "representación de formas de resistencia y lucha" que o testemunho veio a produzir como instância política com novas modalidades estéticas (Beverley, 1992, p. 494). Parece mais tratar-se de um gesto que se refere às maneiras como se expressa essa "memória herdada" nas criações e produções culturais, aos limites da representação do traumático e aos usos dos materiais visuais, aos discursos e palavras utilizadas, às ênfases políticas geradas, que vêm sendo produzidas pelas gerações posteriores, receptoras e participantes, ao mesmo tempo, no processo de criação da memória. Não é possível dissociar os problemas concretos que se enfrentam, cotidianamente, das jovens gerações na atualidade, ao momento de oferecer, culturalmente, uma espécie de "memória tardia" e comunicativa. Refere-se, aqui, aos problemas subjetivamente definidos como importantes a ser pautados na esfera pública e que não necessariamente desaparecem quando o exercício da memória se ativa em um contexto social determinado para oferecer uma produção cultural específica.

Resulta claro que a transmissão de uma memória trágica e traumática das gerações anteriores (dos pais, dos avôs, dos protagonistas diretos do acontecimento histórico em questão) não é passiva, senão uma reinvenção coletiva nas práticas sociais, nas narrativas, nos discursos e nas imagens: uma espécie de reescritura criativa da experiência da primeira geração que seria filtrada por formas discursivas completamente novas, por uma produção cultural ou *performance* à altura das novas dinâmicas políticas e sociais próprias das posteriores gerações.

. III .

Os estudos sobre memória se instalam como área importante no interior dos denominados *Cultural Studies* nos anos de 1980. Na mesma década, surge o termo pós-memória, com o objetivo de identificar aqueles estudos que faziam referência a produções culturais que exploravam a "perdurabilidade das experiências traumáticas" através das gerações. Foi

Marianne Hirsch (2015) quem, no seu estudo sobre a "geração dos filhos dos sobreviventes do Holocausto" durante a Segunda Guerra Mundial e o nazismo, aporta uma definição interessante sobre o termo: para ela, a pós-memória aponta para a relação que estabelece a segunda geração desses sobreviventes com experiências marcantes, muitas vezes traumáticas, que são anteriores ao seu nascimento, mas que, não obstante, lhes foram transmitidas de modo tão profundo que parecem constituir "memórias em si mesmas". Ao dizer "memórias em si mesmas", Hirsch parece constatar que o que aquela geração entenderia por memória seria uma situação ou episódio do passado cujo poder de significação é tal que representa muito mais do que uma simples lembrança indireta ou mediada: o resultado de um verdadeiro "investimento emocional", de uma "cadeia de significados" em sintonia com uma narrativa histórica sobre o acontecer dos fatos. Assim, se a noção de memória sugere, supostamente, um vínculo com o passado mediado por interlocutores, tecnologias sociais e políticas diversas, a pós-memória, em primeiro lugar, pareceria sugerir a presença do "investimento emocional" no momento mesmo da transmissão do que se narra como memória.

Uma das principais causas que movimenta as gerações de jovens a se inserir na produção cultural da memória traumática dos seus antecessores é, certamente, o progressivo desaparecimento dos atores diretos dos acontecimentos em questão, neste caso, da ditadura cívico-militar no Uruguai. Não deixar morrer a memória parece simbolizar o lema a ser ativado. A distância temporal do acontecimento histórico leva, inevitavelmente, à morte dos seus protagonistas diretos, originando a paulatina perda da memória coletiva de que são detentores. Assim, se produz, em consequência, uma substituição da *prova* (fáctica) pelo *documento*, e do *testemunho* (depoimento) pela *representação*. É, precisamente, pelo progressivo distanciamento temporal dos fatos, como pela própria desaparição física dos atores, que se estabelece a substituição de uma memória transmitida pelos envolvidos de maneira direta para uma memória baseada nas representações e produções culturais que, com base nos relatos das testemunhas, garantiriam a continuidade da transmissão dessa memória no futuro (Esteve, 2014).

Uma primeira característica importante a considerar sobre a noção de pós-memória é, conseguintemente, a relação direta que se estabelece entre as gerações envolvidas com os filhos e netos daquelas testemunhas diretas de um acontecimento concreto. Aqui têm espaço fundamental a incidência das histórias familiares que com frequência têm sido ocultadas ou silenciadas, as sociabilidades e experiências cotidianas que projetariam identificações e investimentos emocionais para as futuras produções culturais de memória. Uma segunda característica, muito vinculada à anterior, é o carácter traumático dessa memória. Não se trata de qualquer tipo de memórias, lembranças ou representações históricas as que se transmitem de geração para geração, de simples "lembranças de família", cuja função seria a reprodução do elo familiar. Trata-se de memórias de traumas individuais e coletivos de difícil representação e exteriorização, cujo conteúdo subjacente reside na experiência da dor que ocasiona sua eventual apresentação e encenação.

Nesse sentido, na transmissão geracional da memória, apresenta-se um trabalho terapêutico importante (Ricour, 2007) de escuta e de elaboração de narrativas que se entrecruzam na tentativa de restabelecer um processo de outorgar um significado àquilo que foi "interrompido": na pós-memória, o que parece manifestar-se é um objetivo por devolver a palavra e a imagem àquilo que "não foi dito"; de certa forma, dar um nome e identificar a experiência vivida (Hirsch, 2015). Desse processo surge, justamente, uma ação política capaz de conduzir à criação de práticas individuais diversas e socialmente compartilhadas para a elaboração de uma memória coletiva. Para tal, o papel da imagem (o visual, o estético, o imaginário) tem se tornado central, na medida em que se institui em um recurso privilegiado de transmissão e impacto narrativo, quiçá pela sua própria capacidade de identificação mais ampla na sociedade. Quando o aspecto discursivo falha, quando as palavras não conseguem expressar cabalmente aquilo que se pretende ser dito, a imagem aparece para "afetar", "tocar", intervindo com maior eficiência em determinadas circunstâncias sociais. Mas também, certamente, a imagem se torna relevante em momentos de "suportar" a crise do sujeito n hora de configurar um relato verosímil e legitimo sobre os acontecimentos. Por isso, a imagem não aparece, nesse caso, para "tornar presente" o sujeito (o desaparecido ou preso político, o exiliado), mas sim para "fazê-lo proliferar" no cenário social e cultural atual ao trazê-lo "esvaziado ideologicamente", assumindo-o na sua dimensão humana, universal. No caso da ditadura cívico-militar no Uruguai, trata-se de uma nova politização da memória em que o valor da vida, a democracia e as liberdades civis substituem o sujeito político carregado em excesso pelas particularidades ideológicas e histórias políticas concretas.

Como afirma Esteve (2014, p. 67), em todas "las prácticas vinculadas al concepto de posmemoria las imágenes — sean de archivo o familiares — adquieren importancia capital". As imagens tornam-se veículo fundamental de expressão e comunicação para gerações que desejam se distanciar, inclusive, dos relatos testemunhais tradicionais. Elas funcionam como "legados visuais" na luta contra a amnesia pessoal e coletiva, como provas inquestionáveis dos laços que unem os "desaparecidos políticos", os ausentes, com as gerações posteriores. As imagens adquirem, nessas novas narrativas, um protagonismo central, "al ser el medio más optimo para que [...] pasado y presente, memoria y olvido, vida y muerte, padres e hijos puedan dialogar y reconciliarse en una única superfície" (*ibid*, p. 67). Um exemplo de produção cultural e uso da imagem é a campanha fotográfica realizada no Uruguai no mesmo contexto da *Marcha del Silencio*, ao fim do ano de 2019, chamada de "Imágenes del Silencio". Tratou-se de um projeto fotográfico sem vinculações partidárias que interveio decididamente na cena cultural do país, buscando, segundo sua própria definição, "mantener viva la memoria sobre nuestros desaparecidos por la dictadura uruguaya. Los 196 retratos que cada 20 de mayo encabezan la *Marcha del Silencio* son abrazados por referentes de distintos sectores de la sociedad con un objetivo en común: la defensa de los Derechos Humanos y la búsqueda de Verdad y Justicia"[5].

---

[5] Disponível em: https://www.facebook.com/imagenesdelsilencio/. Acesso em: 10/08/2021.

FOTO: "Multiplicando abrazos", de Sergio Frantchez.
Casa de la Cultura de Mercedes, Soriano, Uruguay.
FONTE: © IMÁGENES DEL SILENCIO[6]

Desde a edição de 20 de maio de 2020, aos retratos dos desaparecidos na própria *Marcha* antecede uma prática e produção cultural que tem como função aproximar o espectador ainda mais à "humanidade" do retratado. O passado doloroso associado ao retrato dos desaparecidos políticos é sentido, assim, em um presente que liga, por exemplo, um trabalhador da construção civil de 1973 com um ator de teatro da atualidade, ou um jovem estudante de arquitetura de 1976 com o técnico da seleção uruguaia de futebol. Transcendem-se temporalidades, classes sociais, grupos, profissões e, eventualmente, até ideologias políticas. A partir dessa perspectiva, a ponte por excelência que herda essa memória comunicativa e a transforma em produção

6 Disponível em: https://twitter.com/img_delsilencio/status/1391403338693025796?lang=bn. Acesso em: 15/08/2021)

cultural constitui a própria figura do "próximo", "do que estaria perto", já que, como bem dirá Maffesoli (1995, p. 115), "as imagens, o simbólico, suscitam essa confiança mínima, que permite o reconhecimento de si a partir do reconhecimento do outro". Trata-se, em definitivo, de um efeito cultural em que se desvanecem distâncias entre retrato, fotografia e espectador. A imagem, assim, permite acessar mais facilmente à memória histórica e, de maneira ainda mais importante, promete transmitir uma *política dos afetos* (Deleuze; Guattari, 2011).

FOTO: Oscar W. Tabárez, técnico da seleção uruguaia de futebol, homenageia Juan Pablo Recagno Ibarburu, ceramista e estudante de arquitetura desaparecido em Buenos Aires o dia 2 de outubro de 1976.
FONTE: © IMÁGENES DEL SILENCIO[7]

[7] Disponível em: https://www.elpais.com.uy/informacion/sociedad/cumple-miercoles-manera-virtual-nueva-marcha-silencio.html. Acesso em: 15/08/2021

. IV .

Assim, não seria, unicamente, um assunto de temporalidade geracional o que define a pós-memória, senão também os resultados que produz, resultados eventualmente políticos e éticos. A *Marcha del Silencio* e o projeto fotográfico "Imágenes del Silencio" são exemplos disso, permitindo compreender as formas que pode adquirir a memória na atualidade, as inovações estéticas, os interesses e narrativas políticas assumidas. Mas, em especial, permitindo entender em que medida produções culturais próprias de novas dinâmicas sociais, ou novas sociabilidades, têm encontrado no elemento afetivo uma fonte de energia e sustentabilidade. O afetivo, nesse caso, também, como "potência política", na medida em que resulta ser uma disposição individual e coletiva de "afetar os outros", de "se constituir" pelo contato com o outro, de construir uma coletividade, um *nós*. Nesse sentido, Beasley-Murray (2010, p. 136), ao se referir à relação entre afeto, emoção e política, afirma que: "Así como el afecto puede releerse desde la emoción, nos encontramos aquí con una progresión: de la interacción actual de cuerpos que desborda cualquier identidad, a la esencia cambiante de todo cuerpo o combinación de cuerpos, definidos por su poder de afectar y ser afectados, y a una concepción aún más expansiva de la inmanencia misma, como virtualidad pura. Se trata de un programa de estudio que va de la emoción al afecto, al cuerpo y a la colectividad, a la inmanencia, tanto como de un posible programa político".

Um panorama singular acerca das discussões em torno aos estudos sociais contemporâneos sobre o afeto e a emoção, a partir de uma série de perspectivas teoricamente diferentes, é aportado no trabalho de Lara e Enciso Domínguez (2013). Nesse trabalho se define a "virada afetiva" nas ciências sociais a partir de duas urgências teóricas: o interesse pela "emocionalização da vida pública" e o esforço por reconfigurar a produção do conhecimento tendente a aprofundar dita emocionalização. Dessa maneira, o afeto e a emoção aparecem como o "novo affair" que está seduzindo as ciências sociais, provocando um movimento acadêmico que se concentra "naquilo que se sente", e que parece combinar a teoria psicanalítica, a teoria do ator rede, os estudos feministas e as teorias pós-estruturalistas (Lara; Enciso Domínguez; 2013, p. 101-102). O que parece implícito é a importância atribuída ao crescente papel desempenhado pelas emoções na transformação de esferas da vida pública, tais como os meios de comunicação, a saúde e a educação.

Fora essa "emocionalização", que poderia bem se vincular com aspectos inerentes ao que se denominou, em outros contextos analíticos, de "estetização da vida cotidiana" (Connor, 1993), a "virada afetiva" mais parece se referir às supostas capacidades do corpo individual e social para "afetar" e "ser afetado", ou o aumento da capacidade para atuar e conectar. Aqui radica o aspecto a ser destacado sobre a sua importância na produção de conhecimento: o "afeto" como aquilo que permite que o corpo individual, por exemplo, ganhe relevância no mesmo processo em que perde centralidade; quer dizer, no momento em que ao afetar ou ser afetado se conecta com outro corpo na experiência do agir. Trata-se, então, de um corpo pensado como processo e que participa da coemergência do afeto, de um corpo como um evento de conexões (Lara; Enciso Domínguez, 2013).

Conexões, relações, "virada afetiva". Simmel (1977) foi quem, de maneira precursora, teria chamado a atenção para o caráter relacional da realidade e da experiência. Isso resulta importante para compreender como a sua base de construção analítica e teórica está subjacente, inclusive, no próprio gesto por considerar a "virada afetiva" nas condições sociais atuais. Por exemplo, Simmel afirmava que o objeto social a ser observado e analisado não seria o conjunto de partes que entram em uma relação, mas sim "a relação mesma", o próprio laço social. Para ele, o observador teria que estar comprometido com uma análise da experiência vivida, exteriorizada através de relações sociais concretas, sendo estas o que permitiria compreender as partes que comporiam essas relações. Até não se saber a qual relação social estamos nos referindo, não se poderá saber nada dos objetos que entraram nessa relação. Dessa maneira, ao referir-se à importância das perspectivas contemporâneas sobre o afeto, deve-se compreender que este adquire sentido na medida em que indica sempre uma experiência social, que indica uma situação ou um evento particular, uma copresença, e não, unicamente, um aspecto que se vincula com a qualidade subjetiva da experiência (por exemplo, o "investimento emocional").

O afeto e a emoção podem até fazer parte de um mesmo processo de experiência social na elaboração do sentido que lhe é próprio. Mas, ao mesmo tempo, a noção de afeto deixa de possuir um conteúdo "mais profundo", como parece ser o de emoção. Nesse caso, haveria uma aproximação mais pragmática ao afeto como um fenômeno cotidiano. Por que não se pensar em "práticas afetivas", então? Sem dúvida, a herança do interacionismo simbólico e da etnometodologia está muito presente, mas só é possível acessá-la através da própria experiência de compreender o sentido e o significado do afeto. O afeto, assim, é uma experiência, não uma predisposição psicológica, sentimental, emocional, necessariamente atrelada a uma determinada sensibilidade. É uma "energia de sociabilidade", uma predisposição ao "contágio" e ao contato social, uma "potência política". Como afirma Beasley-Murray (2010, p. 127), "los cuerpos afectan otros cuerpos y continuamente son afectados por ellos. Un cuerpo se define por su potencia de afectar o ser afectado, por su poder de afección [...]. En síntesis, el afecto es un modo de redescubrir las interacciones constantes entre los cuerpos y el impacto que resulta de esa interacción. Cada encuentro conlleva cierto cambio".

A *Marcha del Silencio*, bem como o projeto "Imágenes del Silencio", compreendem-se como produções culturais que transmitem vitalidade, virtualidade, potencialidade, pluralidade, valendo-se de meios que podem ser definidos sob uma *política dos afetos*. Um formato de ação coletiva que talvez seja um dos únicos capaz de concitar tamanha mobilização pública e sentido de unidade social. A *política dos afetos* se converte, nesse caso, em uma experiência na qual os "afetados" efetuam, constantemente, uma reconfiguração do corpo social em questão, da ação coletiva mesma, dispersando a sua energia além dos laços imediatos originados da demanda por "verdade e justiça". A *política dos afetos* na *Marcha del Silencio* naquele Montevidéu chuvoso, repleto de guarda-chuvas coloridos, com as imagens fotográficas de desaparecidos da ditadura encabeçando a mobilização, manifesta-se em uma experiência social que se viu "desbordada". Desbordada porque o afeto reuniu singularidades, corpos de todas as características, reconfigurando-os segundo novas sociabilidades e coletividades. "Dejándonos llevar, nuestro poder de afectar y ser afectados aumenta (pero ya no hay un 'nosotros'; sino otro, una colectividad real). La fuga no es un signo de debilidad; es una línea a lo largo de la cual obtenemos poderes de afección y experimentamos como nuevas 'formas en que el cuerpo puede conectarse consigo mismo y con el mundo'" (Beasley-Murray, 2010, p. 132).

Uma *política dos afetos* é uma política possível no compêndio das políticas da pós-modernidade. Consiste em uma tarefa de construção de "espaços afetivos", entendida na forma que afetamos aos outros e nos afeta à vez; em como nos vemos nos outros e os outros em nós. Isso se vincula, precisamente, com a eventual conexão e relação estabelecida com alteridades e diferenças, em um cenário político e cultural em que "o afetivo" é o que está em jogo no momento da construção de qualquer ação coletiva no presente. Por isso, não seria, necessariamente, um corpo ideológico *a priori*, senão um "espaço afetivo" o que materializa o principal elemento de produção do político e da política, tal qual se desprende da experiência e produção cultural da *Marcha del Silencio*.

Não é de estranhar, conseguintemente, que a "afetação" da sociedade uruguaia pela crescente mobilização em torno ao tema dos desaparecidos políticos não se tenha produzido, simplesmente, por obra de uma mensagem política específica ou uma reivindicação concreta. Também não ajuda compreender o fenômeno como uma forma de participação política em si. Sem descartar essas dimensões, tanto a *Marcha del Silencio* como o projeto fotográfico "Imágenes del Silencio", por exemplo, propõem ampliar o espaço da memória em sintonia com uma produção cultural que, se bem remete a um fato da história traumática do país, com as imagens trazidas colocam a condição humana e valores como a liberdade, a democracia e a própria vida no centro das atenções. Então, o espectador é instigado a refletir sobre questões que "desbordam" as fronteiras do retrato de um desaparecido político; e, interpelado pela imagem, "tocado", "afetado", possibilita a introspecção reflexiva em torno à condição humana.

REFERÊNCIAS

BEASLEY-MURRAY, J. *Poshegemonía*: Teoría política y América Latina. Barcelona: Paidós, 2010.

BEVERLEY, J. El testimonio en la encrucijada. *Revista de Crítica Literaria Latinoamericana*, Pittsburgh, n. 36, p. 485-495, 1992.

CONNOR, S. *Cultura pós-moderna*: introdução às teorias do contemporâneo. São Paulo: Loyola, 1993.

DELEUZE, G.; GUATTARI, F. *O anti-Édipo*: capitalismo e esquizofrenia. São Paulo: Ed. 34, 2011.

ESTEVE, L. Hacia una teoría de la posmemoria. Reflexiones en torno a las representaciones de la memoria generacional. *Historiografías*, Universidad de Zaragoza, n. 8, p. 57-75, jul./dez. 2014.

GADEA, C. A. *Fragmentos de la Posmodernidad*: Cultura, Política y Sociabilidad en América Latina. Havana: Temas, 2017.

GADEA, C. A. O Interacionismo Simbólico e os estudos sobre cultura e poder. *Sociedade & Estado*, Brasília, v. 28, n. 2, p. 241-255, maio/ago. 2013.

HELLER, Á; FERENC, F. *Políticas de la postmodernidad*. Barcelona: Península, 1994.

HIRSCH, M. *La generación de la posmemoria*: Escritura y cultura visual después del Holocausto. Madrid: Carpe Noctem, 2015.

HUYSSEN, A. *En busca del tiempo futuro*: Cultura y memoria en tiempos de globalización Cidade do México: FCE, 2002.

JAMESON, F. *El posmodernismo o la lógica cultural del capitalismo tardío*. Barcelona: Paidós, 1991.

LARA, A; ENCISO DOMÍNGUEZ, G. El giro afectivo. *Athenea Digital*, Barcelona, v. 13, n. 3, p. 101-119, nov. 2013.

LECHNER, N. La democratización en el contexto de una cultura posmoderna. *In*: LECHNER, N. (Org.). *Cultura política y democratización*. Buenos Aires: CLACSO, 1987.

MAFFESOLI, M. *A contemplação do mundo*. Porto Alegre: , Artes & Ofícios, 1995.

RICOUR, P. *A memória, a história, o esquecimento*. Campinas: Unicamp, 2007.

SIMMEL, G. *Sociología*: estúdios sobre las formas de socialización. Madrid: Revista de Occidente, 1977.

Raça, genocídio, memória e reparação

TEREZA VENTURA

"Se o inimigo vencer, mesmo os mortos não estarão em segurança."

[WALTER BENJAMIN]

As lutas por reparação, restituição e reconhecimento jurídico e político do legado colonial, da escravização e do extermínio das comunidades africanas ocupam a agenda de herdeiros e vítimas históricas da expansão colonial europeia. Tais lutas podem ser interpretadas como parte de um intenso ativismo pós-colonial que inclui movimentos sociais e instituições acadêmicas e culturais no empenho da desconstrução histórica do regime civilizatório e epistêmico que sustentou a escravatura e o genocídio e fez crer que existem raças e povos desiguais. Mais do que um pensamento crítico da descolonização, a perspectiva de um projeto de justiça pós-colonial aspira a desconstruir a história ocidental da humanidade. Uma história cuja desconstrução também se tece no tempo do reconhecimento e na interiorização da presença e ausência dos povos que foram desumanizados e tiveram suas histórias invisibilizadas. Desde o século XV, um imaginário da modernidade consagrou, através de diversos dispositivos econômicos e simbólicos, uma relação entre sujeitos humanos e raciais que alcançou a sua plenitude no século XIX. Excluídos dos círculos do humanismo universalista, os povos africanos foram convertidos em sujeitos raciais. É no diálogo crítico com o humanismo e o universalismo europeu que o pensamento pós-colonial busca construir um caminho possível para a luta política. A existência de coleções monumentais, de artefatos e de restos humanos de populações exterminadas testemunha a argumentação de Fanon acerca dos esforços despendidos pelo colonizador para realizar a alienação histórica, simbólica e cultural do colonizado.

> compreende-se que nada se fez ao acaso e que o resultado global procurado pelo domínio colonial era efetivamente convencer os indígenas e nativos de que o colonialismo vinha arrancá-los da noite e que a sua história anterior era nada mais do que uma história da barbárie (Fanon, 1978, p. 175).

Enquanto para o sistema científico e classificatório colonial a dicotomia branco/negro subsumia o princípio ideológico da existência de raças, as coleções monumentais saqueadas dos territórios africanos evidenciavam as diferenças entre as tradições e a singularidade das suas obras de arte. A tematização da restituição de restos humanos e da reconstrução de itinerários e processos de apropriação de acervos etnológicos imateriais e materiais tem centralizado a política cultural europeia contemporânea.

A recente votação do parlamento europeu para que os Estados membros adotem políticas de reparação e repatriamento de coleções etnológicas, a declaração do príncipe Harry, membro da realeza britânica, acerca da necessidade de se reconhecer as heranças de crimes do passado colonial, a derrubada de estátuas de comerciantes de escravos e monumentos públicos, as negociações entre a Namíbia e o parlamento alemão, o diálogo entre o governo da Bélgica e o do Congo no reconhecimento do assassinato do líder e primeiro-ministro do Congo Patrice Lumumba, todos são exemplos que enunciam a politização do tema da reparação na agenda pública global. Um exemplo importante do processo politização da memória se dá na cidade localizada na fronteira com a Espanha no sul da França. O centro de arte contemporânea Walter Benjamin foi fechado por falta de recursos, no entanto o prefeito eleito representante do partido de ultra-direita apresentou um projeto de reabertura do centro, reivindicando a memória e a história de Benjamin. Um amplo movimento de contestação e uma carta aberta foi assinada por intelectuais como Michel Lowi, Etienne Balibar e Jean Luc Nancy em cujo título se lê: "Se o inimigo vencer, mesmo os mortos não estarão em segurança. E este inimigo não cessou de vencer". A carta exige que o nome de Walter Benjamin seja "protegido das mãos de todos aqueles que reescrevem a história com a tinta dos opressores de ontem, enquanto hoje usam todos os meios para estigmatizar os estrangeiros e migrantes" (Le Monde, Paris 30.06.2020).

Na Alemanha, o Fórum Humboldt enfrenta um intenso processo de contestação e de luta pela restituição da coleção monumental de 500 mil obras, 140 mil gravações sonoras, 285 mil fotografias e 50 mil metros de filmagens e remanescentes humanos de pelo menos 7 mil pessoas aos povos originários. A proposta de restituir restos humanos e reconstruir itinerários e processos de apropriação de acervos etnológicos imateriais e materiais, inevitavelmente introduz a questão da dominação colonial e dos processos de lutas e resistências à violência e ao extermínio de povos. Nesse sentido, a perspectiva da restituição desconstrói as formas de legitimidade cultural, racial e histórica que justificavam a existência de acervos, ainda nomeados como "coleções científicas", e artefatos culturais que muitas vezes agenciam para os povos seus rituais sagrados e crenças. As coleções etnológicas foram "adquiridas" pela ocupação colonial alemã na África Oriental e pelas expedições de pesquisas realizadas por etnólogos em várias partes da Africa, da América do Sul e da Asia. O acervo alemão guarda também materiais e artefatos relacionados ao conflito entre os oficiais alemães e as comunidades coloniais, assim como restos humanos que em sua maioria pertenciam às pesquisas coordenadas pelo professor, antropólogo e médico Felix von Luschan.

Busca-se aqui percorrer a perspectiva de Mbembe segundo a qual o projeto de justiça pós-colonial deve consolidar uma concepção pós-racial de humano e uma ética de mutualidade. Nesse sentido, o autor defende a necessidade de restituir, àqueles que passaram por processos de abstração, esvaziamento e objetivação na história, a parte de historicidade e de humanidade que lhes foi roubada. Contudo, não se trata simplesmente de reverter o tempo e a objetivação do ser humano. Mas de desconstruir a própria fabricação e produção do negro enquanto um sujeito de raça e o processo que conduziu à transformação das pessoas de origem africana em "negros", isto é, em corpo racial de exploração.

Aos restos humanos destituídos de sua história, memória e subjetividade, exterminados pela ordem colonial e muitas vezes exibidos em vitrines de vidro em museus e em sítios arqueológicos, o sujeito pós-colonial responde com a luta pela sua humanização. Restos humanos e artefatos abrigados em museus coloniais, instituições de pesquisas e locais turísticos representam a destituição de um tempo e de um saber próprio que relega ao corpo africano a condição de posse e atributo da epistemologia eurocêntrica. Por outro lado, o que pode representar remanescentes humanos, artefatos culturais e objetos rituais fora do tempo espaço de museus e instituições de pesquisa, senão objetos de uma luta política pós-colonial ou de uma luta política do tempo?

O imaginário colonial e o princípio da raça

A perspectiva pós-colonial parte das implicações do legado epistêmico e político do projeto liberal e colonialista na articulação entre o princípio da raça e a razão mercantil. O entrelaçamento de tempos e mundos construído a partir da expansão comercial da Europa pelo mar atlântico necessariamente fundou uma ordem global. Tal ordem construiu um regime de acumulação de riqueza ancorado no princípio da escravidão, na distribuição planetária da classificação e violência racial e na prática de extermínio dos povos originais. Momento fundador da modernidade, a expansão colonial refletiu também o entrelaçamento político entre a formação do Estado liberal e do mercado global. Enquanto a Europa consolidava o processo de igualdade jurídica e de territorialização de Estados soberanos, as colônias constituíam zonas submetidas à violência do estado de exceção. Os povos colonizados foram interpretados como "naturais" e incapazes de autogoverno, portanto foram submetidos ao projeto civilizatório e humanitário da metrópole. Segundo Mbembe, o processo colonial instituiu uma prática de poder em que a relação com as populações e seus respectivos territórios associou, de modo inédito na história da humanidade, as lógicas da raça, da burocracia e do comércio. Antes de se tornar um dispositivo capaz de conformar um processo de civilização e costumes, de Estado e mercado, a disciplina colonial engendrou princípios raciais que possibilitaram a imposição de autoridade política e a estruturação de uma economia global pautada numa razão mercantilista. A lógica racial concebe a ideia de que os seres vivos possuem diferentes enraizamentos culturais, atributos biológicos e processos de desenvolvimento que informam e legitimam a divisão, exclusão, segregação e até comercialização de corpos humanos. Forjado por meio de práticas comerciais impulsionadas pelo comércio marítimo, o princípio da raça induziu a transformação de homens e mulheres em mercadorias. Na perspectiva de Mbembe, tanto o comércio negreiro como a colonização coexistiram com a formação do pensamento mercantilista no Ocidente, que mais tarde foi substituído pelo pensamento cientifico, que legitimou o tráfego de corpos negros para os estudos científicos raciais. A doutrina econômica e a forma de governo do liberalismo foi financiada pelo comércio de escravos, pela apropriação de territórios e pela dominação, por força da violência, de povos não europeus. No entanto, a despeito da expansão global, o regime colonial sempre se manteve à parte dos avanços dos ideais de liberdade e igualdade na Europa. Essa perspectiva aproxima Mbembe do historiador Dipesh Chakrabarty (2005), que busca denunciar o universalismo liberal a partir do ideal de "provincializar a Europa". Ele demonstra que o racionalismo e a ciência, antes de serem construções culturais europeias, são parte de uma história global por meio da qual o privilégio exclusivo "ocidental" na definição do moderno foi construído tanto com o auxílio do imperialismo europeu quanto com a participação do mundo não europeu. Nesse sentido, as histórias nacionais de países não europeus se apresentam como narrativas de construção e desenvolvimento de instituições democráticas que só encerram sentido na medida em que se refletem no espelho de uma "Europa hiper-real". Na disciplina colonial, a soberania consistiu no exercício de um poder à margem de qualquer lei ou codificação legal. Na nova ordem global, a empresa colonial, baseada na escravidão, plantação e acumulação primitiva, se articula ao exercício da superioridade da diferença racial e da autodeterminação civilizatória europeia. Funcionando, simultaneamente, como uma categoria originária, material e fantasmagórica, a ideia de raça legitimava a inferioridade do corpo negro e a espoliação colonial. Enquanto ficção fundadora da origem do direito colonial, a ideia de raça conferiu e definiu a divisão entre dominantes e dominados, inscrevendo-os numa mesma tecnologia de governo. A lógica racial é inseparável do advento da modernidade. Antes de se tornar uma categoria do corpo político, a fabulação racial articulava-se de forma transnacional à expansão comercial, à lógica do lucro, à política da força e à negação da pertença mútua de todos ao mesmo mundo (Mbembe, 2014). Na perspectiva da razão mercantilista, o escravo negro é simultaneamente um objeto, um corpo e uma mercadoria. É também uma substância em potência cujo valor decorre da sua energia física. O Negro será, na perspectiva da razão mercantilista, uma matéria energética.

> as pessoas de origem africana são transformadas em *mineral* vivo de onde se extrai *metal.* Esta é a sua dupla dimensão metamórfica e econômica. Se, sob a escravatura, África é o lugar privilegiado de extração deste mineral, a plantação no Novo Mundo, pelo contrário, é o lugar da sua fundição, e a Europa, o lugar da sua conversão em moeda. Esta passagem do *homem-mineral* ao *homem-metal* e do *homem-metal* ao *homem-moeda* é uma dimensão estruturante do primeiro capitalismo. Não se trata simplesmente de converter um ser humano em objeto. Tratava-se sobre tudo de produzir o Negro, o sujeito de raça (Mbembe, 2014, p. 78).

Para Mbembe, ao lado de preencher atributos biológicos e culturais do saber e do discurso moderno e científico sobre o homem, negro e raça foram construções sociais necessárias ao pensamento à e prática do liberalismo. Na condição de selvagem, o negro era construído simultaneamente como contrário à natureza e não afeito à condição cristã de seres de alma. As relações de poder colonial foram naturalizadas no cotidiano e asseguradas pelo direito moderno do séc. XVIII pela crença de que os povos situados fora da Europa se encontravam em fase primitiva de evolução e seriam, por natureza, seres desumanos. Com base no Iluminismo, o direito liberal passa a legitimar os diferentes atributos de humanidade entre colonizadores e colonizados (Mbembe, 2014, p. 111). Os predicados modernos de liberdade e igualdade foram, do ponto de vista jurídico e econômico, historicamente inseparáveis da escravatura. Segundo Mbembe, o princípio da raça é uma ficção útil na medida em que ultrapassa a questão da cor da pele, da origem ou da localização geográfica do sujeito negro e alcança outras esferas do conhecimento e da vida jurídica social e cultural. Inseparável de uma epistemologia autoritária, o princípio da raça se reproduzia consensualmente nas situações comuns da vida cotidiana (Mbembe, 2001a, p. 128). As relações de resistência, revolta ou colaboração seriam, assim, presididas por uma lógica singular de familiaridade e domesticidade que Mbembe denomina zumbificação. Inseridos em relações coloniais, tanto os dominadores quanto os dominados "roubam um do outro a vitalidade e ambos acabaram sem poder" (Mbembe, 2001ª, p. 104). A despeito das etapas históricas e da heterogeneidade das experiências coloniais, o significante racial foi a estrutura primordial e constitutiva do projeto imperial, e "se existe uma subjetividade de relações coloniais, a sua matriz simbólica e a sua cena originária são, não obstante, a raça" (Mbembe, 2014, p. 112) Enquanto um sistema histórico de poder que se estendeu em disciplinas como a medicina, a etnologia, a geografia e a biologia, o legado epistêmico do colonialismo consolidou interpretações segundo as quais "o sujeito africano era de tal forma objetificado, que não apenas o seu eu não é mais reconhecido pelo Outro, como também não mais se reconhece a si próprio" (Mbembe, 2014, p. 112). A experiência, a luta do negro e suas formas de subjetivação estão atravessadas por dispositivos de poder e discursos que ancoram uma genealogia própria. Cativo pela violência do colonizador, o homem negro foi também cativo de um descentralismo originário entre o eu e o sujeito. Descentralismo no qual "um eu estrangeiro (alienado) substituiria o eu próprio, fazendo o negro portador, apesar dele, de significados secretos, de obscuras intenções, de um inquietante estranhamento que comanda a sua existência sem ele saber" (Mbembe, 2014, p. 182). Nem resistente, nem passivo, mas de corpo vivo morto na sua invisibilidade humana, jurídica, moral e cientifica, o homem negro investido do princípio da raça vivia a lógica de uma convivência ilícita entre o comando instituído e seus súditos, que afinal dividem o mesmo horizonte temporal, simbólico e territorial. Mbembe reforça o argumento de Fanon, segundo o qual o sistema colonial tem como substrato a violência que atua de forma múltipla e cumulativa no plano tanto mental como linguístico e corporal. Trata-se de um regime de dominação e violência "que vai além do corpo e do trabalho e é fixado em mecanismos de captura, esvaziamento e coisificação" (Mbembe, 2014, p. 183). É violência no comportamento quotidiano do colonizador com o colonizado, no que se refere ao passado do colonizado, que é esvaziado de qualquer substância, e à injúria em relação ao futuro, pois o regime colonial apresenta-se como eterno (Mbembe, 2014, p. 183).

Todos vivem no substrato de uma epistemologia eurocêntrica que retira a possibilidade de reconhecimento e inscrição de uma história própria. Mbembe recupera a perspectiva aberta por Fanon e rejeita qualquer possibilidade de uma autêntica ontologia para a subjetividade africana. Pois, conforme afirma Mbembe em sua crítica à gnose africana, no próprio princípio de sua constituição, linguagem e finalidade, toda narrativa sobre africanos ancora um pretexto sobre outro lugar, outros povos. Mas, precisamente, "África é a mediação que permite ao Ocidente acessar sua subconsciência e oferecer um testemunho público da sua própria subjetividade" (Mbembe, 2001a, p. 14) Nesse sentido, em confronto com um discurso europeu que se reflete, a ideia de uma escrita africana deve ecoar de forma emergente, de uma temporalidade fraturada e de uma realidade social e cultural criada a partir da sua exterioridade em relação à subjetividade ocidental. A autoescrita deve partir de "subjetividades precárias" construídas no marco da "violência epistêmica" colonial, mas, simultaneamente, como "o símbolo de um desejo consciente de vida, força pujante, flutuante e plástica, plenamente engajada no ato de criação e até de viver em vários tempos e várias histórias ao mesmo tempo" (Mbembe, 2014, p. 19).

Não se trata de reescrever o passado de um tempo que se move, mas de abrir a possibilidade de restituir formas e meios simbólicos de interiorizar a presença do que foi destruído pela violência colonial. Atributo fundamental do ser humano vivo, a experiência do tempo não exclui uma relação com um outro, ou com aquilo que se herda, ou com alguém quea história suprimiu a existência.

> No paradigma fantasmal, não existe reversibilidade nem irreversibilidade do tempo. O que conta é o desenrolar da experiência. Podemos, certamente, ser interrompidos. Mas uma história ou um acontecimento são capazes de prosseguir numa outra história sem que haja necessariamente um encadeamento entre ambos (Mbembe, 2014, p. 251).

Segundo Mbembe, existe no poder e no vivo uma parte que vem do espectro, uma parte fantasmal. São os espectros que introduzem na vida presente os anacronismos e disjunções, precisamente onde o presente está, naquilo que Derrida, citando Hamlet, expressa "out of joint" (Derrida, 1993, p. 18). A espectralidade, portanto, remete à herança do passado no presente, um não presente ainda vivo que nos responsabiliza pelo tempo. Mbembe, assim como Derrida, vai associar ao desajuste do tempo a problemática da justiça (Derrida, 2002). Justiça como um processo de reparação pela demissão de um tempo que não está vivo, que não volta, que não consegue se mover no presente, mas nem por isso se torna ausente.

A hierarquia na ordem do tempo histórico e o poder-saber colonial

O processo colonial instituía não apenas a dominação e a escravização, como, fundamentalmente, a espoliação do povo africano do tempo, do direito ao tempo. Através da negação do tempo, os povos africanos não eram apenas destituídos de uma história própria, mas propriamente legitimados como ausentes de temporalidade. Eram povos radicalmente localizados fora do tempo, ou cujo tempo era radicalmente desencaixado — "out of joint". Nesse sentido, aos negros foi negado o atributo essencialmente humano de dispor de um futuro: "eram e serão o que sempre foram". Ao mesmo tempo, eles formaram a engrenagem essencial de um processo de acumulação em escala mundial. Para Mbembe, a simultaneidade entre a expropriação material e o empobrecimento ontológico constituía a forma original da experiência negra colonial. A sua humanidade intrínseca permaneceu como desejo consciente de vida, de resgate de uma *humanidade prorrogada*, em luta para sair da fixação e da repetição, desejosa de entrar num movimento autônomo de criação. É no processo de humanização que Mbembe redefine a temporalidade como possiblidade de emergência do tempo. Pois, ao paradigma da fixação e predeterminação, a luta crítica pós-colonial opõe a possiblidade de reconstituição do humano, desafiando a cumplicidade entre o humanismo e o racismo, entre a modernidade e a lógica da raça. Nesse sentido, a interrogação de Mbembe acerca do sujeito africano pós-colonial remete à necessidade do resgate de sua pulsão humana desejante e de sua historicidade. Esse "tempo emergente" do sujeito pós-colonial africano reconhece, no seu horizonte imanente de subjetivação, a desumanização colonial e as mutilações por ela gerado. Para Mbembe, há uma ligação frágil e estreita entre subjetividade e temporalidade, e é justamente essa temporalidade que permitirá emergir novas formas de conceber a violência colonial. Não mais como trauma ou vitimização, mas como luta pela restituição da mutualidade humana. Mais do que evidência de um crime e fonte para a desconstrução dos arquivos do passado, os remanescentes humanos materializam no tempo as disjuntaras entre o passado e o por vir ou a possibilidade de um projeto de justiça que denuncie a persistência de injustiça. A luta política pós-colonial não será uma luta de resistência, uma vez que não se restituiu o tempo, as mortes e a destruição. Por outro lado, é impossível alguns fenômenos deixarem de ser presentes ou tornarem-se ausentes.

Política colonial e genocídio

Entre os elementos que fundamentaram o exercício de poder e violência colonial da Alemanha sobre o sudoeste africano, um se destacou em particular: a adoção de uma política declarada de extermínio e construção de uma lógica racial, que teria sido rearticulada 40 anos depois durante o Holocausto (Zimmerer, 2011). É necessário reconhecer que a prática de extermínio de povos originais, sejam africanos ou indígenas, estava presente no projeto colonial global e no debate sobre a existência de raças e os riscos da miscigenação. Contudo, entre os diversos usos políticos, biológicos e sociais do dogma racial, o caso da Namíbia levou às vias de fato a intercessão entre raça, antropologia cientifica, extermínio e projeto global político colonial.

Situada no sudoeste do continente africano, a Namíbia, nomeada como África ocidental alemã, se encontra do outro lado do Atlântico, na mesma direção do Rio de Janeiro. Ali missionários protestantes e negociantes alemães se estabeleceram no decorrer do século XIX. A Namíbia, assim como o Togo, a Tanzânia e o Camarões, se tornaria colônia alemã a partir da Conferência de Berlim de 1884. Nos anos posteriores à Primeira Guerra Mundial, o território da Namíbia foi submetido ao regime político racial do *apartheid* e administrado pela África do Sul até a conquista de sua independência pela South West African People Organization (SWAPO) em 1990. A expropriação material e o empobrecimento ontológico constituíram uma experiência concreta para os povos *Hereros* e *Namas*, por meio da qual veio a se constituir, segundo alguns analistas, uma guerra racial e o primeiro genocídio do século XX (Gewald, 1999; Zimmerer, 2013).

Os povos *Hereros* e *Namas* eram comunidades pastoris de base socioculturais e linguísticas específicas que viviam na parte central do sudoeste africano. A economia desenvolvida pelos *Hereros* centrava-se na criação de gados e no comércio de carnes e produtos derivados, assim como na comercialização de terras. As comunidades dos *Hereros* participavam com os europeus das rotas comerciais que foram se estabelecendo ao longo do século XIX. Os povos *Hereros* estão historicamente distribuídos nas regiões centrais e norte da Namíbia, no sul de Angola e no oeste de Botswana. A historiografia e os relatos orais colhidos demonstram que a Namíbia não seria considerada uma colônia alemã, na medida em que a administração de seus territórios foi mantida sobre o controle de chefes políticos tradicionais locais. A presença de missionários e comerciantes alemães, ingleses e até portugueses na região já estaria estabelecida desde o início do século XIX. Contudo, deve-se aos missionários alemães a intermediação das relações entre empresários alemães e povos tradicionais da região. Entre as lideranças tradicionais e os proprietários de terra que disputavam poder na região, estavam os chefes dos grupos *Hereros* e *Namas*, Mahahero Tjamuaha e Hendrik Witbooi. A literatura existente ressalta as relações de poder e articulações entre lideranças locais, que disputam autoridade entre elas e com os membros do governo alemão, causando diversas transformações que transcendem as fronteiras entre o que seria um período pré e pós-colonial (Gewald, 1999). Por outro lado, uma das principais estratégias coloniais seria reforçar a divisão e o acirramento de conflitos entre os grupos locais, oferecendo alianças para alguns e intimidando outros. A linhagem tradicional das lideranças *Hereros* foi reconhecida durante o período inicial do colonialismo e legitimada em jurisdições desenvolvidas pelas relações com os colonialistas. As transações comerciais entre os *Hereros* e os empresários alemães envolviam também o acesso às armas, as estratégias militares e o uso de uniforme de identificação dos descendentes da terra dos *Hereros* (Krüger; Henrichsen, 1998). Os povos *Hereros* e os *Namas* mantiveram uma organização social, política, linguística e cultural própria e implementaram sistemas de intercâmbio comerciais com os alemães. Contudo, com as grandes secas da década de

1880, as frequentes epidemias da peste sobre o gado e outras epidemias que assolaram as comunidades durante as últimas décadas do século XIX, conduziram ao empobrecimento da população e sua completa inclusão no sistema de mão de obra colonial. Tal processo forçou os *Hereros* a pagar dívidas com seus pedaços de terra, o que tornou inevitável a perda de autonomia das elites locais sobre seu povo, facilitando o avanço dos alemães na região (Gewald, 1999). As relações de cooperação comercial e política coexistiam com as relações interculturais cotidianas, de pouca amabilidade por parte dos alemães e com constantes relatos de abusos sofridos pelas mulheres praticados por jovens colonos alemães (Zimmerer, 2013).

Em outubro de 1904, fundamentado numa guerra racial motivada pela pressão ao povo *Herero*, que resistia em abrir mão de suas terras, o General von Trotha anunciou a ordem de extermínio. A política de extermínio resultou na morte de 80 mil *Hereros* e 60 mil *Namas*, e os que restaram foram colocados em campos de concentração. Grande parte da população dos campos de concentração — em torno de 30 mil — morreu de fome ou em consequência de enfermidades (Olugosa; Erichsen, 2010). Somente 16 mil *Hereros* e 10 mil *Namas* sobreviveram. Parte dos *Hereros* conseguiu sobreviver fugindo pelo deserto de Omaheke, ainda que os poços de água tenham sido estrategicamente envenenados pelos soldados alemães. Mas o processo decisório que consumou a política de extermínio não teria começado com o gesto do comandante von Trotha, ele partiu de uma política de Estado que culmina com a demissão do governador local. Fundamentado numa ideologia de extermínio racial, o exército alemão, reforçado ainda por tropas de voluntários (*Schutztruppe*), executou homens, mulheres e crianças, além de conduzi-los ao deserto de Omaheke. Depois do genocídio *Hereros* e *Namas*, eram utilizados para trabalhos forçados ou como objetos de pesquisas científicas realizadas em loco por pesquisadores, militares, médicos e zoólogos enviados pelolimpério alemão para os campos de concentração. A partir de 1908, os povos *Hereros* e *Namas* foram forçados a carregar passes, a viver em reservas e a utilizar discos numerados ao redor de seus pescoços.

Campo de Concentração Ilha do Tubarão (atual Namíbia)[1].

Seja qual for a perspectiva assumida sobre a rebelião dos povos *Hereros* e *Namas* contra o regime de dominação alemão, é indiscutível o fato de que a reação alemã levou ao fim da sociedade, da cultura e do modo de vida dos *Hereros* e *Namas* tal como existia antes do extermínio. A tese central de análise da política de genocídio é que este tenha sido praticado em função de uma lógica racial. Jan-Bart Gewald (1999) afirma que se não fosse o comportamento obsessivo do oficial alemão Lieutenant Zürn, a guerra com os *Hereros* não teria se desdobrado em extermínio. O governador colonial Leutwein, então em Berlim, defendia junto ao *Reich* uma solução negociada com os chefes *Hereros*. Leutwein discordava do projeto político de extermínio e pleiteava um acordo de incorporação dos povos *Hereros* em territórios específicos, bem como recurso de mão de obra no programa de construção de ferrovias.

---

1 Disponível em: http://www.wikimedia.org/wikipedia/commons/6/6d/Herero_Nama_Shark_Island_Death_Camp_07.jpg. Acesso em: 20 fev. 2018.

O corpo negro: ciência, genocídio e a política colonial

O chefe *Herero* Samuel Mahahero se referia ao conflito com os alemães como a Guerra de Zurn. O fanatismo racista protagonizado por Zurn é também apontado por Olusoga e Erichsen (2010), que associam sua participação no tráfico de corpos, bem como na expulsão dos *Hereros* de suas terras. O oficial militar Zurn teria enviado um documento exigindo a completa transferência dos *Hereros* de suas terras para áreas de reservas delimitadas por ele sem consulta prévia aos chefes *Hereros*. Poucos dias antes do levante dos *Hereros*, as tropas militares comandadas por Zurn teriam sido vistas escavando as sepulturas no Cemitério *Herero*. O militar estaria envolvido com um intenso tráfico de corpos das comunidades dos *Hereros* e de outras etnias como *San* e *Nama*. Os soldados *Schutztruppe*, tropas voluntárias aliadas ao exército alemão, coletavam e enviavam remanescentes humanos e os corpos para os institutos de pesquisa de Berlim. O próprio Zurn teria enviado como doação algumas cabeças para Felix von Luschan. detentor da maior coleção de remanescentes humanos na Alemanha.

A guerra e, posteriormente, os campos de concentração de prisioneiros ofereceram uma oportunidade exemplar para médicos, antropólogos e cientistas realizarem as pesquisas raciais e experiências em corpos ainda vivos. A exploração científica de vítimas de genocídio em prisões e campos de concentração teria antecedido a experiência realizada durante o Holocausto, na segunda fase da política imperialista alemã. As pesquisas de Eugen Fisher com corpos que foram desenterrados depois do genocídio viriam a consagrar a tese segundo a qual os africanos eram uma raça inferior aos humanos europeus. O médico teria chegado a essa conclusão através de um minucioso estudo com 778 cabeças de *Hereros* e *Namas*. Em suas experiências nos campos de concentração, os médicos retiravam os cérebros das cabeças, porém antes disso as mulheres prisioneiras dos campos eram obrigadas a dessecar a carne que envolvia os ossos da cabeças com lâminas de vidro. O imperativo de provar a existência de raças e a inferioridade racial do negro justificava a existência de várias coleções (Stoecker *et al.*, 2013, p. 442).

Cartão postal de 1905. Soldados alemães empacotam os crânios dos *Hereros* assassinados para envio ao Instituto de Patologia de Berlim (Der Schädel gefallerner oder gehängter Hereros werden verpakt und das Pathologische Institut in Berlin geschickt)[2].

A prática de comercialização de ossos humanos e crânios era tão popular que serviam até de ilustração em cartões postais e fotografias da época. O mercado colonial cultural era intermediado pelos chamados "viajantes de coleção", que viviam da prática do comércio de objetos, artefatos e até ossos humanos que, roubados ou retirados das colônias, viriam a compor as grandes coleções dos museus etnológicos e dos renomados cientistas como Alexander Ecke, Felix von Luschan, Rudolf Virchow e Wilhem Waldeyer. Enquanto médicos e antropólogos buscavam evidências etnorraciais em seus objetos de pesquisa científica, a política racial

2 Disponível em: https://namibiangenocide1904.weebly.com/photographs.html. Acesso em: 20 mar. 2021.

colonial almejava validar o domínio territorial através da negação da humanidade aos povos colonizados (Zimmerman, 2006).

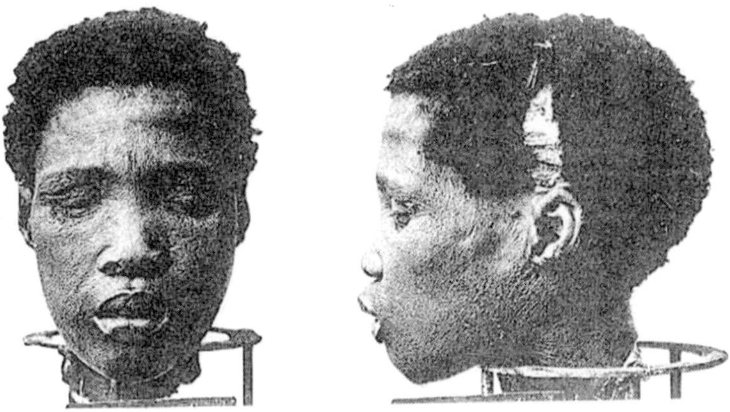

Cabeça de um homem utilizada para pesquisas científicas (Campo de Concentração Ilha do Tubarão — atual Namíbia)[3].

Vários estudos têm demonstrado a estreita relação entre o financiamento de pesquisas raciais no campo acadêmico e o projeto colonial europeu (Grosse, 2000). No caso alemão, a prestigiada Sociedade de Antropologia, Etnologia e Pré-História de Berlim, dirigida por Rudolf Virchow, financiou a Exposição Colonial de Berlim em 1896. A política de extermínio não está isolada do contexto em que a ciência racial, apoiada por generosos recursos públicos, buscava validar a existência de raças e construir a percepção dos povos coloniais como selvagens e exóticos (Grosse, 2000). O dogma racial era permanentemente enriquecido por dispositivos simbólicos que intermediavam a política, a ciência e o entretenimento das massas.

3 Disponível em: https://namibiangenocide1904.weebly.com/photographs.html. Acesso em: 2 jun. 2020.

A propaganda colonial do espetáculo das raças

A propaganda colonial já vinha disseminando uma cultura racial por meio de exposições, cartazes e centro de negócios coloniais. As exposições coloniais, conhecidas também como *zoos* humanos, exibiam as populações nativas, que eram obrigadas a ficar expostas à visita pública em ambientes e cenários culturais fabricados artificialmente. Os povos colonizados eram exibidos por toda a Europa ocidental, como também em Nova York em feiras de entretenimento para as massas das metrópoles, que se divertiam e eram orientadas a ver como viviam os selvagens das colônias. Os povos exóticos do sul do mundo exibidos em cartazes que se lia "África Selvagem" eram objetos não apenas de diversão e curiosidade popular, mas também de conhecimento e educação. Os povos colonizados podiam ser vistos inclusive nos chamados Panópticos de Berlim. Os panópticos eram centros culturais de entretenimento onde eram exibidas esculturas em cera ou artefatos vinculados aos variados povos do mundo colonial. Os grupos também apresentavam pessoalmente suas tradições culturais, danças e cantos. Atuando ao mesmo tempo como espaço de entretenimento e atração de turistas, os Panópticos também ofereciam sessões especiais para cientistas. Tais eventos públicos construíam não apenas uma espetacularização das raças, mas um testemunho cientifico dos povos colonizados, uma vez que os próprios cientistas cooperavam com as exposições.

A exposição colonial de 1896 despertou o interesse do chefe tradicional dos *Hereros*, Samuel Mahahero, que teria enviado para Berlim uma comitiva de cinco conselheiros, incluindo o próprio filho Friedrich Maharero. A ambição do líder dos *Hereros* não era participar do entretenimento colonial, mas marcar uma audiência particular com o Kaiser Wilhem II, o mesmo que oito anos depois teria implementado a política de extermínio contra o seu povo. Tanto a literatura (Zimmerman, 2006) como as imagens de arquivos mostram que os *Hereros* apresentavam-se vestidos como os colonizadores europeus. Assim como os *Hereros*, outros povos africanos não permitiram ser fotografados, medidos ou pesquisados por Felix Luschan. No entanto, grande parte dos crânios e ossos do

ACIMA: Friedrich Maharero. Berlim, 1896.[4]
À DIREITA: Zoo humano Völkerschau[5].

povo *Herero* provenientes do genocídio estão alocados no Museum für Völkerkunde Berlin, criado no calor da política colonial, em 1886. O verão úmido e frio de Berlim teria deixado muitos homens e mulheres frágeis e doentes, fato que permitiu o antropólogo Felix Luschan e seu assistente, Waldeyer, solicitarem oficialmente ao comitê de organização da exposição o uso dos corpos que sobrassem para pesquisa. Enquanto Luschan trabalhava com os crânios humanos, Wilhelm Waldeyer trabalhava diretamente com os cérebros. Muitos anos antes de Eugen Fischer colaborar com os nazistas, o renomado médico Luschan teria afirmado que todos os anos de pesquisa serviram-lhe para atestar que "não existem povos selvagens e existe apenas uma raça humana e todos nós descendemos da mesma espécie o *Homo sapiens*" (Luschan, 1922, p. 13) Pouco antes de sua morte, em 1924, Luschan teria negociado a venda da sua *coleção s* (skulls) pelo valor equivalente a meio milhão de dólares para o museu de história natural de Nova York. Estima-se

4 Disponível em: https://www.dhm.de/archiv/ausstellungen/namibia/stadtspaziergang/treptow.htm. Acesso em: 20 jun. 2018.

5 Disponível em: http://www.menschenzoowikipedia.org. Acesso em: 20 mar. 2018.

que grande parte dos restos humanos de instituições alemães advém do genocídio e da política colonial alemã. A coleção Rudolf Virchow continua sob a tutela da Sociedade de Antropologia e Pré-história de Berlim, e está disponível para pesquisa.

Nesse sentido, a luta pela humanização de restos humanos ainda classificados como coleções científicas se articula à luta pela desconstrução da epistemologia eurocêntrica e da política colonial instituída aos povos africanos. Para Mbembe, a política da reparação deve reinscrever e desafiar a razão negra que pôs em circulação fórmulas, textos, rituais, com o objetivo de fazer acontecer o Negro enquanto sujeito de raça e exterioridade selvagem, passível, a tal respeito, de desqualificação moral e instrumentalização prática.

Arquivo de Hamburgo. Imperador William II no Zoológico Hagenbeck em 1909.[6]

[6] Disponível em: https://commons.wikimedia.org/wiki/File:Bundesarchiv_Bild_183. Acesso em: 12 ago. 2021.

Reparação e Justiça pós-colonial: o apelo ao humano

Em 2001, a Corporação de Reparação do Povo *Herero* na presidência do Chefe Supremo Kuaima Riruako entrou com um pedido de reparação na Corte Internacional de Washington contra o Estado alemão pelo crime de genocídio. O estado nacional da Namíbia e sua maioria parlamentar não aprovou uma política de reparação pleiteada em nome dos povos *Hereros* e *Namas*. A resistência ao debate sobre o passado colonial faz parte da política que instituiu o Estado nacional da Namíbia em 1994, que recusou inúmeras tentativas e pressões para participar da comissão da verdade e da reconciliação da África do Sul em 1997 (Dobell, 1997). Até o ano de 2008, o processo jurídico não encontrou ressonância política, seja no Estado da Namíbia, seja no da Alemanha. Contudo, o discurso do ministro das Relações Exteriores na Conferência Mundial das Nações Unidas contra o Racismo, em Durban (Fisher, 2001), e particularmente o pedido de desculpas aos povos *Hereros* proferido pela ministra de Desenvolvimento e Cooperação em visita ao evento dos 100 anos do genocídio na Namíbia, em 2004, enunciavam o reconhecimento da legitimidade do pleito de reparação. No dia 24 de julho de 2008, a TV alemã divulgava a existência de um enorme acervo de remanescentes humanos nos arquivos do hospital universitário Charité Berlim e da Universidade de Freiburg. Tratava-se da exibição do documentário realizado pelo jornalista Markus Frenzel, intitulado *Koloniales Erbe* (Herança Colonial), que denunciava a relação entre os remanescentes humanos e o genocídio praticado pelo governo colonial alemão na Namíbia. Diante desse fato, o Chefe Maior Kuaima Riruako apresenta o projeto político de restituição dos remanescentes humanos e de reparação pelo genocídio junto ao parlamento da Namíbia, solicitando que intervenha junto ao Estado alemão. A embaixada da Namíbia solicitou ao Estado alemão o repatriamento de restos humanos do seu povo exterminado pelo exército imperial colonial e submetidos aos laboratórios raciais, mas não associou a restituição à exigência de um pedido de desculpas e de reparação. Após o pedido de repatriação, a instituição Charité e a Universidade de Freiburg deram início à formulação de projetos para aquisição de recursos para pesquisa de proveniência. O silêncio da política nacional foi interrompido por respostas de instituições de pesquisa como a Fundação Charité, o Ubermusee de Bremen, o programa Hamburg's Entangled: Post-colonial Legacies e o arquivo da Universidade de Freiburg, que se manifestaram, publicamente sobre a necessidade de recursos para pesquisas de proveniência dos seus acervos.

O processo de restituição

"Can not be about us, without us"

Entre as principais coleções de remanescentes humanos do período colonial, estão a coleção Alexander Ecker, depositada em Freiburg, que teve a curadoria de Eugen Ficher, e as coleções que pertenciam ao Museu Etnológico de Berlim, que foram transferidas para a fundação Charité e pertenciam a Felix Luschan e Wilhem Waldeyer. A primeira cerimônia de restituição dos remanescentes humanos aconteceu no auditório da Fundação Charité no dia 30 de novembro de 2011. A cerimônia, assim como o financiamento, a viagem e a hospedagem da delegação da Namíbia, foi organizada pela embaixada da Namíbia. A Fundação do Genocídio dos povos Ovahereros e o Comitê Técnico do Genocídio dos povos Namas, na figura de Ester Muinjanque e Ida Hoffman, não receberam convite oficial da embaixada da Namibia para participar da cerimônia, mas estiveram presentes estendendo cartazes com a frase: "Can not be about us without us". Muinjanque e Hoffman participaram de um debate na Casa das Culturas do Mundo, na cidade de Berlim, em setembro, onde manifestaram publicamente o isolamento dos representantes dos descendentes das comunidades afetadas pelo genocídio e das negociações entre a Namíbia e o governo alemão. A solenidade de entrega dos remanescentes humanos contou com a apresentação do relatório de pesquisa. no qual as poucas informações sobre os crânios não acrescentaram qualquer correlação com a existência humana e as circunstâncias históricas das mortes. O ministro das Relações Exteriores era a única representação oficial do governo alemão, mas ela se retirou da cerimônia sem ouvir ou cumprimentar a delegação da Namíbia. Representantes dos movimentos pela reparação sustentavam cartazes em que se lia frases como "Say Sorry, Apology now", no entanto a questão ainda é tratada pelo governo apenas como uma repatriação de um acervo científico cultural.

Os convites oficiais do governo da Alemanha se dirigem à embaixada da Namíbia e aos representantes do Museu Nacional da Namíbia, que, por sua vez, recebem os "acervos" de instituições de pesquisa. A primeira solenidade de repatriação se deu no auditório da fundação Charité, e a segunda ocorreu na Universidade de Freiburg, onde se destacaram a figura do reitor da Universidade e a direção do Museu Nacional da Namíbia. Nas duas solenidades, a delegação da Namíbia não incorporou nenhum representante das vítimas do genocídio. Contudo, a fundação do Genocídio do Povo Herero e o Comitê dos povos Namas compareceram às cerimônias com seus próprios recursos de mobilização e crítica à política de negociação da reparação do genocídio colonial. A política da repatriação se tornou pauta de uma agenda de luta e radicalizou ainda mais as questões morais e políticas de reconciliação, reconhecimento, reparação e responsabilidade histórica para com o passado colonial. A última cerimônia foi realizada em agosto de 2018, numa Igreja Francesa protestante de Berlim. A ministra de Estado das Relações Exteriores, Michelle Muntefering, enunciou em um discurso emocionado que a Alemanha ainda tem um enorme trabalho a ser realizado em relação às atrocidades do passado, à herança colonial e à sua responsabilidade histórica. No interior de um templo cristão, a ministra demonstra um profundo pesar e pede desculpas aos povos da Namíbia pelas atrocidades cometidas durante o período colonial alemão. Entretanto, do lado de fora da igreja, os representantes legítimos das vítimas celebravam a memória dos seus ancestrais e denunciavam a total incompatibilidade de sua luta por reparação com os preceitos de uma tradição cristã da qual nunca fizeram parte. Mais uma vez, não receberam convites oficiais para participar da cerimônia de repatriação dos remanescentes humanos de seus ancestrais e continuaram invisibilizados pelos representantes da Namíbia e da Alemanha. Do lado de fora da igreja, o chefe supremo dos povos *Hereros*, Vekui Rukoro, declarou à imprensa que: "By trying not to acknowledge the past, the German government will continue to make serious mistakes as regards present and future policies. We are after all the direct descendants of these remains and we should not be ignored" (Lewandowski, 2018).

Nenhum acordo emergiu quanto às formas de lidar com o passado colonial na Namíbia, os remanescentes humanos ainda aguardam junto com os seus descendentes uma conciliação quanto à sua inumação (Biwa, 2012). Entregues pelas instituições científicas na condição de acervos de pesquisa, os remanescentes aguardam talvez a restituição de uma vida histórica e de uma humanização que hoje pertence menos aos rituais funerários do que à luta política pós-colonial.

Luta política pós-colonial

Na Alemanha, as organizações Berlin Poskolonial, Centro de pesquisa da Universidade de Hamburg, Centro Europeu dos Direitos Humanos e Constitucionais (ECCHR), Afrikan Avenir, Povos Negros da Alemanha (SMD), repaldadas também por um amplo debate realizado no Conselho Europeu pelo European Network Against Racism (ENAR), introduziram uma agenda pública de ativismo permanente de apoio às lutas das comunidades atingidas pelo processo colonial. As Conferências Transnacionais dos povos *Hereros* e *Namas* foram organizadas por ativistas alemães em Berlim (2016), em Hamburgo (2018) e na Namíbia (2019). Embora acionado pela justiça, o Museu da História Natural de Nova York ainda não acenou com a possibilidade de restituição das ossadas provenientes da coleção Luschan. Estima-se que o acervo de remanescentes humanos provenientes do período colonial da

Alemanha tenha em oito mil corpos. Contudo, o diretor da Fundação da Herança Cultural da Alemanha e do Fórum Humboldt afirma que as restituições devem estar validadas por pesquisas e provas que certifiquem a origem e a articulação dos remanescentes humanos aos variados contextos de injustiça (Fuhr; Seewald, 2015). Embora o Estado alemão tenha aprovado um acordo de coalizão com o partido social democrata para inventariar as coleções etnológicas, os recursos para pesquisa são escassos. Não obstante, os grupos étnicos, em muitos casos marginalizados, não são Estados, portanto não têm legitimidade jurídica para solicitar e participar de negociações sobre restituições e exigir pesquisas. Se por um lado, a política cultural alemã reconhece como critério de restituição a existência de um contexto de injustiça, por outro, as evidencias objetivas são muitas vezes ambíguas. Grande parte dos remanescentes humanos se encontram objetificados, pois não eram sujeitos de direito, e estão catalogados com números que não expressam o contexto de vida e morte do indivíduo que sofreu a violência. Não existem bancos de dados sobre a origem das coleções de ossos humanos, e muito menos sobre as circunstâncias de aquisição. Os descendentes não tem como saber onde estão alocados os restos mortais de seus antepassados. Como remanescentes humanos provenientes da extrema violência colonial ou de pesquisas raciais podem ter sido adquiridos de forma justa? Fatos como este revelam a contemporaneidade da lógica colonial, que se verifica também na ideia segundo a qual gerações posteriores a 125 anos não identificariam o pertencimento genealógico (Recommendations, 2013).

Ativismo e a política da conciliação

A agenda política dos *Hereros* e *Namas* superou os empasses de suas fronteiras nacionais e heranças coloniais e tem conquistado cada vez mais espaços de hegemonia, que perpassam não só o parlamento alemão e os movimentos sociais alemães, como os mais diversos circuitos transnacionais de uma agenda pública pós-colonial.

Desde 2001, os povos *Hereros* e *Namas* se fazem representar por uma Fundação que assumiu a missão de protagonizar a luta pós-colonial com a primeira ação jurídica de denúncia do genocídio praticado pelo Estado e da exploração de empresas alemães junto à corte dos Direitos Humanos em Washington. Naquele contexto, o ministro das relações exteriores do Estado alemão declarou na Conferência de Durban:

> Em muitas partes do mundo, a dor e as persistentes consequências da exploração colonial e da escravidão ainda são profundas. As injustiças passadas não podem ser desfeitas. Mas reconhecer a culpa, assumir responsabilidade e enfrentar obrigações históricas podem ao menos devolver às vítimas e aos seus descendentes a dignidade que lhes foi roubada. Eu gostaria de fazer isto agora em relação à República federal Alemã (Fisher, 2001).

Desde então, um lento e prolongado debate sobre a política colonial e suas entrelaçadas heranças históricas, sociais e políticas tem construído uma agenda pública sobre reparação histórica e reconhecimento jurídico da violência colonial. No ano de 2015, o parlamento alemão iniciou os trabalhos de uma comissão para reparação, e o presidente do Bundestag da Alemanha, Nobert Lammert, reconheceu em público que o Estado alemão praticou uma política deliberada de genocídio em relação aos povos *Hereros* e *Namas*. Desde 2016, o deputado do partido social democrata Ruprecht Polenz tem intermediado uma agenda "comum", junto ao governo da Namíbia, para um pedido de desculpas formal da Alemanha. Em 2017, representantes dos *Hereros* e *Namas* levaram à corte de Nova York o pleito pela participação nas negociações bilaterais entre a Namíbia e a Alemanha. Apesar da pressão dos movimentos sociais e dos partidos de esquerda nas últimas duas décadas, os grupos organizados que representam os povos *Hereros* e *Namas* nunca foram recebidos pela comissão de reparação e reconhecimento do genocídio praticado pelo reich alemão. As iniciativas do governo alemão envolveram a criação de uma comissão para a negociação de uma política de reparação que inclui criar um fundo e acordos milionários de cooperação pelo desenvolvimento. As comunidades dos *Hereros* e *Namas* não possuem representatividade nas mesas de negociação com o governo alemão, são minorias étnicas na Namíbia e lutam para ter a sua trajetória história reconhecida na história nacional da Namíbia, bem como o acesso às suas terras originais ocupadas majoritariamente por descendentes dos colonizadores alemães. As diferentes heranças coloniais são também feridas abertas no programa de luta pela unidade nacional que conferiu, em 1994, a independência do Estado da Namíbia sob o lema da unidade da diversidade. Somente a região centro-sul da Namíbia foi expropriada para o assentamento dos colonos alemães, que permanecem na região e apoiam a política nacionalista da Namíbia (Kössler, 2007). Os acordos de cooperação e reconciliação entre os Estados da Namíbia e da Alemanha não atingem a agenda das comunidades remanescentes dos *Hereros* e *Namas*. A Alemanha apresentou uma oferta inicial de 10 milhões de euros, que foi recusada e substituída por 1 bilhão de euros a ser disponibilizado em projetos de desenvolvimento que incluem energia e saneamento e redes de abastecimento de água nos próximos 30 anos. O acordo prevê a criação de uma Fundação em memória do Genocídio dos povos *Hereros* e *Namas*. O governo alemão reconheceu a participação do Estado no genocídio entre 1904 e 1908, mas deixou claro que não se trata de qualquer questionamento dos dispositivos históricos e legais que sustentaram a prática do genocídio no passado. Trata-se de um programa de reconstrução e desenvolvimento que encerra as negociações por reparação entre os dois Estados. Para o representante dos povos *Hereros* e *Namas*, o acordo bilateral é um insulto aos povos originais, que sofreram o genocídio e não tiveram sequer o direito de participar das negociações. A luta por reparação e justiça aos povos exterminados confronta o horizonte normativo da lógica política inscrita em instancias jurídicas, estatais e nacionais. Trata-se de uma luta que busca, tal como Benjamin, interromper o curso da história, transformar a temporalidade e, com isso, reconstruir ou abrir a possibilidade de fazer emergir uma história que foi violada e suprimida pela violência colonial. Contudo, a declaração de arrependimento e o reconhecimento do genocídio e da culpa pode também se traduzir numa relação instrumental com a história, congelando as atrocidades, fazendo calar a memória das vítimas e invisibilizando o legado colonial e a expropriação de terras de povos originais. O Estado assume publicamente a atrocidade cometida e, nesse sentido, reinscreve um capítulo da história oficial. A política de reconhecimento do genocídio foi formulada ao longo dos últimos seis anos por um processo indenizatório combinado entre agentes estatais e seus legisladores. Ao excluir as vítimas descendentes diretas do genocídio, tal política reinscreve também os mecanismos de desumanização, esvaziamento do passado que ameaça a possibilidade de alguma responsabilidade diante da história, da memória ou dos fantasmas das vítimas da violência política colonialista. Como interligar a luta dos *Namas* e *Hereros*, ou seja, a experiência ética de busca da justiça, com a ação política de reconciliação que se traduz como o ato histórico de um Estado que reconhece os crimes cometidos? Para Derrida, a justiça não se corporifica em leis, tratados ou Estados, mas pela possibilidade de pensar e agir a partir da diferença, da alteridade e da singularidade do outro. A Justiça não é apenas um conceito jurídico-político, mas um apelo pela transformação do direito e da política. Nesse sentido, aponta não para uma reconciliação, mas para um encontro com o outro e sua alteridade única.

As comunidades descendentes do genocídio lutaram, sem êxito, por uma participação nas delegações de negociações de reparação. A luta dos *Hereros* e *Namas* exige também a restituição de suas terras ocupadas por descendentes dos alemães e o reconhecimento de uma memória que os integre na história nacional da Namíbia não como heróis que resistiram ao colonialismo, mas como um povo que tem uma trajetória histórica, política e cultural particular. Enquanto os descendentes de alemães ocupam 70% das terras agrícolas na Namíbia, os povos *Hereros* e *Namas*, em sua maioria, vivem nas mesmas reservas que lhes foram destinadas pela política do *apartheid* da África do Sul, em condições de pobreza extrema. A luta pela recuperação das terras dos povos *Hereros* e *Namas* tem o apoio do Movimento dos Povos Sem Terra, liderado pelo ativista e político parlamentar Bernadus

Manifestação dos representantes e descendentes dos povos *Hereros* e *Namas* diante da cerimônia de restituição de remanescentes humanos na Igreja Francesa de Fredrichstadt. Berlim, 29/08/2018.

FOTO: CRISTIANE RAMALHO

Swatbooi, que apresentou um projeto de reforma agrária no parlamento da Namíbia. De um lado, o discurso político de reconhecimento do genocídio chama a atenção para o menosprezo com o holocausto dos povos africanos, de outro, uma agenda de luta que busca reformas estruturais do Estado, repartição das terras da Namíbia e transformações histórico-discursivas em relação à herança colonial.

Considerações finais

As ativistas da Fundação Genocídio Ovaherero, Ester Muinjangue, Engenisie Neumann, Adelheid Uakurama e Francesca Kazenango, estiveram, recentemente, pela primeira vez nas cidades do Rio de Janeiro e de São Paulo a convite de ativistas do Quilombo Raça e Classe para um debate sobre a luta pelas reparações. Para muitos afrodescendentes do

Brasil, a luta dos povos *Hereros* e *Namas* era completamente desconhecida. Os debates foram também acompanhados por troca de informação e visitas às favelas do Rio de Janeiro e de São Paulo. O intenso ativismo dos povos *Hereros* e *Namas* os permitiu cruzar o mar atlântico para a reconstruir uma outra história local e global da herança do colonialismo pautada no resgate da vida histórica e da humanização dos povos exterminados. Neste sentido, a luta dos povos descendentes do continente africano contra a opressão e marginalização contribui para reinscrever a história global da humanidade e refundar a ideia de um mundo sem fronteira. Ao ressignificar o conteúdo racial e colonial de sua opressão, a luta transnacional mobiliza aspectos subjetivos, culturais, religiosos, morais e políticos de uma experiência histórica interligada cujas fronteiras tecem interculturalidades. "Mas passar de um lugar para outro é também tecer com cada um deles uma dupla relação de solidariedade e de desprendimento. A essa experiência de presença e de diferença, de solidariedade e de desprendimento, mas nunca de indiferença, chamemos a ética do passante" (Mbembe, 2017, p. 248).

A luta política do tempo pretérito tem feito ecoar as súplicas dos colonizados e dos mortos do passado, fazendo valer no tempo presente uma pretensão de justiça. Contudo, o apelo pós-colonial não divide as relações de nascimento e morte, do passado e do presente, da ausência e da presença. Ele apela por um movimento de correção, a partir da crítica do passado e de um futuro indissociável da ideia de justiça, da dignidade do humano e do em comum. A perda e impossibilidade de um nome próprio pode, contudo, abrir a possibilidade "para repensarmos aquelas temporalidades que estão, sempre simultaneamente, se ramificando em diversos futuros diferentes, e ao fazerem isso abrem caminho para a possibilidade de múltiplas ancestralidades" (Mbembe, 2001b, p. 187). A restituição de remanescentes humanos alocados em instituições de pesquisa e a denúncia da violência colonial traduzem um apelo de justiça não somente pela desconstrução da fabricação do negro enquanto um sujeito de raça, mas também pelo apelo contra as crescentes articulações da destituição humana, que Mbembe nomeia como o devir negro do mundo.

Manifestação ocorrida no Congresso Transnational sobre genocídio do povo *Herero*. Hamburgo, 2018.[7]

7 Disponível em: http://genocide-namibia.net/fotogallerien-photogalleries/#page-content. Acesso em: 12 ago. 2021.

REFERÊNCIAS

BIWA, Memory. *'Weaving the Past with Threads of Memory'*: Narratives and Commemorations of the colonial war in southern Namibia. Tese de doutorado. University of the Western Cape, 2012.

CHAKRABARTY, Dipesh. *Provincializing Europe. Postcolonial Thought and Historical Difference.* Princeton: Princeton University Press, 2005.

DERRIDA, Jacques. *Os espectros de Marx*. Rio de Janeiro: Relume Dumará, 1993.

DERRIDA, Jacques. Marx & Sons. In: SPRINKER, Michael (org.). *Ghostly Demarcations*: Derrida a Symposium on Jacques Derrida Specters of Marx. Londres: Verso, 1999.

DOBELL, Lauren. Silence in context: Truth and/or reconciliation in Namibia. *Journal of Southern African Studies*, v. 23, p. 371-382, 1997.

ERICHSEN, C.W. *"The angel of death has descended violently among them"*: concentration camps and prisoners-of war in Namibia 1904-1908. Leiden: African Studies Centre, 2005. Disponível em: https://scholarlypublications.universiteitleiden.nl/handle/1887/4646. Acesso em: 15 out. 2018.

FANON, Frantz. *Os condenados da Terra*. Rio de Janeiro: Civilização Brasileira, 1978.

FISHER, Joschka. *Speech by Joschka Fisher*. Durban, 1 set. 2001. Disponível em: https://www.un.org/WCAR/statements/germE.htm. Acesso em: 12 out. 2018.

FÖRSTER, Larissa. "These skulls are not enough": The Repatriation of Namibian Human Remains from Berlin to Windhoek in 2011. *Darkmatter*, 18 nov. 2013. Disponível em: http://www.darkmatter101.org/site/2013/11/18/these-skulls-are-not-enough-the-repatriation-of-namibian-human-remains-from-berlin-to-windhoek-in-2011/. Acesso em: 1 out. 2016.

FUHR, Eckhard; SEEWALD, Berthold. Schrumpfköpfe und andere menschliche Überreste. *WELT*, 30 mar. 2015. Disponível em: https://www.welt.de/geschichte/article138912887/Schrumpfkoepfe-und-andere-menschliche-Ueberreste.html. Acesso em: 20 mar. 2018.

GROSSE, Pascal. *Kolonialismus, Eugenik und bürgerliche Gesellschaft in Deutschland, 1850-1918*. Frankfurt: Campus, 2000.

GEWALD, Jan-Bart. *Herero Heroes*: A Socio-Political History of the Herero. Oxford, 1999.

HENRICHSEN, Dag. *Herrschaft und Alltag im vorkolonialen Zentralnamibia*: Das Herero- und Damaraland im 19. Jahrhundert. Basel: Basler Afrika Bibliographien,2011.

KÖSSLER, Reinhart. Facing a Fragmented Past: Memory, Culture and Politics Namibia. *Journal of Southern African Studies*, v. 33, n. 2, p. 361-382, 2007.

KRÜGER, Gesine; HENRICHSEN, Dag. We have been captives long enough. We want to be free: Land, uniforms and politics in the history of the Herero in the interwar period. In: HAYES, Patricia; SILVESTER, Jeremy; WALLACE, Marion, HARTMANN, Wolfram (ed.). *Namibia under South African Rule*: Mobility and Containment. Oxford: James Currey, 1998. p. 149-174.

LE MONDE. "Si l'ennemi triomphe, même les morts ne seront pas en sûreté...". 30/06/2020. Disponível em: https://www.lemonde.fr/idees/article/2020/06/30/si-l-ennemi-triomphe-meme-les-mort-s-ne-seront-pas-en-surete_6044649_3232.html. Acesso em: 01 out. 2020.

LEWANDOWSKI, Jakub. Remains from 'First genocide of 20th Century' returned to Namibia. *Newsweek*, 30 ago. 2018. Disponível em: https://www.newsweek.com/remains-first-genocide-20th-century-returned-namibia-1097818. Acesso em: 30 ago. 2018.

MBEMBE, Achile. *On the postcolony*. Berkeley: University of California, 2001a.

MBEMBE, Achile. As formas africanas de auto-inscrição. *Estudos Afro-Asiáticos*, v. 23, p. 171-209, 2001b.

MBEMBE, Achile. *Crítica da Razão Negra*. Lisboa: Antígona, 2014.

MBEMBE, Achile. *Políticas da inimizade*. Lisboa: Antígona, 2017.

OLUSOGA, David; ERICHSEN, Casper W. *The Kaiser's Holocaust*: Germany's Forgotten Genocide and the Colonial Roots of Nazism. London: Faber and Faber, 2010.

RECOMMENDATIONS *for the Care of Human Remains in Museums and Collections*. Berlim: Deutscher Museumsbund, 2013.

STOECKER, Holger; SCHNALKE, Thomas; WINKELMANN, Andreas (ed.). *Sammeln, Erforschen, Zurückgeben? Menschliche Gebeine aus der Kolonialzeit in akademischen und musealen Sammlungen*. Berlim: Links, 2013.

LUSCHAN, Felix. *Völker, Rassen, Sprachen*. Berlim: Deutsche Buchgemeinschaft, 1922.

ZIMMERER, Jürgen; ZELLER, Joachim. *Genocide in German South-West Africa*: The colonial war of 1904-1908 and its aftermath. Pontypool: Merlin Press, 2013.

ZIMMERER, Jürgen. *Von Windhuk nach Auschwitz?*: Beiträge zum Verhältnis von Kolonialismus und Holocaust. Münster: Lit Verlag, 2011.

ZIMMERMAN, Andrew. German Anthropology and the "Natural Peoples": The Global Context of Colonial Discourse. *European Studies Journal*, v.16, n. 2, p. 95-112, 1999.

ZIMMERMAN, Andrew. *Anthropology and anti-humanism in Imperial Germany*. Chicago: Chicago University Press, 2006.

PARTE II

Patrimônio em contextos de crise

Adebal Andrade Jr. e Yussef Campos nos trazem subsídios que nos permite questionar a perspectiva que resume a categoria patrimônio a um instrumento inclusivo e democrático, isento de contradições, paradoxos, sentimentos de crise ou desorientação. Se documentos de cultura são também documentos de barbárie, como lembra Walter Benjamin, os vínculos entre processos de patrimonialização e movimentos de segregação e silenciamento não são acidentais ou episódicos. Entre a elaboração de memórias coletivas e utopias políticas, há uma problemática incontornável: um "mal-estar" presente na patrimonialização, em uma era de incerteza e instabilidade política. É exatamente essa problemática, visível nos retrocessos das políticas de memória, no sucateamento intencional das políticas culturais voltadas para as minorias ou nos usos conservadores da categoria em contextos caracterizados pelo negacionismo histórico, que será abordada pelos autores dessa seção.

Em "Patrimônio, drama social e sujeitos de direito", Adebal nos apresenta reflexão a respeito da patrimonialização desenvolvida na cidade de Pompéu, em Minas Gerais. Adebal demonstra como as políticas patrimoniais podem ser utilizadas como componente mantenedor de um contexto social excludente e racista, especialmente nos momentos em que certa ordem estabelecida parece ruir ante transformações econômicas e culturais típicas da sociedade moderna. No caso estudado, trata-se da ruptura da rígida distinção e hierarquia que organizava aquela sociedade, por conta das transformações no modo de produção da economia agropecuária e do avanço das demandas sociais de grupos locais historicamente segregados (trabalhadores, pobres, negros, mulheres).

Em face de um sentimento de desestabilização das estruturas sociais da cidade, a patrimonialização de certas referências culturais locais é utilizada como instrumento de recuperação da ordem perdida. Esse procedimento é adotado por meio do reconhecimento de objetos e saberes atribuídos à figura da fazendeira local Joaquina do Pompéu como patrimônio cultural pela Prefeitura. Por meio de diversas práticas preservacionistas, se estabelece um enquadramento didático da memória, de modo a legitimar os contornos da história dessa personagem mítica, bem como desqualificar outras versões que possam surgir sobre ela. O processo analisado aponta para uma das possibilidades de utilização reacionária da memória e do patrimônio, em contraposição a uma lógica que valorize a cidadania e os sujeitos de direitos. Adebal propõe a ideia do patrimônio como mediador de um drama social, ou seja, dos agenciamentos e processos sociais que envolvem ou representam uma série de eventos: a princípio, rupturas ou desequilíbrios sociais, seguidos da sensação de crise, de projetos corretivos do "desvio" e, por fim, a possibilidade de reintegração social. No caso analisado, o discurso patrimonial é produzido como uma estratégia conservadora para lidar com a mudança social e a sensação de crise.

Em "Ditadura e reparação: lugares sensíveis em Juiz de Fora, Brasil (1964-1985)", Yussef Campos aborda os efeitos perversos do silenciamento do patrimônio no âmbito da ditadura civil-militar. O fato do atual presidente assumir sua admiração por agentes do Estado responsáveis pela tortura de adversários políticos durante a ditadura é o elemento mais evidente do momento político que vivemos, e que tem possibilitado um projeto mais amplo de negação e de apagamento das violências de Estado praticadas durante aquele período. Yussef destaca a importância de se atribuir maior visibilidade aos lugares de memória da ditadura militar por meio de conceitos como "patrimônios sombrios" e "lugares de memória sensível". Tendo como foco as instalações militares de Juiz de Fora, o autor demonstra como se institui um silenciamento estratégico da história contida nesses estabelecimentos, dos julgamentos sumários às torturas.

Yussef propõe investigar a relação entre silenciamento e cumplicidade, denúncia e reparação, consciência e memória. Sua reflexão nos deixa mais sensíveis ao fato de que o silenciamento das memórias sensíveis possui muitas faces, desde a não identificação desses lugares até os processos de tombamento e preservação pautados somente por aspectos estético-estilísticos. O grande desafio consiste em evitar que uma memória sensível ou traumática seja também uma memória subterrânea ou invisibilizada.

Não seria esse um dos grandes desafios que todos nós deveríamos enfrentar? São especialmente nos momentos de crise que precisamos estar atentos às relações entre cultura e barbárie. Nesse sentido, as abordagens de Adebal e Yussef nos provocam um olhar cuidadoso e crítico, voltado aos tempos obscuros que vivemos. Pois a barbárie presente nos usos e abusos da memória, muitas vezes, está nos detalhes.

LEOPOLDO GUILHERME PIO

Patrimônio, drama social e sujeitos de direito[1]

ADEBAL DE ANDRADE JÚNIOR

Entre 2015 e 2016, realizei um trabalho de campo no município de Pompéu, na região central de Minas Gerais, situado a 160 km de Belo Horizonte, a capital do estado. Durante esse período, meus interlocutores, frequentemente pronunciavam: "Pompéu mudou demais". Mas o que se alterou na vida coletiva de Pompéu? E quais os desdobramentos dessas mudanças? Ao questionar meus interlocutores na cidade sobre quais mudanças ocorreram ao longo dos anos, eles procuravam no tempo dos seus avôs e dos pais a referência daquilo que era próprio de Pompéu para, em seguida, apontar as transformações que alteraram o contexto econômico e as relações sociais locais.

Nas narrativas produzidas por esses sujeitos, o espaço das fazendas surgiu como o marco para identificar o que é específico do município e o que mudou. A categoria "fazenda" pronunciada pelos proprietários de terra em Pompéu não se refere apenas a uma porção de terra utilizada para produzir gêneros alimentícios e criar animais, bem como para residir. Ela enquadra um modo específico de relações sociais que também organiza a produção. Nesse arranjo, o fazendeiro (proprietário) é o protagonista. Ele é determinante para a sustentação da fazenda.

---

1 Esse texto apresenta parte das reflexões realizadas na minha pesquisa de doutorado, defendida em 2018, com o título "Um patrimônio patrimonialista: transformações sociais e o controle da história (Pompéu-MG)", no âmbito do PPGSA do IFCS/UFRJ. Obrigado aos professores José Reginaldo Santos Gonçalves, Leopoldo Guilherme Pio, Tatiana Bacal, Kátia Lerner, Myrian Sepulveda e Roberta Guimarães pelos comentários e sugestões feitos à pesquisa.

As narrativas que ouvi em campo foram elaboradas por membros de famílias que possuem propriedade rural há décadas e por ex-proprietários de terras que se identificaram como "parentes de Joaquina do Pompéu", uma grande proprietária de terras que viveu na região entre os séculos XVIII e XIX. As fazendas, para esses sujeitos, são lugares de relações pessoais, com vínculos fortes e sem conflitos, como explicou a proprietária da Fazenda Cachoeira:

> No tempo do meu avô, até depois que o papai casou, parece que tinha umas dez famílias que moravam na fazenda, umas dez famílias se não for mais. E ali todos eram compadres do papai e da mamãe, porque em cada casa papai e a mamãe tinha um afilhado. Eram pessoas muito amigas mesmo, muito unidas. E aí, os filhos deles iam casando e iam ficando ali também.

Não havia vínculos empregatícios entre o proprietário e o trabalhador rural, mas eram comuns os laços de compadrio. Todas as tarefas da fazenda eram realizadas pelos trabalhadores, que, em troca, recebiam a permissão para viver no lugar e, a critério do fazendeiro, podiam receber alguma remuneração pelo trabalho. Eles ocupavam uma pequena parte das terras do fazendeiro, onde eram autorizados a construir uma casa para residir com a família ou a ocupar uma edificação que estava vazia. Também tinham autorização para plantar no pedaço de terra no qual se estabeleciam.

A atitude do proprietário das terras com o trabalhador "era sempre assim, era um pouco de paternalismo, mesmo", argumentou um dos meus interlocutores. Na Fazenda Diamante, onde ele passou parte da sua trajetória de vida, o pai

> mantinha um serviço odontológico; vinha um dentista de tantos em tantos meses e ficava ali tempos, meses, às vezes, na fazenda para cuidar do... O serviço era precário, era obturação, extração de dentes, naquele tempo era mais ou menos isso, mas se fazia lá, porque a comunidade era grande. [...] Tinha o serviço também da malária, porque tinha muita mata, tinha

> muita água... Então, tinha muita malária, sobretudo. Então, papai, ele sentiu a necessidade de ter certo atendimento... Ele mesmo mantinha um posto médico lá. Então, aquele medicamento básico para febre, malária, tudo ele tinha lá. Então, qualquer doença de menos importância, tudo ele cuidava lá... Outra coisa que ele providenciou foi a questão do soro antiofídico...

Um ex-prefeito de Pompéu comentou que "não tinha SUS"[2], mas havia os fazendeiros que cuidavam dos trabalhadores, prestando toda assistência que eles precisavam. Não havia a presença do Estado nas fazendas para oferecer auxílio aos trabalhadores ou para normatizar a relação com os proprictários. "O fazendeiro era o que tinha mais poder, mais instrução... era o que cuidava deles", argumentou o herdeiro de uma fazenda ao comentar sobre a conduta do proprietário de terra com os trabalhadores. Para ele, os "empregados realmente gostavam, por quê? Tinha uma assistência razoável, alimentação farta, produzia muito e tinha uma convivência boa...". A relação entre os fazendeiros e os trabalhadores que cultivavam a terra foi definida por um ex-prefeito do município como sendo uma "espécie de patriarcado" formado por um número pequeno de proprietários rurais e seus "empregados". Isto é, para ele, os fazendeiros eram líderes, exerciam autoridade moral, política e social, provendo daquilo que consideravam importante para os trabalhadores da fazenda.

Acompanhando o pensamento de DaMatta (2000), a relação entre patrão e "empregado", em Pompéu, ultrapassava a relação econômica, na qual o proprietário compra e explora a mão de obra do trabalhador. As relações descritas pelos meus informantes vão do econômico ao moral, misturando um vínculo financeiro/comercial com laços de simpatia e amizade. Tal quadro confunde o trabalhador das fazendas e permite ao fazendeiro exercer um duplo controle da situação. Ele governa o trabalho, pois é aquele que oferece a oportunidade para o

2 Ele refere-se ao Sistema Único de Saúde (SUS), política desenvolvida pelo governo federal em consonância com estados e municípios com o propósito de garantir assistência médica à população.

sujeito trabalhar e, ao mesmo tempo, pode administrar as possíveis reivindicações do trabalhador apelando para a moralidade das relações pessoais. O aspecto comercial da relação patrão-empregado no contexto das fazendas descrito pelos meus interlocutores fica ofuscado pela dimensão moral, que também subordina os aspectos econômicos aos seus parâmetros.

Esse tipo de relação, que pode ser definida como patronagem ou relação patrono-cliente, se mostra especialmente funcional em situações nas quais a estrutura institucional formal da sociedade não é capaz de distribuir com regularidade o suprimento de bens e serviços, principalmente, para os níveis mais baixos da sociedade. Sob essas condições haveria fregueses para a segurança social oferecida pelos clientes em potencial, enquanto a formação de um corpo de clientes aumentaria a capacidade dos patronos para influenciarem a operação institucional. Nesse sentido, a patronagem é uma relação em que se torna possível o acesso a recursos materiais e serviços que, de outra forma, não poderiam ser obtidos por pessoas desprovidas de condição financeira (Wolf, 2011). Trata-se de um vínculo pessoal entre indivíduos de status, poder e condição material diferentes, portanto, é uma relação assimétrica. Um dos parceiros está sempre mais bem colocado em relação ao outro, quanto à sua capacidade financeira. Ou seja, eles não trocam serviços e bens equivalentes.

O patrono oferta moradia, proteção, emprego e auxílio em ocasiões diversas; o cliente proporciona deferência, lealdade, serviços variados e apoio político. Embora seja uma relação marcada pela informalidade, sem um estatuto jurídico, a patronagem envolve uma série de regras e expectativas, implicando obrigações interpessoais, principalmente, confiança e reciprocidade, pois são as bases para a continuidade da própria relação (Grynspan, 1990; Wolf, 2011). O cliente retribui ao seu patrono, pelos bens e serviços que recebe, demonstrando estima e anunciando isso para a comunidade local. Dessa forma, ele estimula constantemente os canais de lealdade entre as partes, aumenta o nome e a fama de seu patrono e lhe garante uma espécie de "imortalidade" (Wolf, 2011).

Os fazendeiros ou membros da sua família que tiveram a experiência de trabalhadores vivendo no lugar descrevem essa relação de modo a legitimar a sua bondade pessoal ou do seu grupo familiar. Por exemplo, o herdeiro da Fazenda São Miguel afirma que a sua família tratava muito bem os trabalhadores, pois se preocupava e cuidava deles. Ele completa dizendo: "Todos que trabalharam lá (na fazenda), até os descendentes que nem me conheceram, quando encontro com eles em Pompéu: 'ah, meu pai morou com seu pai lá no Diamante e fala bem demais de vocês'...".

No entanto, há vozes que contestam essa relação equilibrada entre fazendeiros e trabalhadores rurais, apontando que havia uma dependência, e não uma harmonia, entre esses dois sujeitos. Por exemplo, uma funcionária pública municipal e militante em diversos movimentos sociais, entre eles o Movimento Negro de Pompéu (MNP), afirmou que Pompéu foi uma cidade de grandes proprietários de terra, de "muitos coronéis", onde predominou e prevaleceu o branco, o rico e o fazendeiro em detrimento dos pobres. Para ela, o que o fazendeiro fazia para o seu empregado era pago por ele, às vezes, com uma quantidade de trabalho e parte do que produzia muito superior ao justo.

Uma prática comum dos fazendeiros era "pegar filho dos outros para criar", relatou a funcionária pública. Ela afirma que a "família chegava na casa onde tinha sete, oito crianças e falava: 'Ô fulano, me dá sicrano pra mim levar e ajudar você a criar?'", mas "eles queriam uma empregada de graça para poder trabalhar. Então, colocava você para varrer terreiro de fazenda, ariar as panelas sujas de carvão e em troca te dava um vestido velho, um sapato velho, alguma coisa assim". As famílias entregavam a criança e acreditavam, segundo minha interlocutora, que "ficavam devendo favor, e, na verdade, você dava seu filho para [...] trabalhar de graça".

A ajuda ao próximo, ou a caridade, foi difundida como um dever nas sociedades judaico-cristãs, e ao praticá-la o sujeito demonstrava o seu caráter "nobre e bondoso" para seus pares e outros. Para a Igreja Católica, a caridade é considerada a base que levaria homens e mulheres a terem sentimentos e virtudes como a bondade, a capacidade de perdoar e de acolher, a humildade e a aceitação mútua. A caridade, nesse sentido, possibilitaria uma relação de união e comunhão com o outro, garantindo a salvação aos ricos e pobres; ao primeiro, pois pratica o acolhimento e ao segundo porque exercita a humildade, aceitando o que lhe é oferecido (Silva, 2006; Carvalho, 2008).

Nessa perspectiva cristã, a relação que se estabelece entre os sujeitos é a de complementaridade, desconsiderando a desigualdade social e o conflito, assim como determina a prática que cada um deve adotar na sua vida. Isto é, aquele que tem mais bens materiais conquista a redenção através da caridade e da benemerência, e o que tem menos alcança a salvação porque aceita o que lhe é dado, já que, por sua inaptidão, não conseguiria sobreviver sem a beneficência de outro. O indivíduo sem recurso financeiro é carente e necessitado da benemerência dos mais abastados, mas a sua condição não é compreendida como resultado de uma estrutura social. A pobreza é um atributo individual daqueles que não se esforçaram para superá-la, portanto, são os únicos responsáveis pela situação de miséria em que se encontram (Silva, 2006; Carvalho, 2008).

Não haveria conflito nem discórdia entre os sujeitos providos de recursos materiais e aqueles sem posses, mas uma aceitação mútua da sua condição. Essa compreensão da realidade pressupõe uma relação de submissão, na qual aquele que tem menos, em razão de problemas individuais que não foram superados, se sujeita à vontade de quem tem mais, pois necessita da intervenção de outro para solucionar suas adversidades particulares. A caridade apresenta-se como reforçadora de uma situação de desigualdade social e submissão dos sujeitos com condição material precária.

No entanto, as mudanças sociais parecem ser inevitáveis e "as coisas foram evoluindo, alguns (trabalhadores) foram mudando para cidade, não quiseram ficar mais na roça. As famílias foram para cidade e, praticamente, acabou tudo, acabou tudo [...]", afirmou uma proprietária de fazenda em Pompéu que considera o envelhecimento das pessoas e a oportunidade de "trabalhar [...] na Agropéu, indústria de álcool" as razões para que deixassem a fazenda em busca de melhores condições de vida.

"As coisas vão mudando muito, as pessoas não gostam mais de trabalhar em fazenda". Os fazendeiros também deixaram as propriedades, em parte, para poder realizar "negócios" na cidade, mas também para ter mais "recursos" para manter a saúde e ter mais qualidade de vida.

De acordo com uma funcionária pública da prefeitura de Pompéu, a mãe dizia: "a gente que é negra, minha filha, que é pobre, a gente tem que tolerar tudo", demonstrando como a geração mais velha acomodava-se ao arranjo social em que vivia. Esses sujeitos mantiveram o padrão das relações existentes entre os proprietários e os desprovidos de terra, mas os mais jovens são identificados como aqueles que começaram a promover uma mudança e desestabilizar a estrutura existente. Exemplo disso é a fala da funcionária pública respondendo à mãe: "Não pode, isso está errado".

O Estado também produziu certa tensão nas relações entre os proprietários de terra e seus "empregados", uma vez que a livre opção quanto às linhas de conduta dos fazendeiros foi constrangida pela imposição de relações marcadas pela obrigatoriedade, exterioridade e generalidade. No contexto abordado, a presença do Estado pode ser sentida pela Consolidação das Leis do Trabalho (CLT), especificando as condutas dos sujeitos inseridos nas relações de trabalho, por meio de uma rede de direitos e deveres que devem ser cumpridos por fazendeiros e empregados, independentemente da posição social que ocupam.

A legislação, de certo modo, possibilitou outra perspectiva de avaliação para os vínculos entre patrão e empregado, que passaram a ser entendidos como forma de exploração, e não de "benemerência". A autoridade de fazendeiros foi questionada e a força de trabalho, lugar ocupado pelos não proprietários de terra, passou a ser estruturada não com base na vontade pessoal do fazendeiro, mas pautada por um elemento externo, a legislação referente aos contratos de trabalho no Brasil, a CLT. Tal fato não representou, necessariamente, uma melhoria na condição de vida do trabalhador rural, mas certa autonomia em relação à conduta dos proprietários das fazendas.

Dois episódios ocorridos entre as décadas de 1960 e 1980 são marcos, para os meus informantes, nas transformações da vida coletiva em

Pompéu. O primeiro a que se referem é o início do plantio de eucalipto para atender indústrias sediadas em Belo Horizonte e outros municípios. A proprietária de um condomínio rural e de um restaurante em Pompéu falou sobre o assunto:

> Na realidade, hoje, as fazendas estão acabando, porque todo mundo teve a febre do eucalipto. [...] O eucalipto vai colocar todo mundo milionário, então, todo mundo plantou eucalipto. O eucalipto, normalmente, as pessoas aqui plantam para fazer carvão, mas, hoje, o eucalipto está em queda, muita gente está em dificuldade financeira por causa do eucalipto. Com isso, as fazendas ficaram defasadas.

A implantação da indústria de álcool Agropéu foi outro fator que promoveu transformações em Pompéu, de acordo com os proprietários de terra locais. A indústria de álcool, além de comprar parcelas de terra das fazendas, arrenda outra grande parte. "Talvez, a metade das terras (em Pompéu) ou mais, hoje, estão em cana, canaviais e eucaliptos", afirmou um proprietário de terra. Inicialmente, o plantio de cana de açúcar surgiu como uma alternativa financeira para que as fazendas produzissem lucro. De fato, isso aconteceu, mas como afirmou meu interlocutor:

> Mudou a estrutura econômica e a parte financeira também. Estimulou muito o comércio, e os fazendeiros foram desaparecendo, porque essas indústrias adquiriram extensões grandes de terra, foi comprando daqueles fazendeiros e de outros que não queriam mais, que desanimaram da produção. Então, foram vendendo para empresas de cana e de eucalipto. E empresas estranhas, que não têm nada a ver com Pompéu, compraram essas coisas e só vão lá produzir e tirar, não têm mais nenhum contato com a população de lá. E a cidade, hoje, vive em torno desse comércio.

Os proprietários de fazendas estão fazendo um uso diferente da terra. Estão deixando de utilizá-la apenas para a agricultura e pecuária, passando a desmembrar parte do seu imóvel e loteá-lo, transformando-o em condomínios rurais com terrenos de 1.000 m^2 destinados à residência ou casa de campo. Os fazendeiros passam, dessa forma, a atuar no mercado imobiliário. Muitos enxergam nessa atividade uma forma de obter lucros maiores com a terra do que por meio da agropecuária. Há aqueles que incorporaram as práticas do agronegócio, mecanizando a produção e transformando a fazenda em uma empresa.

As mudanças no meio rural do município não estão relacionadas somente ao plantio de cana e eucalipto, mas também aos assentamentos de famílias sem-terra que foram realizados na região. Quatro assentamentos rurais são citados pelos meus informantes, são eles: o 26 de Outubro, o Paulista, o Coca-cola e o Pompéu Velho. Como afirmaram uma funcionária da prefeitura e o presidente do Sindicado dos Produtores Rurais, o assentamento de Pompéu Velho não trouxe "muitos problemas" para Pompéu porque as famílias assentadas são do município e já estavam integradas à vida coletiva local. Mas os demais assentamentos são vistos com receio pelo fato de inserirem estrangeiros dentro da cidade, "pessoas que não tem nada a ver com Pompéu", disse a funcionária da prefeitura.

As transformações em Pompéu também são atribuídas à mecanização da agropecuária, impulsionada pela presença da Empresa de Assistência Técnica e Extensão Rural do Estado de Minas Gerais (EMATER) no município e pela implantação de duas indústrias, a Agropéu e a Micapel, que trouxeram profissionais de outros lugares do país e do mundo para Pompéu. Sobre a instalação das empresas no município, um proprietário de fazenda avaliou da seguinte forma:

> Vem gente de fora, maquinário, outras cabeças, contrata o pessoal em grupos maiores. Em todo lugar que tem empresa que o grupo é maior, por exemplo, empresa que contrata cinco, dez pessoas não são tantas cabeças, lá são mil e quinhentos funcionários cada um com uma cabeça, um comportamento. Então, muda tudo, traz desenvolvimento, mas traz outros problemas.

A forma de pensar desses novos atores que entraram em Pompéu provocou mudanças nas bases que orientavam as relações de trabalho, políticas e sociais, segundo apontaram proprietários de terra ou herdeiros de fazendas centenárias no município. A presença das famílias residentes nos assentamentos, os moradores dos condomínios rurais e aqueles que chegaram com a nova forma de produzir a terra, juntamente com a filosofia do agronegócio, aparecem nos relatos que ouvi em Pompéu como os responsáveis por provocar as mudanças e desestruturar a organização social local.

Com base na afirmação de uma moradora local, os proprietários de terra, fazendeiros, empresários e comerciantes permanecem em destaque no que se refere à condição econômica. Entretanto, a sua posição social, que em outros tempos era o suficiente para que ele se impusesse, atualmente, não é o bastante. Há grupos e sujeitos na cidade questionando sua autoridade e o lugar de destaque que ocupam dentro do contexto local, assim como sua ingerência sobre as demais pessoas de Pompéu. O município configura-se como um campo de disputa constante entre um grupo que pretende manter sua posição de destaque e influência na vida coletiva local e outro que objetiva alterar esse cenário.

Moradores locais começaram a se organizar e passaram a ser protagonistas em ações afirmativas para demarcar o lugar da "maioria do povo de Pompéu, que são os negros e pobres" dentro da sociedade local, como afirmaram duas lideranças sociais que entrevistei. Elas são militantes do Movimento Negro de Pompéu e fazem parte do Conselho da Igualdade Racial e de associações comunitárias dos bairros onde vivem. Participam e desenvolvem atividades de combate ao racismo e em defesa dos direitos de Lésbicas, Gays, Bissexuais, Travestis, Transexuais e Transgêneros (LGBT). Além disso, já participaram do Conselho da Mulher e do Conselho de Assistência Social e realizam, anualmente, a entrega da "Comenda Escrava Anastácia" para homenagear pessoas que "fizeram e fazem a história de Pompéu". Para as duas informantes, suas iniciativas visam à garantia dos direitos da população pobre do município.

As mudanças descritas pelos meus informantes não causaram o fim da estrutura física da fazenda — a terra, a sede, os currais e as plantações —, mas afetou a forma como os fazendeiros se relacionam com o outro e como ele é posicionado na organização social de Pompéu. Se a terra era símbolo de poder, agora é o capital financeiro, pois aquele que tem seu controle constrange o outro aos seus propósitos por meio de atitude que determina o valor para arrendar um terreno ou para comprar sua produção de cana ou de eucalipto. O fazendeiro perdeu a autoridade em sua terra.

O que estou procurando demonstrar é a diluição da influência dos donos de terras, os fazendeiros de Pompéu, na vida coletiva do município. Não foi apenas no contexto das fazendas que a ingerência desses sujeitos foi abalada. Na vida urbana de Pompéu, onde esses proprietários de terra residiam e permanecem, ou na realização das atividades identificadas como próprias do meio urbano, o seu prestígio também foi sendo alterado. Entretanto, não é seguro generalizar, pois alguns passaram a profissionais liberais, empresários, donos de indústrias e comércios, mantendo seu status e distinção dentro do município.

Não é meu interesse estabelecer uma tipologia, caracterizando um grupo que se adaptou a uma nova forma de produzir e outro que refutou as práticas mais atuais para implementação de um empreendimento agropecuário. O que está em jogo não é somente a questão econômica, ela é parte de um contexto mais amplo que tem como ponto central a oposição a indivíduos que anteriormente eram caracterizados como fazendeiros e que, atualmente, como disse uma militante do Movimento Negro de Pompéu formam a

> elite de Pompéu [...]. Eles têm as empresas que escravizam o povo aí [...] deixando a população nas mãos deles. As empresas de Pompéu: Cooperativa Agropecuária de Pompéu (Coopel), Leitepéu, Micapel, Tratorpéu, está tudo nas mãos deles. Então, os empregos no município giram, tem a Agropéu também, giram nas mãos deles.

Ou seja, de acordo com minha informante, ainda há pessoas na cidade que procuram imprimir sua autoridade e, assim, determinar condutas, posições e papéis sociais para os sujeitos que formam a sociedade de Pompéu. No entanto, a posição dominante desses sujeitos não é mais vista como natural.

Os fazendeiros, proprietários de terra que podem ser também comerciantes e empresários, passaram a ser confrontados por aqueles sem posses e que se submetiam ao que lhes era oferecido sem questionar. Atualmente, reivindicam "direitos" nas suas relações com esse grupo. Os fazendeiros não são compreendidos como "beneméritos" que cuidavam dos mais pobres, dos que não tinha terra, mas como o grupo que mantém um quadro de desigualdade social no município, explorando os trabalhadores. A benemerência deixou de ser um ato de solidariedade, passando a constituir-se em prática que destitui o alvo das ações de caridade da condição de sujeito de direitos.

Há princípios estruturais contraditórios que orientam a vida social e que não são percebidos diretamente pela consciência dos atores. Esses fundamentos atuam cotidianamente pressionando a conduta dos sujeitos em direções divergentes. Por consequência, há uma tensão oculta produzida na vida social que pode resultar em conflitos (Turner, 2008; Cavalcanti, 2013). O conflito social é gerado pelo rompimento de alguma conduta esperada entre os atores sociais, que provoca uma instabilidade no arranjo em que estão inseridos e uma ação por parte dos participantes desse quadro. Ele parece fazer com que os aspectos fundamentais de uma sociedade, normalmente encobertos pelos costumes e hábitos cotidianos, ganhem proeminência. A esse movimento dos sujeitos sociais em situação de conflito, Victor Turner (2008) chamou de "dramas sociais". Para esse autor, dramas sociais e outros empreendimentos sociais são unidades processuais desarmônicas que representam uma sequência de eventos que, examinadas por um observador externo, podem ser mostradas como tendo uma estrutura.

Conforme demonstrou Turner, a ideia de drama social possui quatro fases de ação observáveis e caracterizadas. Primeiro, ocorre a ruptura de relações formais entre pessoas ou grupos dentro do mesmo sistema de relações ou campo de interações sociais duráveis. Na sequência, a fratura no tecido social torna-se uma crise pública e crescente. A fase seguinte é a ação corretiva, quando, no intuito de limitar a crise, certos mecanismos de ajustes e regeneração, informais ou formais, institucionais ou não, são operacionalizados por membros que são lideranças ou estruturalmente representativos do sistema social perturbado. Por fim, há a reintegração do grupo ou a sua cisão.

Toda sociedade precisa de pontos fixos para a ancoragem das relações sociais e das identidades coletivas e individuais, permitindo a troca entre os sujeitos e fixando seus limites (Godelier, 2001). Mas, no contexto pesquisado, estes pontos foram rompidos, quais sejam: a rígida distinção e a hierarquia que organizava a sociedade de Pompéu. Ou melhor, os trabalhadores, os pobres e os negros passaram a agir de maneira independente ao seu contexto social, realizando ações e atitudes que ameaçaram a posição ocupada pela "elite de Pompéu", forma como a integrante de um movimento social refere-se ao grupo que se sente intimidado pelas reivindicações realizadas pelo coletivo do qual faz parte.

Portanto, os desdobramentos da crise podem ser vistos como uma prova de força entre interesses conflitantes de pessoas e grupos que tentam manipular, cada qual a seu modo e para seu benefício, a rede de relações que estrutura a sociedade ou circunstâncias em razão do drama. O embate entre os homens abre um campo de alternativas possíveis para a ação (Cavalcanti, 2007). Há uma ruptura nos padrões tradicionais das relações e um movimento de mudança. Entretanto, não se trata de um processo do desaparecimento por completo desses parâmetros, mas da complexificação e seu deslocamento, alterando o quadro social em Pompéu.

Esse é o fator que desestabiliza a organização social e que ganha uma dimensão pública com a realização de ações para valorizar o coletivo de pessoas que se sente afetado pela forma como a sociedade local está estruturada, além da constituição de espaços de combate, como conselhos (da mulher, da igualdade racial e da assistência social) e associações comunitárias (de moradores de um bairro ou contra o racismo), aos grupos identificados como mantenedores das posições desiguais entre os grupos sociais em Pompéu. Essas organizações são lideradas por indivíduos que se compreendem como representantes de um grupo que foi, historicamente, desprezado no município.

Patrimônio e sujeitos de direito

Em meio à crise, a "elite de Pompéu" inicia um movimento corretivo que tem base na aproximação solidária e no fortalecimento dos proprietários de terra, comerciantes e empresários que se autoidentificam como "descendentes de Joaquina do Pompéu". Esse procedimento é adotado por meio do reconhecimento de objetos e saberes atribuídos à Joaquina do Pompéu ou narrativamente ligados ao seu universo cultural nos séculos XVIII e XIX como patrimônio cultural pela Prefeitura Municipal de Pompéu.

Joaquina do Pompéu, nas narrativas patrimoniais, foi a "primeira e maior fazendeira da região", entre os séculos XVIII e XIX (Noronha, 2005; Souza, 2016). Sua trajetória em Pompéu é narrada como "heroica" pelos membros do Conselho Municipal do Patrimônio Cultural, Artístico e Histórico de Pompéu (CPCP)[3], responsável por deliberar sobre os processos de tombamento e registro, pois, após uma doença que deixou seu marido sem condições físicas para administrar suas propriedades e mais tarde o levou à morte, ela assumiu a gestão de suas fazendas aumentando o número de negros escravizados, de cabeças de gado e de hectares de terra que possuía. Além disso, Joaquina e seus descendentes teriam sido decisivos para a ocupação e o desenvolvimento local, assim como são uma referência em razão da conduta moral inquestionável.

---

[3] O Conselho é composto por 13 membros titulares e seus respectivos suplentes. Ser membro do CPCP, uma atividade sem remuneração, é compreendido pelos que ocupam essa condição como uma "honra" e uma "possibilidade de fazer alguma coisa pela população" de Pompéu. Os conselheiros são sujeitos detentores de significativa influência na política local e se identificam como "descendentes de Joaquina do Pompéu", designada por eles como a "grande matriarca do povo de Pompéu".

O que é preservado pelo patrimônio é qualificado pelos membros do CPCP como a "memória histórica" de Joaquina do Pompéu. A narrativa publicizada pelo Conselho não é apenas uma lembrança, mas o resultado de pesquisas e reflexões permanentes, baseadas em metodologias que garantem sua assertividade e realizadas por profissionais especializados que se portam de forma neutra. O argumento apresentado pelo CPCP surge como uma estratégia para legitimar os contornos da história de Joaquina, bem como desqualificar outras versões que possam surgir sobre ela.

Por meio da patrimonialização dos vestígios de Joaquina do Pompéu, como o modo de fazer doce de leite e as sedes das fazendas Cachoeiro, Quati e São Miguel, identificadas como construções erguidas por seus parentes, a população do município vai conhecê-la e compreender como a sociedade de Pompéu estava organizada e como deve ser o seu "progresso". O patrimônio, nesse caso, exerce uma função didática de levar até aqueles que não conhecem Joaquina do Pompéu a sua história, bem como constrangê-los a uma forma de organização social. O patrimônio, pensado dessa forma, precisa ser visível e consumido pelo outro para que ele reconheça a importância de Joaquina e seus descendentes para Pompéu e região. Qual o propósito em fazer com que a história de Joaquina seja conhecida pela população de Pompéu?

A história de Joaquina vinculada ao patrimônio pelo CPCP apresenta uma organização para a sociedade de Pompéu na qual ela e seus parentes ocupam posição de distinção, em razão dos valores morais, do sentido de justiça e bondade que fizeram dela e de seus familiares atores decisivos para o desenvolvimento local e, portanto, "beneméritos" da sociedade de Pompéu. O CPCP é formado por "descendentes de Joaquina", logo eles são também herdeiros das suas características e continuam a realizar ações em favor da população local como, por exemplo, a proteção do patrimônio. Portanto, o patrimônio permite conhecer Joaquina do Pompéu, e a ação de protegê-lo demonstra que seus descendentes atuais permanecem operando em favor da sociedade local. Além da história de Joaquina do Pompéu e da cidade, o patrimônio simboliza a atuação de um grupo social no município.

O patrimônio serve ao Conselho para restabelecer a passagem dos valores e tradições de Joaquina do Pompéu que vão permitir aos grupos que não os conhece apreendê-los e se reorganizarem dentro de padrões que seriam apropriados para o município. O patrimônio é um símbolo do arranjo social adequado para Pompéu de acordo com os conselheiros. Entretanto, um símbolo não possui uma significação intrínseca e invariável, ou seja, seu significado não é autônomo em relação ao contexto; sua significação é construída pelo indivíduo com base na sua experiência. Isso implica que o conteúdo atribuído ao patrimônio não permaneça fixo, mas mude de acordo com quem lhe confere um significado e com o tempo. Nem todos vão compreender o patrimônio como o esperado pelo CPCP. Os indivíduos podem questionar o significado outorgado ao patrimônio pelo Conselho, atribuindo outros; ou o próprio título de patrimônio para um determinado objeto pode ser contestado.

Os grupos que não se sentem contemplados pelos processos de reconhecimento de patrimônios, em razão dos seus objetos não estarem entre aqueles que são classificados como patrimônio, ou porque não têm obtido ganhos simbólicos e materiais com a patrimonialização, apresentam críticas em relação ao patrimônio local e aos processos de tombamento e registro. Uma militante do Movimento Negro de Pompéu disse que não sabe se a Fazenda do Quati deveria ser tombada. Ela relatou que trabalhou no imóvel e conhece bem a sede, sabe que muita coisa na edificação foi alterada. Segundo a militante, o porão da casa, por exemplo, era a senzala, e os instrumentos de castigo que havia no local foram retirados, além disso, o espaço foi dividido para formar dois quartos e um banheiro, descaracterizando a construção. Portanto, ela acredita que não faz sentido falar que a casa é um patrimônio.

Outra análise feita pela militante refere-se ao uso do nome de Joaquina do Pompéu para justificar a atribuição do título de patrimônio. Conforme minha informante disse, estão valorizando Joaquina do Pompéu e seus descendentes, deixando em segundo plano outros sujeitos da história da cidade. Para a militante, o CPCP "levantou toda história dela (Joaquina) e elitizou" a sua biografia. Assim, minha interlocutora considera que o Conselho "separou a classe baixa" e, "mesmo tendo descendentes dela na (classe) média e baixa, o pessoal não se vê no grupo Dona Joaquina". Ela continua afirmando que todas as ações são para valorizar um grupo específico de Pompéu, e não "a história como um todo", sendo assim, sente-se excluída das ações de patrimonialização realizadas na cidade.

Além disso, a militante desqualifica a narrativa sobre Joaquina do Pompéu representada no patrimônio. Para ela, a fazendeira foi uma escravocrata violenta que utilizava a tortura de diversas formas para humilhar os negros e impor sua autoridade. A história divulgada e cultivada pelos membros do CPCP omite essa sua face e impede uma reflexão crítica sobre a construção do racismo no Brasil, afirmou minha interlocutora. Segundo a militante do Movimento Negro, é necessário conhecer melhor a história da proprietária de terras e dos negros escravizados por ela, pois não concorda com as versões apresentadas pelo Conselho de Patrimônio. Nesse sentido, é necessário problematizar essa versão para encontrar caminhos que possibilitem as transformações estruturais na sociedade que possam, conforme relatou a militante, "garantir os seus direitos".

Durante os anos de 1980, com o processo de redemocratização, houve o fortalecimento dos movimentos sociais no Brasil. Como consequência de muitos anos de mobilização, a promulgação da Constituição Federal em 1988 representou avanços no reconhecimento e na garantia dos direitos das populações tradicionais. Além disso, a atuação do Estado, tanto na esfera federal como estadual e municipal, nas ações de identificação, valorização e preservação dos bens culturais passou a contar com a participação de outros atores sociais no debate sobre a salvaguarda do patrimônio cultural (Abreu, 2007; 2012; 2015). A participação de grupos sociais diversos nos processos de patrimonialização pode ser entendida como uma apropriação do patrimônio como campo para afirmação de identidades coletivas e reivindicação de direitos (Fonseca, 2003).

Nesse sentido, quando as militantes criticam os tombamentos, elas estão reivindicando o rompimento de uma prática na qual o Conselho do Patrimônio constrói patrimônios com formas e conteúdos históricos específicos para legitimar a sua própria identidade e da rede de parentes de Joaquina do Pompéu, bem como sua posição dentro do arranjo social de Pompéu. Minhas informantes do Movimento Negro de Pompéu estão reclamando o direito de participarem das ações de reconhecimento de patrimônios pelo município. Fazem isso desenvolvendo estratégias de interação com as medidas de preservação, desqualificando a capacidade do poder público em conservar as estruturas tombadas, negando a condição de patrimônio de um objeto e reivindicando a inclusão de elementos que as representem entre os objetos patrimonializados, além de questionar a história de Joaquina. O patrimônio, nesse contexto, insere-se em um campo no qual os seus críticos estão almejando a cidadania cultural, isto é, o direito à informação, o direito à fruição cultural, o direito à produção cultural, o direito à participação e o direito à memória (Chauí, 2006; Lima Filho, 2015).

Os processos de classificação de objetos, manifestações, saberes e modo de expressão em patrimônios buscam amenizar suas ambiguidades e delimitar fronteiras para que memórias e identidades se sintam neles representadas (Gonçalves, 2007). Portanto, o papel do CPCP é promover os contornos da história de Joaquina, esclarecendo quem e como ela era. Há nesse procedimento o exercício do poder do CPCP no controle do patrimônio local. Vale lembrar que o CPCP é a instituição responsável por definir o que será reconhecido como patrimônio pelo executivo local, por escolher a forma de conservá-lo e por autorizar possíveis intervenções. Como observou Gonçalves (2015, p. 213), "os patrimônios são menos expressões de identidades do que meios de produção de determinadas formas de autoconsciência individual e coletiva". Nessa perspectiva, o patrimônio enquadra grupos sociais e pessoas, pode mesmo controlá-los, na medida em que determina quem são e como devem agir socialmente.

Para o CPCP, o patrimônio em Pompéu é histórico, portanto, é "objetivo como a história", um documento fiel ao que aconteceu no passado e que deve ser apropriado pelos sujeitos que, dessa forma, construirão uma "memória histórica", como se fosse "possível uma memória fundamentalmente pura, completa e transcendente" (Huyssen, 2000, p. 69). O patrimônio, nesse contexto, é compreendido como uma coleção de objetos que oferecem imagens do passado externas ao indivíduo, constituindo um estoque de informações que podem ser apropriadas pelo sujeito (Jedlowski, 2001). Isto é, sua função principal é bloquear o tempo e impedir o esquecimento, fixando uma porção de coisas e possibilitando algum sentimento de continuidade (Nora, 1993).

No contexto de Pompéu, a patrimonialização pelo município das sedes de fazendas e pelo modo de fazer doce de leite tem um caráter uniformizador e opressor, na medida em que impõe aos diversos grupos sociais da cidade uma "memória histórica", "objetiva e verdadeira", contribuindo para a sensação de que os acontecimentos do passado ocorreram como foram descritos e legitimando certa memória. Mas isso não significa que outras desaparecerão. O patrimônio é um lugar em disputa, onde está em jogo o domínio simbólico da narrativa sobre a estrutura social de Pompéu, pois aqueles que a organizam atuam também para a constituição da vida social da cidade, estabelecendo fronteiras que podem nivelar, aproximar, hierarquizar ou excluir grupos sociais.

REFERÊNCIAS

ABREU, Regina. Patrimônio cultural: tensões e disputas no contexto de uma nova ordem discursiva. In: LIMA FILHO, Manuel Ferreira; ECKERT, Cornelia; BELTRÃO, Jane (org.). Antropologia e Patrimônio Cultural: diálogos e desafios contemporâneos. Blumenau: Nova Letra, 2007. p. 263-285.

ABREU, Regina. Patrimônio: ampliação do conceito e processos de patrimonialização. In: CURY, Marília Xavier; VASCONCELLOS, Camilo de Mello; ORTIZ, Joana Montero (org.). Questões Indígenas e Museus: Debates e Possibilidades. 1. ed. Coleção Museu Aberto. Volume I. São Paulo: MAE-USP: Secretaria de Estado da Cultura de São Paulo, 2012. p. 28-40.

ABREU, Regina. Patrimonialização das diferenças e os novos sujeitos de direito coletivo no Brasil. In: TARDY, Cécile; DODEBEI, Vera (org.). Memória e novos patrimônios. 1. ed. Marseille: OpenEdition Press, 2015. p. 67-93.

CARVALHO, Graziela Figueiredo de. A assistência social no Brasil: da caridade ao direito. Monografia (Bacharelado em Direito) — PUC Rio, Rio de Janeiro, 2008.

CAVALCANTI, Maria Laura Viveiros de Castro. Drama, ritual e performance em Victor Turner. Sociologia e Antropologia, Rio de Janeiro, v.3, n.6, p.411-440, nov. 2013.

CAVALCANTI, Maria Laura Viveiros de Castro. Drama social: notas sobre um tema de Victor Turner. Cadernos de Campo, São Paulo, n. 16, p. 127-137, 2007.

CHAUÍ, Marilena. Cidadania Cultural: o direito à cultura. São Paulo: Fundação Perseu Abramo, 2006.

DAMATTA, Roberto. A casa, a rua e o trabalho. In.: DAMATTA, Roberto. O que faz o brasil, Brasil? Rio de Janeiro: Rocco, 2000. p. 21-34.

FONSECA, Maria Cecília Londres. Para além da pedra e cal. In: ABREU, Regina; CHAGAS, Mário (org.). Memória e patrimônio: ensaios contemporâneos. Rio de Janeiro: DP&A, 2003. p. 56-76.

GODELIER, Maurice. O Enigma do dom. Rio de Janeiro: Civilização Brasileira, 2001.

GONÇALVES, José Reginaldo Santos. O mal-estar no patrimônio: identidade, tempo e destruição. Estudos Históricos, Rio de Janeiro, v. 28, n. 55, p. 211-228, jan./jun. 2015

GONÇALVES, José Reginaldo Santos. Antropologia dos objetos: coleções, museus e patrimônios. Rio de Janeiro: IPHAN, 2007.

GRYNSPAN, Mario. Os idiomas da patronagem: um estudo da trajetória de Tenório Cavalcanti. Revista Brasileira de Ciências Sociais, ano 5, n. 14, p. 73-90, ago. 1990.

HUYSSEN, Andreas. Seduzidos pela memória: arquitetura, monumentos, mídias. Rio de Janeiro: Aeroplano, 2000.

JEDLOWSKI, P. Simmel on memory. In: KAERN, M.; PHILLIPS, M. S.; COHEN, R. S. (org.). Georg Simmel and contemporary sociology. Boston: Kluwer Academic Studies, 2001.

LIMA FILHO, Manuel Ferreira. Cidadania Patrimonial. Revista Anthropológicas, Recife, ano 19, v. 26, n. 2, p. 134-155, 2015.

NORA, Pierre. Entre memória e história: a problemática dos lugares. Projeto História, São Paulo, n. 10, p. 7-28, 1993.

NORONHA, Gilberto Cezar de. Joaquina do Pompéu: tramas de memórias e histórias. Dissertação (Mestrado em História) — Universidade Federal de Uberlândia, Uberlândia, 2005.

SILVA, Claudia Neves da. Igreja Católica, assistência social e caridade: aproximações e divergências. Sociologias, Porto Alegre, ano 8, n. 15, p. 326-351, jan./jun. 2006.

SOUZA, Nayara de Oliveira. Sobre memória e história: D. Joaquina do Pompéu entre o passado e o presente — Pompéu/MG (1990-2015). Dissertação (Mestrado Profissional em Patrimônio Cultural, Paisagens e Cidadania) — Universidade Federal de Viçosa, Viçosa, 2016.

TURNER, Victor. Dramas sociais e metáforas rituais. In.: TURNER, Victor. Dramas, campos e metáforas: ação simbólica na sociedade Humana. Niterói: Editora da Universidade Federal Fluminense, 2008. p. 19-53.

WOLF, Eric R. Parentesco, amizade e relação patrono-cliente em sociedades complexas. Brasília: DAN/UnB, 2011.

Ditadura e reparação: lugares sensíveis em Juiz de Fora, Brasil (1964-1985)

YUSSEF CAMPOS

> *"Somente a humanidade redimida obterá o seu passado por completo."*
>
> [WALTER BENJAMIN]

Benjamin é certeiro. Não há redenção através da obliteração do passado. Pelo contrário. Somente encarando-o é que suas chagas poderão ser tratadas. As cicatrizes ficarão, mas a sangria talvez seja contida. Os fatos passados só podem ser citados para uma humanidade redimida (2012, p. 242), diz o autor. Apropriar-se, no presente, do passado não significa revisitá-lo ou conhecê-lo em todos seus contornos, mas articulá-lo, apropriar-se dele como ele "lampeja no momento do perigo" (ibid., p. 243).

É esse momento de perigo que enxergo nas tentativas de apagamentos e esquecimentos das violências de Estado praticadas durante a ditadura militar, entre 1964 e 1985. Entusiastas e nostálgicos dessa sombria parte da história brasileira tentam diminuir as reivindicações das vítimas de torturas e assassinatos praticados pelo Estado brasileiro. Um desses, que em sessão do Congresso Nacional, em 2016, dedicou loas a Brilhante Ustra — reconhecido como torturador pela Comissão Nacional da Verdade (CNV) —, acabou tornando-se presidente do Brasil.

Informa Silva Filho que "a batalha hermenêutica pela significação do passado é algo visível no contexto político brasileiro" (2009, p. 128). Se isso restava transparente há mais de 10 anos, imagine agora, em 2020, durante a gestão do presidente Jair Bolsonaro, o qual, entre tantas outras medidas autoritárias, organizou uma polícia política dentro do Ministério da Justiça para observar e controlar funcionários públicos rotulados pelo próprio governo de antifascistas. Ser antifascista no Brasil, em 2020, é passível de fiscalização.

Já que há esse momento de apagamento da história e, por consequência, da responsabilidade do Estado e dos perpetradores dos crimes, proponho investigar como Juiz de Fora, em Minas Gerais, lida com seu passado, tão presente, e sua relação com a ditadura recente. A cidade, além de protagonizar a materialização do golpe em 31 de março de 1964, com a marcha das tropas do Gal. Mourão Filho partindo de Juiz de Fora em direção ao Rio de Janeiro (um dos principais núcleos da repressão dos governos militares e capital do Brasil até 1960), foi também local, por ser então sede da 4° Região Militar, de julgamentos e oitivas de suspeitos e testemunhas na Auditoria Militar, e de sessões de tortura e prisões em instalações civis e militares. Não abordarei somente os "porões da ditadura". Como proclama Quadrat, "um aspecto que tem sido questionado por uma parcela da historiografia é a ideia de *porões da ditadura*, na qual a sociedade não sabia o que ocorria com os detidos acusados de *subversão*". "Essa questão", explica o autor, "já deveria ter sido posta em xeque à medida que os informes *Nunca Mais* demonstraram que a grande maioria das detenções realizadas pelas forças de repressão ocorreu em locais públicos e durante o dia" (2011, p. 261-262). O aparelho repressor era notório.

Alguns desses lugares, adianto, não são patrimonializados nem possuem uma indicação legível de suas relações com as práticas nefastas praticadas pelo Estado brasileiro, como a Penitenciária de Linhares, o 10° Regimento de Infantaria e o 2° Batalhão de Infantaria da Polícia Militar. Há, contudo, aqueles que foram tombados durante a gestão do prefeito Tarcísio Delgado (PMDB-MG), entre 2000 e 2004, mas sem nenhuma referência aos sítios como lugares de memória da ditadura. São eles: a Delegacia da Polícia Civil, o Quartel General e Polícia do Exército e a 4ª Auditoria Militar. Todos esses lugares são indicados nos relatórios Nacional, Estadual e Municipal da Verdade como lugares de passagem para oitiva e julgamento, ou para sessões de tortura ou cumprimento de pena. Não por acaso, os primeiros, que não são tombados, são os indicados pelos e pelas sobreviventes da ditadura como lugares de mortificação e prisão. E somente o edifício que abrigava a Delegacia não mais se vincula a instituições de segurança e/ou militarização.

A tortura foi instrumento praticado durante os anos de chumbo, de maneira contínua e instrumental. Starling sugere que:

> a utilização da tortura como técnica de interrogatório nos quartéis, os desaparecimentos forçados e a criação de centros clandestinos de violação de direitos são parte dos procedimentos utilizados pelo Estado para violar a matriz institucional instaurada pela legalidade de exceção. A necessidade de violar sua própria legalidade surge nas circunstâncias em que o Estado não julga suficiente, não considera adequado ou não consegue adaptar de maneira avaliada pelos militares como satisfatória, a abrangência, a intenção e a intensidade do uso da repressão contra opositores políticos. A adoção de tais procedimentos também comprova, para o caso brasileiro, o uso de força direta e sem limites judiciais contra opositores, de modo sistemático e regular, em circunstâncias estabelecidas pelo Estado e como mecanismo de estabilidade da própria estrutura de repressão (2015, p. 45).

Por isso, transformar os locais de tortura em lugares de memória é, antes de tudo, "um ato político que guarda contradições e disputas em si, porque se trata de escolher uma ou algumas dessas memórias em detrimento de outras" (Neves, 2014, p. 207).

Para compreender o porquê do silenciamento, farei como Benjamin ensina: escovar a história a contrapelo (2012, p. 245). A política do século XX, aponta Silva Filho, "assume uma nova feição: é uma *política de luto* na qual a principal arma é a memória" (2009, p. 121). Assim, para explicitar o quão envolvida está Juiz de Fora com o governo de 1964, apresentarei como a história legou à cidade lugares para que se possa fugir à "tentação do esquecimento". Por mais que não seja essa a vontade exprimida pública e politicamente até então, é imprescindível nomear os lugares de memória, reconhecendo "a diferença entre o esquecimento dos fatos e o esquecimento dos ressentimentos" (Ansart, 2004, p. 31).

Destarte, no relatório final da CNV, publicado em 2007, vale advertir que há 25 ocorrências "Juiz de Fora". Algumas delas aqui estão presentes para ilustração, além de exemplos retirados de outras fontes e bibliografias:

> Alguns integrantes do MR-26[1] integraram-se aos preparativos da Guerrilha de Caparaó, sendo detidos naquela área de montanhas, e um deles, Milton Soares de Castro, foi morto na fase de interrogatórios do IPM instaurado em Juiz de Fora (Brasil, 2007, p. 482).

Sobre a atuação jurisdicional militar:

> Um exemplo foi informação do SNI[2] sobre a denúncia oferecida à auditoria do juiz Arruda pela Procuradoria Militar contra o Partido Comunista de Juiz de Fora, em que STM, por unanimidade, acatou decisão do juiz auditor (Barcellos; Corrêa, 2014, p. 258).

Ou ainda, no relatório de Minas Gerais:

> Percebe-se que todos os acusados nessa ação (Randolfo Fernandes de Lima, Raimundo Nonato Pereira, Flavio Ferreira da Silva, Oswaldo Waldir Brandão, Guido de Souza Rocha e Antonio Ribeiro Romanelli) tinham algum tipo de relação com a Liga Camponesa de Três Marias e, por isso, foram taxados de comunistas, agitadores ou subversivos. Eles foram processados pela Justiça Militar da 4ª Região Militar em Juiz de Fora, acusados de desobedecer a Lei de Segurança Nacional (Lei 1802/53). Como aponta o Relatório da CNV, a prisão deles pode ser classificada como ilegal, uma vez que não houve expedição

1 Movimento Revolucionário 26 de julho.

2 Serviço Nacional de Informações.

> de mandado de prisão e foi considerada conduta subversiva o simples fato de pertencerem a uma associação trabalhista (Minas Gerais, 2017, p. 45).

Tomo de exemplo a experiência de São Paulo sobre a patrimonialização de um patrimônio difícil, citado por Neves em seu trabalho "Doi-Codi[3] II Exército: a experiência de preservação de um patrimônio sensível":

> Por ser um estudo pioneiro em sua forma e resultado, serve como um guia para outros tombamentos, sendo possível, com distanciamento, analisar os acertos e as lacunas, abrindo espaço para a adoção de novas medidas que visem à preservação e ao uso desses espaços, impactando não só no trabalho de preservação do patrimônio, mas na colaboração do fortalecimento dos valores democráticos, que parecem estar sempre sob ameaça (2018, p. 19).

Enquanto a autora pretende uma análise sobre os possíveis acertos e erros cometidos no processo de reconhecimento de um lugar, Juiz de Fora sequer empreendeu o debate. A partir dos diversos conceitos que envolvem o tema, usando-os como suporte teórico para este artigo, mas sem a intenção de desenvolvê-los, por não ser o intento deste autor, ou por não haver espaço para isso, podemos ter a dimensão da relação ambivalente entre memória e esquecimento. Para citar alguns: "memória traumática" (Gagnebin, 2009); "locais traumáticos ou locais de memória a contragosto" (Assman, 2011); "memória da dor", "patrimônios sombrios" e "memórias difíceis" (Meneguello, 2014, 2020; Neves, 2020); "memórias traumáticas" (Flores; Peterle, 2014); "lugares de memória sensível" e "lugares difíceis" (Cymbalista, 2017; 2019). Essas categorias podem nos dar a dimensão da tensão entre o silenciamento e a denúncia, entre a trégua e o conflito, entre a preservação e a destruição. Esses conceitos serão aqui usados com fins semelhantes, apesar de não se tratarem necessariamente de sinônimos.

---

[3] Destacamento de Operações de Informação/Centro de Operações de Defesa Interna.

O que importará perscrutar é a relação entre silenciamento e cumplicidade; entre denúncia e reparação; entre consciência e memória. "A fronteira entre o dizível e o indizível, o confessável e o inconfessável, separa", propõe Pollak em uma memória coletiva subterrânea "da sociedade civil dominada ou de grupos específicos, de uma memória coletiva organizada que resume a imagem que uma sociedade maioritária ou o Estado desejam transmitir e impor" (2006, p. 24, tradução minha).

Tomando os processos de patrimonialização como procedimentos de reconhecimento de identidade, processo esse perpassado por conflitos — "identificar-se é assimilar conflituosamente" (Bhabha, 2007, p. 195) —, parto dessa assertiva como a imposição do silêncio institucional, como meio de uma prescrição de esquecimento coletivo para, além de impedir a leitura clara da afinidade da cidade com a história recente brasileira permeada de memórias traumáticas, obliterar as histórias individuais de indivíduos conhecidos na cidade que, durante o período de 1964-1988, foram cúmplices e/ou partícipes das atrocidades resultantes da violência de Estado. Indicar os lugares, torná-los visíveis na paisagem urbana, numa intensa "relação dialética entre tempo e direito" (Ost, 2005), é atender, em última instância, preceitos que permitem o diálogo com a justiça de transição. Assim sendo, "os Estados têm o dever de fornecer reparações às vítimas de graves violações de direitos humanos" (Gumieri, 2016, p. 81). Complementa a autora:

> Essa reparação pode assumir diferentes formas entre as quais se encontram a ajuda material, com pagamento de indenizações e pensões; assistência psicológica, com acompanhamento para que as vítimas lidem com os traumas do passado; e medidas reparatórias coletivas de cunho simbólico, como a criação de monumentos e memoriais, por exemplo, e ampliando o auxílio às pesquisas no tema (ibid., p. 81).

Napolitano propõe que "além da questão propriamente jurídica, outro desafio das democracias que substituem as ditaduras é conviver com duplo estatuto da 'verdade' em processos de reconstrução da memória" (2015, p. 14). Isso significa dizer que as tensões são estabelecidas entre as dimensões jurídica e histórica da verdade. A primeira "é inquestionável, voltada para esclarecer crimes, sobretudo aqueles praticados pelos agentes de Estado, e localizar os corpos dos 'desaparecidos políticos'" (ibid., p. 14). A segunda, "mais complicada de ser definida e encontrada", aduz o historiador, "se pauta pelo imperativo de narrar e analisar o processo de violência que se quer superar, de uma maneira que concilie as exigências éticas e metodológicas da historiografia, independentemente da sua coloração ideológica [...]" (ibid, p. 14).

Parto, então, para uma tentativa de compreensão dos conceitos que servirão de suporte teórico para este trabalho, para depois perquirir os lugares da cidade mineira que tão mergulhada está nas vísceras da história e da memória ditadura e compreender o esquecimento como estratégia política.

Lugares de memória sensível não tombados

Alguns lugares de memória da ditadura, em Juiz de Fora, ainda não são tombados. São lugares de memória da dor, fortalezas do esquecimento imposto, do apagamento, do silenciamento. Alguns deles continuam a ser ocupados pelas forças de segurança (e de violência). Os locais aqui apresentados não foram objeto de política pública alguma quanto à memória coletiva ou, como afirma Assman (2011), não foram assimilados como "locais traumáticos ou locais de memória a contragosto".

As identificações desses lugares como de memória sensível é uma forma de retomar "uma memória que ativa o presente" (Gagnebin, 2009, p. 59). Mais que isso, é "tarefa ética" (ibid., p. 97).

Organizações supranacionais, como o Mercosul[4], já assinalaram a imprescindível elaboração de políticas de reconhecimento desses lugares.

---

4 Mercado Comum do Sul.

> Nesse sentido, as políticas públicas de identificação, sinalização e/ou criação de lugares de memória, em prédios que estiveram, ou continuam estando, sob a órbita das forças armadas ou de segurança, podem dar informação sobre os fatos ocorridos e contribuir nos processos de reforma e democratização de tais instituições" (Mercosul, 2012, p. 15).

Para Soares e Quinalha, "as reflexões e ações em torno dos Lugares de Memória não apenas permitem que o Estado brasileiro cumpra algumas de suas obrigações perante a comunidade internacional [...]", como também "se apresentam como uma via efetiva para o tratamento de temas ligados ao direito à memória e verdade, com remédios jurídicos [...] para sua proteção e valorização" (2011, p. 78).

Já que aos municípios compete, ao lado da União e dos estados, "proteger os documentos, as obras e outros bens de valor histórico, artístico e cultural, os monumentos, as paisagens naturais notáveis e os sítios arqueológicos"[5], como descreve a Constituição Federal, em seu artigo 23, inciso III, não há justificativa constitucional plausível para que Juiz de Fora se exima de indicar seus lugares de memória da ditadura. Já o artigo 30 dispõe que "compete aos Municípios: IX- promover a proteção do patrimônio histórico-cultural local, observada a legislação e a ação fiscalizadora federal e estadual"[6].

O bem preservado e contextualizado "é aquilo que nos educa sem a intenção de nos educar, aquilo que carrega a memória pelo fato mesmo de só ter se preocupado com o seu presente" (Rancière, 2018, p. 26). Ou, mais objetivamente, a emersão desses edifícios das brumas do esquecimento poderá "devolver dignidade às vítimas e às suas famílias, e, por meio de ações educativas, estimular a reflexão para que fatos como esses não mais se repitam" (Flores; Peterle, 2014, p. 55).

5 Disponível em: http://www.senado.leg.br/atividade/const/con1988/con1988_15.09.2015/art_23_.asp. Acesso em: 20 jul. 2020.

6 Disponível em: http://www.senado.leg.br/atividade/const/con1988/con1988_15.09.2015/art_30_.asp. Acesso em: 20 jul. 2020.

Contudo, o silenciamento intencional, estratégico, escamoteia responsabilidades e consente, de maneira perigosa, com a repetição do inadmissível. Para evitar que esses locais sejam "espaços do esquecimento" (Ferris, 2013, p. 115, tradução minha), enumero-os.

A Penitenciária José Edson Cavalieri, mais conhecida como Penitenciária de Linhares, por conta do bairro no qual se encontra, foi transformada em prisão política entre 1969 e 1981 (Juiz de Fora, 2016, p. 52), sendo um dos locais que serviram de cumprimento de pena para os presos políticos, além de espaço de práticas de tortura. "Dora foi vítima de cruéis torturas e passou pelos presídios de Bangu, no Rio de Janeiro, e Linhares, em Juiz de Fora" (Brasil, 2007, p. 418). Quanto à atmosfera existente nessa prisão política, "em documento de 7 de dezembro de 1971, 14 presos políticos denunciaram ao juiz-auditor o 'clima arbitrário, repressivo e desumano'" e, ainda, os "'desmandos, as arbitrariedades, a falta de respeito' a que eram submetidos, e pediram providência" (Juiz de Fora, 2016, p. 62).

O depoimento do militante dos direitos humanos Gilney Viana[7], detido durante mais de sete anos na Penitenciária de Linhares autentica essas informações:

> [...] tortura no sentido físico que você vai lá e faz uma coisa sistemática pra você obter informação ou pra você punir o cara por alguma coisa, isso não era habitual em Linhares, não era. O que existia era psicológico, psicológico, [mas] houve espancamento, pelo menos do Nilo Sérgio, que eu me lembro, que nós protestamos, fizemos uma manifestação, fomos punidos por causa da manifestação. E houve um outro caso lá, teve um caso lá, o cara já morreu, acho que chama Celso, acho que a PM bateu nele também (Juiz de Fora, 2016, p. 63).

---

7 São inúmeros os relatos de torturas e assassinatos cometidos dentro da penitenciária. Para isso, indico a leitura do relatório da CMV-JF (Juiz de Fora, 2016).

Como no exemplo de São Paulo, acima indicado por Neves, a ausência de apelo arquitetônico não é justificativa para não se tombar o edifício. Sua vinculação histórica aos atentados contra os Direitos Humanos é o suficiente para declará-lo lugar de memória sensível, patrimônio sombrio, como ícone para a não repetição de arbitrariedades acontecidas durante o regime militar, e que se perpetuam nas casas de detenção em todo país.

Outra informação relevante do relatório da Comissão Municipal da Verdade (CMV-JF) comprova o atrelamento do local aos usos para persecução do Estado:

> O regulamento da Penitenciária, de 21 de outubro 1971, em seu artigo 1°, dispõe sobre suas finalidades: [...] Destinar-se-á, enquanto for necessário, ao recolhimento de presos incursos na Lei de Segurança Nacional. A matrícula ou desligamento de qualquer preso obedecerá exclusivamente às determinações de Autoridades Militares. A movimentação de presos estará a cargo da 4ª Região Militar, que fornecerá escolta e condução (Juiz de Fora, 2016, p. 61).

Quanto ao 10° Regimento de Infantaria (hoje 10° Batalhão de Infantaria), situado no bairro Fábrica, esta foi uma das unidades que serviram como espaço prisional em Juiz de Fora, no contexto da ditadura militar. Vários depoimentos prestados à CMV-JF demonstram que o 10° Regimento estava incluído no sistema de violência de Estado presente em Juiz de Fora durante os sombrios anos de regime militar.

> Esta unidade foi, inclusive, utilizada como prisão temporária em caso de lotação do Quartel General, conforme atestado em depoimento de João Carlos Reis Horta, o "João Comunista": "À uma hora da manhã, parou um jipe do Exército, me puseram no jipe e me levaram para o QG, lá em Mariano [Procópio]. Aí chegou lá, estava lotado de presos, não tinha vaga. Falaram: 'ah, leva lá pro Décimo, lá ainda tem vaga'." (Juiz de Fora, 2016, p. 70-71).

No relatório da CMV-JF encontra-se, além disso, que:

> Dois dos depoimentos prestados à CMV-JF afirmam que o 10º Regimento de Infantaria foi utilizado como prisão de integrantes da Guerrilha do Caparaó, que, organizada entre 1966 e 1967, na Serra do Caparaó, na divisa entre Minas Gerais e o Espírito Santo, configurou-se como o primeiro movimento mais sistemático de resistência armada ao regime militar. Em seu depoimento, "João Comunista" afirma: "Aí fomos lá para o Décimo, estava o pessoal da guerrilha de Caparaó lá. Aí colocaram a gente lá. Aí ficamos lá uns três ou quatro dias.". Esta afirmação é corroborada pelo depoimento de Avelino Gonçalves Koch Torres: "Aí eu constatei que houve mesmo essa guerrilha, porque o João Carlos estava preso, no Décimo, aqui em Juiz de Fora, eu fui visitá-lo, aí ele positivou que tinha mesmo o pessoal desse movimento do Caparaó." (Juiz de Fora, 2016, p. 71).

Por fim, o 2º Batalhão de Infantaria da Polícia Militar (hoje 2º BPM), em Santa Terezinha. Segundo a CMV-JF:

> O 2º Batalhão da Polícia Militar (2º BPM — antes 2º Batalhão de Infantaria da PM) tem 125 anos de história, sendo 102 em Juiz de Fora. A unidade sempre funcionou no Bairro Santa Terezinha, mas a estrutura da década de 1960 foi alterada. O prédio teve uma parte demolida em um processo de ampliação que ocorreu em 1972, impedindo a localização atual dos espaços onde os militantes que passaram pela unidade possam ter ficado encarcerados. O 2º Batalhão também é citado no Relatório Final da CNV entre os quatro locais de Juiz de Fora onde houve registros de graves violações dos direitos humanos entre 1964 e 1985 (Juiz de Fora, 2016, p. 72).

Independentemente de alterações promovidas por reformas, de inexistência de apelos estéticos, arquitetônicos, essas edificações não podem ser relegadas ao esquecimento ou ao apagamento das memórias ali ancoradas sobre a ditadura militar e os crimes por ela cometidos. Não é coincidência que esses lugares indicados pela CMV-JF como centros de tortura e prisão não sejam tombados. Continuam como instalações dos serviços públicos de segurança e do sistema prisional. É estratégia política de esquecimento.

Neves afirma, sobre o tombamento do Doi-Codi II, em São Paulo, que se "tratava de momento político adequado para o tombamento desta natureza, afinal, completava-se 50 anos do Golpe", e que o governo — "sob o comando da Presidenta Dilma Rousseff, militante de esquerda que foi presa e brutalmente torturada" — "estava empenhado, por meio da CNV, em produzir um acerto de contas do Estado com a sociedade, o tema era recorrente na imprensa e a elucidação de crimes gerava expectativa social" (2018, p. 17). Então, o que se dizer de tombar o local no qual a pessoa foi torturada e presa?

Ainda com Neves, diferentes instituições vinculadas à defesa dos Direitos Humanos determinam esses reconhecimentos:

> Aprovado no dia 30 de novembro de 2012 na IV Reunião Extraordinária de Altas Autoridades em Direitos Humanos e Chancelarias do Mercosul e Estados Associados (RAADH) e ratificado na XLIV Cúpula de Chefes e Chefas de Estado do Mercosul e Estados Associados, realizada em 6 e 7 de dezembro de 2012, em Brasília, este documento visa a criar uma política pública comum aos países do Mercosul em relação ao tratamento que deve ser dados aos espaços considerados "lugares de memória", a fim de fomentar uma maior cooperação para preservar o direito à verdade e à memória, assim como levar a cabo uma iniciativa sobre memória e preservação de sítios históricos em que ocorreram ações repressivas e detenções clandestinas como testemunho do ocorrido no passado da região (2014, p. 204).

Também nacionalmente. O Programa Nacional de Direito Humanos (PNDH3) declara que "a Diretriz 24 (Preservação da memória histórica e a construção pública da verdade) indica a criação e manutenção de museus, memoriais e centros de documentação sobre a resistência à ditadura", como "ação para cumprimento do objetivo estratégico de incentivar as iniciativas de preservação da memória histórica e de construção pública da verdade sobre períodos autoritários" (Soares; Quinalha, 2011, p. 77).

Lugares de memória sensível tombados, mas invisibilizados

Neves instrui que, a partir dos anos 2010 — diria eu até mesmo antes) —, "os tombamentos desses locais se fortalecem pelo país e se desvinculam formalmente da linguagem arquitetônica como valor indispensável e intrínseco ao reconhecimento como patrimônio" (2020, p. 157). Vejamos. Em São Paulo, encontram-se: o Memorial da Resistência, que foi sede do Departamento Estadual de Ordem Política e Social (Deops/SP), tombado pelo Condephaat[8] em 1999; o portal de pedra remanescente do presídio Tiradentes, tombado pelo mesmo órgão na década de 1980; o imóvel onde funcionou a Auditoria Militar, situado à Av. Brig. Luís Antônio, 1249, que foi cedido à OAB[9] e ao Núcleo pela Preservação da Memória Política para a construção do Memorial da Luta pela Justiça (Cymbalista, 2019); o já citado Doi-Codi, tombado em 2014 pelo Conselho Estadual; entre outros.

Em Juiz de Fora não há essa tentativa de expurgo das presenças do passado que não passa, por meio do patrimônio, mesmo que as violências perpetradas pelo Estado ainda estejam presentes tanto nas arbitrariedades cometidas pelos agentes de segurança quanto nas memórias sensíveis daqueles atingidos, e na não punição dos responsáveis pelas torturas e mortes.

Contudo, há tombamentos de edificações que estão relacionadas ao regime militar, mesmo que em seus processos essa filiação não esteja identificada. Obviamente estratégico. A Delegacia de Polícia, transformada em Conservatório; o Quartel General/4ª Cia. da Polícia do Exército, localizado em terreno do Exército; e o prédio no qual funcionou a Auditoria Militar são os casos que agora passo a explicitar.

A Delegacia — Rua Batista de Oliveira, 377 — foi tombada, quando já não mais o era, pelo Decreto municipal nº 6910/2000, no qual consideraram:

---

8 Conselho de Defesa do Patrimônio Histórico, Arqueológico, Artístico e Turístico do Estado de São Paulo.

9 Ordem dos Advogados do Brasil.

> I – o valor histórico e cultural que envolve o bem; II – sua integração ao conjunto arquitetônico da área central; III – que a edificação conserva o gabarito original e a implantação tradicional de alinhamento da fachada junto a via pública; IV – a fachada composta segundo o repertório formal do art-déco, inteiramente dominada pela verticalidade das pilastras contínuas que alcançam toda a altura, desde o embasamento à base da platibanda; V – a presença de detalhes que acentuam as linhas verticais, o eixo de simetria, a modulação e os motivos geométricos; VI – ser o imóvel testemunho vivo do cenário art-déco da cidade, aproximado a outros exemplares arquitetônicos; VII – *ser o imóvel testemunho e registro dos caminhos trilhados pela segurança pública de nossa cidade*; VIII – os termos e a documentação constantes do processo administrativo PJF 4548/97[10] (Juiz de Fora, 2019, grifo meu).

Nota-se que estão em realce as qualidades arquitetônicas e estéticas do bem, sobrando para sua condição de monumento-documento a simples menção "testemunho e registro dos caminhos trilhados pela segurança pública de nossa cidade". Como vestígio do que se assevera, em um exemplo, o relatório da CMV-JF indica que "José Villani Côrtes ocupava a presidência do Sindicato dos Bancários e da cooperativa de consumo à época do golpe". Em depoimento, ele informa: "Eu acredito que tenha sido o primeiro preso da revolução do Brasil inteiro, porque quando eu cheguei preso lá na delegacia de Juiz de Fora, na Rua Batista de Oliveira, não tinha ninguém preso lá, só tinha eu" (Juiz de Fora, 2016, p. 172). Pergunta-se: por que não consta no Decreto a informação literal sobre prisões políticas ali ocorridas?

Mais um lugar é o Quartel General/4ª Cia. da Polícia do Exército, hoje 4ª Companhia de Polícia do Exército (4º Cia. PE), posto no bairro Mariano Procópio. Como consta no relatório da CMV-JF, o "QG foi instalado oficialmente em 1916 em Juiz de Fora e permaneceu na cidade até a transferência da sede da 4ª RM para a capital, Belo Horizonte"

10 Disponível em: https://jflegis.pjf.mg.gov.br/norma.php?chave=0000019211. Acesso em: 20 jul. 2020.

(Juiz de Fora, 2016, p. 67), na década de 1990. Um exemplo do conflito em torno da memória, pela exaltação à memória dos militares defensores do golpe em detrimento das memórias difíceis, é indicado pela CMV-JF:

> Quando o golpe de 1964 é deflagrado, a unidade — que era responsável pelo comando dessa região militar — já se localizava na R. Mariano Procópio, no bairro homônimo, onde até hoje o edifício é preservado. Atualmente o prédio abriga o Comando da 4ª Brigada de Infantaria Motorizada, batizada de "Brigada 31 de Março". Foi no QG que o general Olympio Mourão Filho orquestrou detalhes importantes do golpe e foi lá, também, que muitos presos políticos que estiveram na cidade ficaram abrigados. O QG, aliás, foi, juntamente com a Penitenciária de Linhares, o local mais mencionado nos depoimentos prestados à CMV-JF (Juiz de Fora, 2016, p. 67).

Já que a cidade possui seu relatório da Comissão da Verdade, inclusive com a participação da prefeitura local, a manutenção do silêncio quanto a essas edificações permanece ilógica, sem considerar as conformidades políticas. A apreciação do depoimento de Afonso Celso, contido nesse documento, ilustra como o QG abrigou práticas de violência:

> Submetido a torturas no QG, em Juiz de Fora, Afonso Celso também sofreu torturas físicas, psicológicas e morais. Foi alvo de ameaças, zombarias e pressão. Afonso Celso e Murilo Pinto foram esbofeteados e "[...] obrigados, sob ameaças, a ficarem desnudos, frente à parede, para serem 'acariciados' nas nádegas, pelo então tenente Marcos, que assim agia com impropérios e espancamentos" (Processos de Indenização às Vítima da Ditadura, Vítima Afonso Celso, cx. 02, proc. 5, imagem 37-38). Afonso Celso faz questão de frisar que, somente com a chegada do Coronel Tosta, cessaram as condições subumanas a que eram submetidos, e que, sem deixar de lado suas convicções, o Coronel Tosta "[...] ofereceu aos presos políticos, bem como a seus familiares, tratamento humano, solidário e respeitoso" (Processos de Indenização às Vítima da Ditadura, Vítima Afonso Celso, cx. 02, processo 5, imagem 38) (Juiz de Fora, 2016, p. 69).

A presidenta Dilma Rousseff esteve presa em Juiz de Fora em duas ocasiões, "a primeira foi em maio de 1970, e a segunda, em janeiro de 1972" (Juiz de Fora, 2016, p. 68). Ela alega que, em 1970, "após ser ouvida em depoimento, foi encapuçada para não conseguir identificar onde estava. Depois, foi jogada em uma cela, onde ficou em isolamento. O único contato era com seus torturadores, que a submeteram a interrogatórios violentos" (Juiz de Fora, 2016, p. 68).

> Uma vez por dia e em horários desencontrados ela afirma que recebia alimentos, levados por um carcereiro que também a conduzia ao banheiro "quando conseguia andar". Dilma acrescenta que foi "[...] submetida, por quase um mês, a interrogatórios e a toda sorte de torturas", as quais eram intensas, o que podemos atestar pelo trecho de seu depoimento em destaque: "[...] Intercalavam, ao longo do dia, pau-de-arara, afogamento, choques elétricos, palmatória, pau-de-arara, num rodízio infernal e, em alguns momentos o horror da simultaneidade de todas essas sevícias. Aí, em Juiz de Fora, eu descobri que alguns minutos podiam durar séculos e que a diferença entre a sanidade e a loucura estava em não se permitir ter muita consciência disso [...] Gostaria de assinalar que, em Juiz de Fora, a essas torturas físicas foram acrescidas torturas psicológicas, sendo as mais comuns a interrupção do sono com o aviso prévio, quase sempre durante a madrugada, de que, dali a mais alguns minutos ou horas, começaria nova sessão de torturas, as ameaças de morte ou de dano físico deformador. Geralmente, me ameaçavam de ferimentos na face. Já os longos períodos de nudez a que me submeteram juntamente com a privação de alimentos tinham por objetivo quebrar a minha moral e minar minha resistência física" (Processos de Indenização às Vítima da Ditadura Vítima Dilma Vana Rousseff, cx. 63, processo nº 436, fls 1047/1048) (Juiz de Fora, 2016, p. 68).

Segundo a CMV-JF, "não é possível afirmar que esse relato diga respeito ao QG, já que a então estudante e militante de esquerda afirmou que era levada de capuz e que não poderia identificar o local". Contudo, "na segunda passagem de Dilma Rousseff por Juiz de Fora, a partir de janeiro de 1972, há a confirmação de que a unidade tenha sido o QG, onde ela esteve por seis meses" (Juiz de Fora, 2016, p. 63).

A 4ª Brigada de Infantaria Motorizada (Brigada 31 de março: para o golpe não há silêncio) foi tombada pelo Decreto municipal nº 7008/2001[11], expondo:

> I – o valor histórico e cultural que envolve o bem; II – sua integração ao conjunto de edificações do século XIX, situadas no entorno do Museu Mariano Procópio; III – o rebuscamento decorativo da fachada principal do imóvel, representativo de um apurado ecletismo; Art. 1.º- Fica tombado [...] o imóvel localizado na Rua Mariano Procópio números 828 e 830. Art. 2.º– Os objetos de preservação, cuja inscrição no Livro do Tombo fica autorizada, abrangem a volumetria construtiva e as fachadas do imóvel, [...] (Juiz de Fora, 2019).

Nem mesmo a existência de uma placa com o título da Brigada presente no imóvel, indicando a data do golpe de 1946, nem documentos como a foto de militares no casarão durante a ditadura foram o suficiente para a indicação no decreto do uso militar do bem.

Por fim, o edifício onde funcionou 4ª Auditoria Militar (Pça Antônio Carlos). Por meio do Decreto municipal nº 7145/2001, assim foi explicada a intervenção do Poder Público, considerando:

> I – o valor histórico e cultural que envolve os imóveis; II – sua importância no contexto do Núcleo Histórico e Arquitetônico da Praça Antônio Carlos, que engloba também as antigas instalações da Companhia Pantaleone Arcuri, da Companhia Mineira de Eletricidade e da Companhia Têxtil Bernardo Mascarenhas e a Escola Normal; III – a diversidade de estilos arquitetônicos presentes neste conjunto, como a orientação eclética e os vigorosos ornamentos de inspiração barroca do seu edifício mais antigo; a orientação art-déco em linhas simplificadas do

---

11 Disponível em: https://jflegis.pjf.mg.gov.br/norma.php?chave=0000019407. Acesso em: 20 jul. 2020.

outro edifício ao lado; e a orientação tipicamente neocolonial do terceiro edifício com fachada lateral voltada para a Praça Antônio Carlos; IV- os termos e a documentação constantes do processo administrativo PJF 5319/97[12]; onde atualmente estão instaladas repartições do Exército Brasileiro, incluindo o muro e as guaritas de acesso no estilo art-déco (Juiz de Fora, 2019).

A vinculação com um dos mitos instituidores da memória da cidade, junto aos Ferreira Lage, foi mais importante do que explicitar seus liames com as memórias da dor. Antes transformá-lo em cenografia para a paisagem urbana que assegurar a reflexão e formação educacional propiciada por "locais traumáticos ou locais de memória a contragosto" (Assman, 2011). Segundo o Instituto de Políticas Públicas em Direitos Humanos do Mercosul (IPPDH):

> Elaborar princípios sobre políticas públicas em matéria de memória sobre graves violações aos direitos humanos pressupõe estabelecer parâmetros para a concepção e a implantação de medidas efetivas tendentes a garantir o direito dos povos à memória vinculada a um passado caracterizado pela violência estatal, a repressão e o avassalamento sistemático da dignidade humana (2012, p. 5).

Os documentos encontrados na Auditoria da 4ª Circunscrição Judiciária Militar (CJM) advertem que o espaço era utilizado para diferentes propósitos: "abrigar pessoas que vinham a Juiz de Fora apenas para participar de audiências na Auditoria, abrigar presos temporariamente enquanto aguardavam julgamento, abrigar presos até a transferência para outra unidade, servir de local para interrogatórios" (Juiz de Fora, 2016, p. 67-68). A CMV-JF ainda aponta que "depoimentos também dão conta de que era área de atuação do Doi-Codi na cidade e que recebia interrogadores de outras localidades, principalmente

12 Disponível em: https://jflegis.pjf.mg.gov.br/norma.php?chave=0000019681. Acesso em: 20 jul. 2020.

Belo Horizonte, que, ao que tudo indica, conduziam os interrogatórios mais violentos" (ibid., p. 67-68).

Retornando à presidenta Dilma, ela "foi trazida novamente para Juiz de Fora e julgada na Auditoria da 4° Região Militar de Minas Gerais. Foi condenada nos três Estados em que fora processada (SP, RJ e MG)". Apesar de ter recorrido das decisões, ficou presa por três anos. "Em 1977, por ter o seu nome incluído numa lista feita pelo Gal. Silvio Frota, na qual alcunhava 97 funcionários públicos como 'infiltrados' perigosos, ela perdeu o seu primeiro emprego" (Juiz de Fora, 2016, p. 124).

"As marcas da tortura sou eu. Fazem parte de mim", afirmou a presidenta (Juiz de Fora, 2016, p. 124). A imagem de Dilma, famosa durante às manifestações contra o golpe de 2016, foi tirada em um dos cômodos da Auditoria Militar. A fotografia é extremamente simbólica e tornou-se emblemática na campanha contra o golpe desferido pelo impeachment de 2016: enquanto ela, altiva, encara seu calvário, os militares julgadores encobrem seus rostos, como carrascos que escondem suas faces ao patíbulo.

Um exemplo outra vez retirado do relatório da CNV ilustrará o elo desse prédio como arquivo de "memórias traumáticas" (Flores; Peterle, 2014), transmutando-o em um patrimônio sombrio:

> Helber José Gomes Goulart era mineiro, nascido em Mariana, em 19 de setembro de 1944. Filho de um militante comunista, o jovem começou a trabalhar aos 11 anos de idade e estudou até o segundo colegial, quando se mudou para São Paulo em busca de melhores oportunidades. Ele começou a militância política cedo, com o pai, no PCB. Em 1964, por conta do golpe militar, passou a ser perseguido e respondeu a processo na Auditoria Militar de Juiz de Fora. Depois de militar na organização Corrente, chegou à ALN e, em 1971, quando a organização começava a se desmantelar, Goulart, já clandestino, foi deslocado para São Paulo, onde foi assassinado. Enterrado no cemitério de Perus, seu corpo só foi identificado 19 anos depois, após a descoberta da vala clandestina (Brasil, 2016, p. 290).

Os tombamentos desses lugares difíceis (que desconsideraram esse importante adjetivo) foram realizados durante a gestão do prefeito Tarcísio Delgado (PMDB-MG). Apesar de chamar o golpe de revolução[13], Tarcísio "atuou na defesa de prisioneiros políticos" (Juiz de Fora, 2016, p. 126), o que não afasta a hipótese de considerá-lo apoiador dos silenciamentos convenientes. Cumpre indicar que, assim como a antiga Auditoria, o Quartel General/4ª Companhia da Polícia do Exército, o 10º Regimento de Infantaria e o 2º Batalhão de Infantaria, mantendo ou não as mesmas funções das décadas de 1960 a 1980, ainda são repartições militares. Certamente esse é um dos importantes fatos para se impedir escovar a história a contrapelo.

Notas finais

Lidar com a memória da ditadura é essencial para o Brasil tornar-se uma democracia amadurecida. Tomando nossos vizinhos como exemplo, "a memória da ditadura foi crucial para o sucesso da transição para a democracia na Argentina" (Huyssen, 2014, p. 161). Segundo o pesquisador alemão Andreas Huyssen, "fortalecida a lembrança dos crimes da ditadura, elevaram-se novas vozes para defender a recuperação da esquecida dimensão política do destino dos desaparecidos" (2014, p. 164-165).

É isso que se buscou, com este artigo, ao tratar da memória juiz-forana e de suas nuances difíceis, dolorosas, traumáticas, sombrias, mas essenciais para não se permitir o elogio da tortura e da barbárie.

Claramente há uma tentativa de silenciamento dessa memória, ao mesmo tempo local e nacional. E continental. Essas edificações são, concomitantemente, lugares de memória, de dor, de luto, e vestígios e documentos, até mesmo prova, quando aliadas a outras documentações, como fotografias, documentações, depoimentos etc., de que

13 Entrevista concedida a Rodrigo Patto Sá Motta, em projeto "Memória e História: Visões de Minas", ocorrido em abril de1993. Disponível em: http://www.comissaodaverdade.mg.gov.br/handle/123456789/1627. Acesso em: 20 ago. 2020.

foram sede do tormento e da mortificação de corpos e vidas em nome de uma ideologia autoritária e arbitrária, como insidiosos exemplos de atentados aos direitos humanos.

Ensina Abdalla Júnior que, entre os militares, há um "incômodo generalizado com o julgamento dos seus governos/atos pela opinião pública". Tem razão o historiador, pois os mesmos "colaboraram com o regime nos vinte e um anos" e "teriam que enfrentar o seu passado, as consequências e desdobramentos de atitudes, atos, posições realizadas fora do crivo crítico da sociedade civil" (2017, p. 305). No mesmo sentido, "mais de meio século após o golpe de Estado de 1964, a memória sobre os anos da ditadura militar ainda incomoda os brasileiros" (Starling, 2015, p. 38). Para Napolitano, "os parâmetros da democracia brasileira pós-ditadura são, em grande parte, forjados e limitados pelas políticas do regime militar sancionada pelos seus beneficiários civis no processo de transição política" (2015, p. 18).

É o passado que não passa. No Brasil, preferimos a conciliação em detrimento do enfrentamento (Rudnicki, 2009, p. 178), o que gera a permanência da possibilidade de se aventar o retorno de um regime criminoso.

> ainda que o Brasil tenha assinado vários tratados internacionais contra a tortura, a jurisdição internacional é simplesmente ignorada quando se trata dos torturadores e dos assassinos da ditadura, sobre o pretexto da reconciliação; isso significa também que o Brasil é o único país da América do Sul no qual "os torturadores nunca foram julgados" [...] e onde não houve justiça de transição, onde o Exército não fez *mea culpa* de suas inclinações golpistas (Teles y Safatle, 2010: 10) (Gagnebin, 2013, p. 147, tradução minha).

Não só os militares se incomodam (nem sempre) com a contestação e a provocação feita pela recordação. Os civis que aderiram à causa esquadrinham o mesmo. Segundo Aguilera, busca-se "evitar o reconhecimento públicos às vítimas da ditadura ao entorno das residências dos que foram partícipes ou cúmplices das ações de lesa-humanidade" (2017, p. 106, tradução minha).

De tal modo, tomo emprestado as palavras de Rossi para apoiar minha hipótese. Diz ele que "a história do século XX, conforme bem sabemos, também quando tentamos esquecê-lo, está cheia de censuras, apagamentos, ocultações, sumiços, condenações, retratações públicas e confissões de inúmeras traições, além de declarações de culpa e de vergonha" (2010, p. 33).

Acredito que a forma pela qual se deu a anistia no Brasil seja uma das causas preponderantes para impedir que esse passado passe. A Lei n° 6683, promulgada em 1979 durante o governo Figueiredo, tentou impelir uma "renovação" no país, um "começar do zero". Para Seligmann-Silva, "a anistia, tendo o Estado brasileiro a transformado em uma 'anulação de qualquer sentido criminal [...]', conseguiu convencer 'a sociedade de que toda busca pela memória, verdade e justiça seria apenas revanchismo'" (2013, p. 300, tradução minha). Leciona Ricœur:

> Mas a anistia, enquanto esquecimento institucional, toca nas próprias raízes do político, através deste, na relação mais profunda e mais dissimulada com um passado declarado proibido. A proximidade mais que fonética, e até mesmo semântica, entre anistia e amnésia aponta para a existência de um pacto secreto com a denegação da memória que [...] na verdade a afasta do perdão após ter proposto sua simulação (2007, p. 460).

Ao anistiar perseguidos políticos — dever do Estado em busca do início de uma reparação —, mas também algozes, carrascos e torturadores, o país passou a legitimar qualquer versão sobre o passado recente, e até mesmo o seu retorno. Em suma:

> Três silêncios organizam a memória do Brasil sobre os anos da ditadura militar. O silêncio sobre o apoio da sociedade brasileira e, em especial, sobre o papel dos empresários dispostos a participar na gênese da ditadura e na sustentação e financiamento de uma estrutura repressiva muito ampla que materializou, sob a forma de política de Estado, atos de tortura, assassinatos, desaparecimentos e sequestros. O silêncio sobre as práticas de violência cometidas pelo Estado contra a população

> e direcionadas para grupos e comunidades específicos — em particular, as violências cometidas contra camponeses e povos indígenas. O silêncio sobre os responsáveis pelo financiamento e pela construção de uma complexa estrutura de informação e repressão que deu autonomia aos torturadores; prevaleceu, em muitos casos, sobre as linhas de comando convencionais das forças armadas; utilizou do extermínio como último recurso de repressão política; alimentou a corrupção; produziu uma burocracia da violência; fez da tortura uma política de Estado (Starling, 2015, p. 38).

"Na maior parte das vezes", aponta Starling, "as operações da memória ocorridas a partir do início de 1979 optaram por construir uma simplificação narrativa, mas de impacto eficaz, que vem funcionando em duas direções: numa ponta, estabelece a ruptura entre o passado recente e o presente; na outra, produz esquecimento" (2015, p. 38). O esquecimento, nesse caso, é "deslize ético" (Flores; Peterle, 2014, p. 35). Pois, quanto à violência de Estado há um "dever de não esquecimento" (Ricœur, 2007).

No Brasil "os arquivos estão fechados e os cadáveres desaparecidos" (Seligmann-Silva, 2013, p. 299, tradução minha). Que esses lugares de Juiz de Fora tornem-se arquivos abertos, documentos para pesquisas, lugares de memória e sítios de consciência. Quem sabe até os cadáveres aparecem?

REFERÊNCIAS

ABDALLA JUNIOR, Roberto. *Memórias da ditadura, TV e os "rebeldes" anos 1980*. Curitiba: Prismas, 2017.

AGUILERA, Carolina. Santiago de Chile visto a través de espejos negros. In: CYMBALISTA, Renato; FELDMAN, Sarah; KÜHL, Beatriz (org.). *Patrimônio Cultural:* memórias e intervenções urbanas. São Paulo: Annablume, 2017. p. 89-112.

ANSART, Pierre. História e memória dos ressentimentos. In: BRESCIANI, Stella; NAXARA, Márcia (org.). *Memória e (res)sentimento:* indagações sobre uma questão sensível. Campinas: Unicamp, 2004.

ASSMAN, Aleida. *Espaços da memória.* Formas e transformações da memória cultural. Campinas: Unicamp, 2011.

BARCELLOS, Daniela; CORRÊA, Gabriel. Monitoramento e repressão de juízes auditores na ditadura militar brasileira. In: MUNIZ, Iranice Gonçalves; SILVA, Edjane Esmerina Dias. *Memória, verdade e justiça de transição.* Florianópolis: Conpedi, 2014. p. 241-261.

BENJAMIN. Walter. *Magia e técnica, arte e política:* ensaios sobre literatura e história da cultura. São Paulo: Brasiliense, 2012.

BHABHA, Homi. *O local da cultura.* Belo Horizonte: UFMG, 2007.

BRASIL. Secretaria Especial dos Direitos Humanos. *Direito à verdade e à memória*: Comissão Especial sobre Mortos e Desaparecidos Políticos. Brasília: SEDH, 2007.

BRASIL. Ministério Público Federal. *Crimes da ditadura militar*/2ªCâmara de Coord. Rev. Criminal. Brasília: MPF, 2017.

CYMBALISTA, Renato. Lugares de memória difícil: as medidas da lembrança e do esquecimento. In: CYMBALISTA, Renato; FELDMAN, Sarah; KÜHL, Beatriz (org.). *Patrimônio Cultural:* memórias e intervenções urbanas. São Paulo: Annablume, 2017. p. 231-242.

CYMBALISTA, Renato (org.). *Guia dos Lugares Difíceis de São Paulo.* São Paulo: Annablume, 2019.

FÁVERO, Cristina et al. *Família Ferreira Lage:* sua história, nossa herança. Juiz de Fora: Templo, 2012.

FERRIS, David. Sebald y Benjamin: los ornamentos del tempo y el espacio del olvido. In: JOZAMI, Eduardo; KAUFMAN, Alejandro; VEDDA, Miguel. *Walter Benjamin em la ex ESMA.* Justicia, Historia y Verdad. Escrituras de la Memoria. Buenos Aires: Prometeo Libros, 2013. p. 115-124.

FLORES, Maria B.; PETERLE, Patrícia. Herança, memória e patrimônio: estar diante de tempos e tensões. In: FLORES, Maria B.; PETERLE, Patrícia (org.). *História e Arte:* herança, memória, patrimônio. São Paulo: Rafael Copetti Ed., 2014. p. 9-14.

GAGNEBIN, Jeanne M. *Lembrar, escrever, esquecer.* São Paulo: Ed. 34, 2009.

GAGNEBIN, Jeanne M. ¿Olvidar el pasado? In: JOZAMI, Eduardo; KAUFMAN, Alejandro; VEDDA, Miguel. *Walter Benjamin em la ex ESMA.* Justicia, Historia y Verdad. Escrituras de la Memoria. Buenos Aires: Prometeo Libros, 2013. p. 145-156.

GUMIERI, Júlia. *A construção possível*: inclusão e revisão do Direito à Memória e à Verdade no 3º Programa Nacional de Direitos Humanos. Dissertação (Mestrado em História Social) — Faculdade de Filosofia, Letras e Ciências Humanas da Universidade de São Paulo.. São Paulo, 2016.

HUYSSEN, Andreas *Culturas do passado-presente.* Modernismos, artes visuais, políticas da memória. Rio de Janeiro: Contraponto, 2014.

JUIZ DE FORA. Comissão Municipal da Verdade. *Memórias da repressão*: relatório da Comissão Municipal da Verdade de Juiz de Fora. Juiz de Fora: MAMM, 2016.

JUIZ DE FORA. Fundação Cultural Alfredo Ferreira Lage. *Bens imóveis tombados*. Juiz de Fora: FUNALFA, 2019.

MENEGUELLO, Cristina. Patrimônios sombrios, memórias difíceis. In: FLORES, Maria B.; PETERLE, Patrícia (org.). *História e Arte:* herança, memória, patrimônio. São Paulo: Rafael Copetti Ed., 2014. p. 46-65.

MENEGUELLO, Cristina. Patrimônio difíceis (sombrios). Verbete. In: CARVALHO, Aline; MENEGUELLO, Cristina (org.). *Dicionário temático de patrimônio.* Debates contemporâneos. Campinas: Unicamp, 2020. p. 245-248.

MERCOSUL. Instituto de Políticas Públicas em Direitos Humanos do MERCOSUL (IPPDH). *Princípios fundamentais para as políticas públicas sobre lugares de memória*. Buenos Aires: Mercosul, 2012.

MINAS GERAIS. Comissão da Verdade em Minas Gerais. *Relatório*: as graves violações de direitos humanos no campo (1961-1988). Belo Horizonte: COVEMG, 2017.

NAPOLITANO, Marcos. Recordar é vencer: as dinâmicas e vicissitudes da construção da memória sobre o regime militar brasileiro. *Antíteses*, v. 8, n. 15, p. 9-44, nov. 2015.

NEVES, Deborah. *A persistência do passado*: patrimônio e memoriais da ditadura em São Paulo e Buenos Aires. Dissertação (Mestrado em História) — Faculdade de Filosofia, Letras e Ciências Humanas da Universidade de São Paulo. São Paulo, 2014.

NEVES, Deborah. Doi-Codi II Exército: a experiência de preservação de um patrimônio sensível. *Contenciosa*, ano VI, n. 8, p.1-20, 2018.

NEVES, Deborah. Patrimônio da ditadura. Verbete. In: CARVALHO, Aline; MENEGUELLO, Cristina (org.). *Dicionário temático de patrimônio.* Debates contemporâneos. Campinas: Unicamp, 2020. p. 155-158.

OST, François. *O tempo do direito.* Bauru: EDUSC, 2005.

POLLAK, Michael. *Memoria, olvido, silencio.* La producción social de identidades frente a situaciones limite. Colección Antropología y Sociología. La Plata: Al Margen, 2006.

QUADRAT, Samantha. Ditadura, violência política e direitos humanos na Argentina, no Brasil e no Chile. In: AZEVEDO, C.; RAMINELLI, R. (org.) *História das Américas:* novas perspectivas. Rio de Janeiro: FGV, 2011. p. 241-273.

RANCIÈRE, Jacques. *Figuras da história.* São Paulo: UNESP, 2018.

RICŒUR, Paul. *A memória, a história, o esquecimento.* Campinas: Unicamp, 2007.

ROSSI, Paolo. *O passado, a memória, o esquecimento:* seis ensaios da história das ideias. São Paulo: UNESP, 2010.

RUDNICKI, Dani. Uma perspectiva sobre a justiça (restaurativa) e a memória das vítimas: do nazismo às ditaduras latino-americanas. In: RUIZ, Castor. *Justiça e memória.* Por uma crítica ética da violência. São Leopoldo: UNISINOS, 2009. p. 173-186.

SÃO PAULO. Prefeitura de São Paulo. *Memórias Resistentes/Memórias Residentes.* Lugares de memória da ditadura militar no município de São Paulo. São Paulo: PSP, 2017.

SELIGMANN-SILVA, Márcio. Testimonio como narrativa después de las catástrofes. In: RUIZ, Castor. *Justiça e memória.* Por uma crítica ética da violência. São Leopoldo: UNISINOS, 2009. p. 293-304.

SILVA FILHO, José. O anjo da história e a memória das vítimas. In: RUIZ, Castor. *Justiça e memória.* Por uma crítica ética da violência. São Leopoldo: UNISINOS, 2009. p. 121-158.

SOARES, Inês; QUINALHA, Renan. Lugares de memória no cenário brasileiro da justiça de transição. *Revista Internacional de Direito e Cidadania*, n. 10, p. 75-86, jun. 2011.

STARLING, Heloísa. Silêncios da ditadura. *Revista Maracanan*, n.12, p. 37-46, jul. 2015.

PARTE III

Arte e memórias políticas

Pesquisadores, artistas e curadores têm se voltado para a recuperação de memórias políticas como ferramentas de luta contra esquecimentos e silenciamentos impostos em tempos de autoritarismo e conservadorismo, que atuam de forma perversa e violenta na construção do imaginário social. É sobre esse cenário tenso e permeado por conflitos, no qual a arte muitas vezes se encontra sob ataque ao mesmo tempo que promove poéticas e gestos de "levantes", que esta sessão busca refletir.

Constituída por três artigos e um ensaio visual, "Arte e memórias políticas" é uma sessão que oferece reflexões e pesquisas bastante variadas, mas que possuem conexões evidentes. Contextos políticos autoritários e trajetórias marginalizadas, ou que se colocam à margem de pensamentos e atitudes conservadoras, atravessam os interesses dos trabalhos aqui reunidos. A importância da memória para recuperar conexões entre arte e política de uma perspectiva ampliada e porosa também permeia os textos e imagens.

Assim, por meio da recuperação de uma memória de infância traumática, atravessada por diversas passagens em reformatórios para crianças e adolescentes na cidade do Porto, em Portugal, o pintor Pinho retrata e denuncia o cotidiano violento vivido nessas instituições. Esse é o foco do artigo de Viviane Borges, "Notas sobre uma exposição de Pintura: o pintor Pinho e os quadros do Arquivo e Núcleo Museológico da Direção-Geral de Reinserção e Serviços Prisionais de Lisboa". A pesquisadora descobriu vinte e uma telas do artista sobre esse tema, que fazem parte da coleção "O destino do rapaz da rua", no âmbito da sua pesquisa de pós-doutorado.

Em seu artigo "Uma linha", Fred Coelho acompanha as linhas traçadas em lugares e temporalidades distintas, por artistas e escritores diversos, como Alberto Giacometti, Jean Genet, Lygia Clark e Waly Salomão. Aqui, encontramos uma reflexão sobre as éticas, fronteiras e limites entre o sujeito e "o outro" em que uma linha, de formas diversas, é tensionada ou mesmo arrebentada, indicando rupturas e momentos de criação artística potencialmente políticos.

A memória política do Brasil é acionada no artigo de Tatiane Schilaro, "O Eterno Encontro: Um Esboço de Análise Visual do Protesto de Ailton Krenak durante a Assembleia Constituinte de 1987-88". A pesquisadora recupera a performance artística, também configurada como fala política, de Ailton Krenak. O gesto performático do ativista e escritor de denúncia do genocídio indígena no Congresso Federal é o foco do artigo.

"Arte e memórias políticas" se encerra com um ensaio visual de Gilvan Barreto, que apresenta três séries contundentes: "Moscouzinho", "Postcards from Brazil: cicatrizes da paisagem" e a mais recente, "Cartas Náuticas".

Em "Moscouzinho" (2012), assim como o artista português Pinho, o pernambucano Gilvan Barreto recupera suas memórias de infância no município de Jaboatão dos Guararapes, onde cresceu e ganhou esse apelido porque guardava traços russos, apesar de sua geografia nordestina, localizado na região metropolitana de Recife. A partir das lembranças dos seus tempos de criança acompanhando o pai, político da esquerda local, nos comícios em Moscouzinho, misturando álbuns de família com documentos pesquisados em arquivos sobre a ditadura militar, Gilvan constrói imagens afetivas e políticas, imaginadas por uma criança que gostava de discursar em palanques vazios para a plateia que fabulava em sua imaginação.

Na série "Postcards from Brazil" (2016-2020), Gilvan se apropria de imagens de arquivo usando como suporte cartões postais, normalmente utilizados para enaltecer a exuberância das paisagens naturais do Brasil, para trazer uma importante reflexão sobre natureza e violência de Estado. Os cenários que o artista apresenta, muitos deles amplamente divulgados pela Embratur, empresa de turismo criada pela ditadura, serviram para acobertar os crimes cometidos pelo regime militar, que se utilizou das belezas naturais do país para enterrar nas matas e lançar ao mar corpos dos que lutavam contra a repressão.

Ao se apropriar da linguagem dos cartões postais, o artista faz recortes nas fotografias, com o intuito de representar as vítimas fatais da violência do Estado que esses locais receberam. Cada recorte representa uma morte, um corpo ocultado na natureza. Novamente trabalhando com arquivos, o artista traz, além das fotografias, depoimentos e documentos revelados pela Comissão Nacional da Verdade, identificando muitos dos crimes que aconteceram naqueles lugares de intensa beleza natural.

O ensaio se encerra com o trabalho mais recente do artista, que também é um nadador amador, intitulado "Cartas Náuticas", realizado em 2021. O gesto de Gilvan foi movido pela notícia estarrecedora de que, pela primeira vez na história do país, as Forças Armadas do Brasil haviam conquistado na justiça o direito de celebrar publicamente o golpe militar de 1964. Conforme Gilvan escreveu: "Golpe que instaurou a ditadura que sequestrou, torturou, estuprou, matou centenas de brasileiros. Comemorar a injustiça, a crueldade, a covardia? Não deveríamos tentar curar, matar as dores do mundo?"

Com estas perguntas em mente, o artista se lançou ao mar da Praia da Urca, no Rio de Janeiro, rodeada pelos quartéis do Círculo Militar, no dia 31 de março de 2021, na mesma data que o governo de Jair Bolsonaro resolveu comemorar o sequestro da democracia brasileira. Guiado pelo GPS de um celular colocado numa bolsa impermeável, seu trajeto foi espelhado na rede de 24 satélites que orbitam ao redor do planeta Terra. Usando a tecnologia, as correntes do mar e o próprio corpo, Gilvan escreveu sua primeira Carta Náutica, "Mata Dores".

Dessa maneira, os textos e imagens desta sessão nos convidam a pensar na urgência de recuperar memórias políticas pela arte, como forma de lutar contra o autoritarismo, o conservadorismo, a marginalização dos sujeitos, a violência do Estado e os ataques à nossa frágil democracia.

MAURÍCIO BARROS DE CASTRO

Uma linha

FRED COELHO

. I .

1954-1958, Paris:

Em seu livro dedicado ao ateliê de Alberto Giacometti, Jean Genet sugere: "Para ele, é como se uma linha fosse um homem" (2000, p. 63). O dramaturgo formulou tal afirmação a partir dos desenhos que via surgir na frente dele pelas mãos do artista suíço em sua mesa de trabalho. A comparação entre o *ser* e o *traço* é decorrente da leitura de Genet sobre um *respeito* que Giacometti tinha para com a linha. Tratá-la como um homem é, nessa comparação, dar à linha a dignidade de um outro. Nessa "arte de mendigos superiores", cada ser e cada coisa ganha respeito mútuo no reconhecimento conjunto de sua solidão. Suas linhas traçam objetos e retratos, todos com a mesma força de vida. Para Genet, no limite, a linha de Giacometti produz uma ética.

. II .

1954-1958, Rio de Janeiro:

Nos escritos dedicados ao desenvolvimento de seus trabalhos, Lygia Clark anota o que chamou de "descoberta da linha orgânica". Fazendo um deslocamento sutil entre planos de cor, a artista proclama um momento de ruptura não apenas com suas compreensões relativas à pintura e à superfície da tela, como também com seu olhar para as coisas. Lygia começa a ver a linha orgânica nas frestas dos dias, vislumbrando sua força cósmica entre tacos de madeira no chão e batentes de portas. O mundo ganha carne visual e a arremessa em um impasse. Citando a artista, "passei dois anos sem trabalhar, não sabendo o que fazer com essa descoberta" (1983, s/p). A linha, aqui, é um outro que invade e se aloja dentre os sentidos. Linha que se transformará plasticamente em casulos, em abrigos, em bichos, em fitas de papel, em babas antropofágicas. Explodirá o dentro e o fora e proporá o pleno ato de traçá-la e cortá-la como existência estética.

. III .

Gestos paralelos em duas cidades e mundos diferentes. Genet, Giacometti e Clark manejam linhas de uma forma cuja função gráfica transborda para uma *existência*. São vidas em jogo, vidas oriundas de materialidades que reivindicam uma posição daqueles que a enxergam. Vidas que se fazem através do olhar. Genet nos propõe o respeito a um outro que é, simultaneamente, objeto e sujeito. Provavelmente, o rigor da linha de Giacometti em seus desenhos o remeta à dignidade necessária para todos os tipos de vidas — principalmente aquelas que, como o próprio Genet, são excluídas e exterminadas pela "boa sociedade". Vidas indignas de humanidade. No caso de Clark, a linha é orgânica, forma uma vida em expansão invasiva e infinita. Linha que liga o ser ao cosmo. Uma intensidade que contamina seu corpo e o torce em direção a uma totalidade entre um eu humano e um outro inumano. Só há abertura a um outro de fora se a linha produzir também uma interioridade.

. IV .

1993, Rio de Janeiro:

As linhas e suas éticas para a vida ressoam para além do olhar. Imagem potente por traçar limites e, ao mesmo tempo, ser aquilo que se esgarça, a linha que divide pode ir além da ética e da contaminação dos sentidos. Waly Salomão, um dos poucos poetas que pode reivindicar a consanguinidade com artistas como Genet e Clark, aciona sua "câmara de ecos" e nos anuncia em versos impecáveis:

> Cresci sob um teto sossegado,
> Meu sonho era um pequenino sonho meu.
> Na ciência dos cuidados fui treinado.
>
> Agora, entre o meu ser e o ser alheio
> A linha de fronteira se rompeu.
>
> (2007, p. 21)

A linha de fronteira não é tão distante das linhas de Genet e Clark, mas abre outra frente especulativa. Genet faz com que o traço de Giacometti configure uma dignidade que nos faz tratá-lo de igual para igual. Clark propõe que se incorpore a linha, dando órgãos ao limite dos planos. Já Waly marca os lados do jogo. Nem igual, nem espacial, a linha demarca "o meu ser e o ser alheio". A linha é existencial. Aqui, podemos trilhar duas possibilidades: ou os seres do poema são um eu e um outro no mundo (outra força); ou ambos são um dentro e fora do mesmo sujeito que, também, se espirala. Eu mesmo sou meu ser e o ser alheio. Eu mesmo carrego a diferença do outro. Um Eu que permanece no impasse multiplicador. Romper tal fronteira é fazer da linha limite política da vida. Sou o outro em mim, sou a superação da linha que me afasta do outro. Talvez, ao contrário de Genet, que vê na linha de Giacometti um respeito ao outro, Waly veja a linha como contenção do mesmo. Ele inaugura o ato paradoxal de uma ruptura em curso contínuo — espécie de Sísifo rompendo sempre a mesma linha refeita. Ruptura entre um eu e um outro numa "câmara de ecos", em que o limite precisa sempre ser desfeito e refeito. Manter a linha de fronteira entre um eu e o ser alheio, dessa forma, pode ser lutar por uma vida em ato, mas também decretar uma morte. Não a morte. Mas uma das muitas que podemos ter.

. V .

1963, Paris:

Será mesmo necessário, afinal, romper a linha? Waly Salomão talvez estivesse propondo instalar sua existência justamente no desfazimento/refazimento de um espaço que só existe no momento em que se cruza o limite. A linha de fronteira, afinal, não é o espaço exato da multiplicidade? Em texto dedicado à obra de George Bataille, Michel Foucault propõe tal paradoxo a respeito de uma linha divisória que não divide, mas sim converge. Linha que, como as de Lygia Clark, são atos de plena agoricidade. Ao pensar o tema da Transgressão em Bataille, o filósofo discorre sobre a situação estrutural daquilo que transgride, isto é, a ideia de romper um limite.

> A transgressão é um gesto relativo ao limite: é aí, na tênue espessura da linha, que se manifesta o fulgor de sua passagem, mas talvez também sua trajetória na totalidade, sua própria origem. A linha que ela cruza poderia também ser todo o seu espaço (2001, p. 32).

A linha ética, a linha orgânica, a linha da fronteira, toda linha é limite — mesmo quando queremos que não seja. De alguma forma, ela contorna, ela demarca, ela define, mesmo que em sua "tênue espessura". No limite, tudo pode ser grid, tudo pode ser alinhavo, fio solto, costura, malha, teia, rede. As linhas sempre limitam, mesmo que ensejem uma fuga. Foucault propõe pensarmos o limite não mais como divisória, e sim como espiral entre partes opostas, como existências que (se) atravessam.

> A transgressão não está, portanto, para o limite como o negro está para o branco, o proibido para o permitido, o exterior para o interior, o excluído para o espaço protegido da morada. Ela está mais ligada a ele por uma relação em espiral que nenhuma simples infração pode extinguir (2001, p. 33).

A linha que divide é justamente o espaço que define o que é dividido. Transgredir — uma norma, uma existência, uma linguagem — é precisar do limite, assim como um limite é algo que só existe porque as coisas transbordam, transgridem, enfim, não conhecem o contorno político da linha. Em uma imagem mais próxima do que a espiral de Foucault, podemos sugerir as tranças de Tunga, fios solitários que existem juntos. Não há trança sem a solidão do fio, assim como o fio não tem sentido solitário, sem a comunidade da trança. A transgressão "afirma o ser limitado, afirma o ilimitado no qual ela se lança". Fio e trança.

Se o limite é a linha que existe para ser rompida, e não para apaziguar diferenças em divisão, romper a linha, transgredir o limite, desobedecer a sua legislação espacial, é afirmar a todo tempo um "ser da diferença". A linha, portanto, produz incessantemente outros seres. A transgressão, assim, traz a marca da linha que a define. A INFRATURA se instaura justamente nessa ruptura com o limite político da linha e a multiplicidade de existências. Ela é a fabulação criando em ato narrativo corpos através de escritas da transgressão — escritas do delírio, escritas da morte, escritas do transe, escritas da raiva, escritas do horror. Escritas, enfim, desalinhadas.

. VI .

As linhas de Genet, Clark e Waly não são as mesmas. Gráficas, pictóricas, imaginárias, escritas, pintadas, sutis ou pesadas, tais linhas são o uso de uma imagem fundamental no imaginário de toda a cultura. Imaginário que Foucault aprofundou dando densidade existencial para um *topos* que atravessa uma miríade de textos e obras. A linha de fuga, a linha de força, a linha do Equador, a linha do horizonte, a linha de sombra, a linha evolutiva, a linha do abismo, a linha de transmissão. Aqui, o deslocamento dessas linhas é, por deslizamentos, aquilo que traça a vida e a própria escrita de uma existência sem traços prévios. Há sempre outros em nós que espreitam e forçam a desfeita desse traço que insiste em nos contornar e conformar. São multiplicidades prontas para transgredir nossa existência cartesiana. Respeitar tais linhas, experimentá-las, rompê-las ou instalar-se na sua reversibilidade, são ações que podem nos levar a vislumbrar esse outro irradiador de diferenças. Outro cuja performatividade se dá na linguagem, na produção de outras vidas, atravessando outras linhas. Ele politiza nosso traçado metafísico, assume o desfazimento ontológico e nos coloca em movimento. A linha da escrita se faz linha desenhada, que se faz linha da superfície, que se faz a linha da biopolítica, que se emaranha em linhas sem fim.

. VII .

1914-1917, Praga:

Em sua célebre descrição de Odradek, o pai de família do conto de Franz Kafka nos diz que o personagem é feito de "pedaços de linha rebentados, velhos, atados um ao outro" (1999, p. 43). É um "todo que se apresenta sem sentido, mas completo à sua maneira" (idem). A inutilidade de Odradek, portanto, se configura nessas linhas que, mesmo desorganizadas, produzem uma vida sem traço certo. Simultaneamente, essas linhas velhas são capazes de dar a essa vida extraordinária mobilidade. São simultaneamente limite e transgressão da existência. Odradek não deixa se pegar e torna-se a linha incapturável — ou, como o próprio diz, "domicílio incerto". Ele é o que Jean-François Lyotard chamou de "uma força inumana de desregulação" (1997, p. 12). Além disso, o corpo de Odradek (podemos falar ali de um corpo?) não apresenta "emendas, nem rupturas". É uma forma impossível, uma linha orgânica que impõe ao pai de família o respeito ao que mais odeia. Odradek é um outro cuja linha de fronteira é demarcada pelo olhar que o estranha. Novamente, ele limita a vida do pai de família e provoca a transgressão do espaço burguês. Orgânico, móvel, monossilábico e inútil, ele vive para sempre. É puro "Ser da diferença". A linha em movimento faz com que o "meu ser e o ser alheio" sejam um espaço tênue, prestes a arrebentar. Nesse caso, a visão burguesa do narrador do conto é que entra na espiral do ser e do ser alheio que o poema de Waly nos diz. Sua vida é medida pela vida desinteressada do ser disforme e, ao mesmo tempo, é familiar a ele.

Dentro do seu lar, debaixo de sua escada, algo vive sem linhas certas, sem traço, sem respeito e sem função. A incompreensão do pai de família reside aí: para ele, tudo que morre precisa ter vivido a partir de uma meta em que se optou por "um tipo de atividade e nela se desgastou". Mas como esperar algo de quem existe para ser a "afirmação da divisão"? A falta de uma vida objetiva desse emaranhado de linhas gastas o faz injustamente eterno, pois vive sem definir, a priori, uma utilidade. Demarca a linha reta que perece e a linha que se expande para sempre em carretel rumo ao cosmo. Odradek é a linha móvel da fronteira entre vida e morte, a linha orgânica que conecta mundos inconciliáveis. A linha ética que separa e costura simultaneamente a existência burguesa racional e o inumano familiar que nos espreita. Giacometti poderia ter desenhado Odradek.

Se Odradek não é um desenho perfeito de Giacometti, e, portanto, não é o homem percebido por Genet, Kafka faz com que sua narrativa obrigue o pai de família, em seu desprezo e estupefação por aquela vida sem razão, a tratá-lo de igual para igual. Nesse momento, de alguma forma, assume o monstruoso dentro de si. Ou, nas palavras de Roberto Schwarz, ele se torna um "partidário inconfessado da destruição" (2008, p. 28). De transgredido em seu limite existencial, torna-se transgressor pelo desejo difuso de morte. Odradek só existe, de fato, na escrita de Kafka. Odradek é sua infratura.

. VIII .

As vidas dessas linhas amarram existências improváveis dentro e fora do que se pensa humano. Abrem possibilidades de fazer do inumano uma ética, uma descoberta do mundo, um mergulho para fora de si. Jean Genet, Giacometti, Lygia Clark, Waly Salomão, Franz Kafka, Bataille e muitos outros criadores dedicados a investigar nossos limites espalharam seres em traços, em luzes, em palavras. Entrar em contato com seus mundos é se instalar em um espaço cujas fronteiras são borradas em prol de outras formas móveis, transformadoras e perturbadoras — seres da diferença, seres da infratura. Encerrando com Gilles Deleuze, tais mundos nos fazem percorrer existências em que "não há linha reta, nem nas coisas, nem na linguagem" (1997, p. 12). De alguma forma, porém, sempre há uma linha prestes a arrebentar. E é justamente aí, nesse momento, que começa a literatura.

REFERÊNCIAS

CLARK, Lygia. *Livro-Obra.* Rio de Janeiro: FUNARTE, 1983.

DELEUZE, Gilles. *Crítica e Clínica.* São Paulo: Editora 34, 1999.

FOUCAULT, Michel. *Ditos e Escritos III — Estética: Literatura e Pintura, Música e Cinema.* Rio de Janeiro: Forense Universitária, 2001.

GENET, Jean. *O Ateliê de Giacometti.* São Paulo: Cosac Naify, 2000.

KAFKA, Franz. *O Médico Rural*. São Paulo: Companhia das Letras, 1999.

LYOTARD, Jean-François. *O Inumano — Considerações sobre o Tempo.* Lisboa: Editorial Estampa, 1997.

SALOMÃO, Waly. *Algaravias.* Rio de Janeiro: Rocco, 2007.

O Eterno Encontro: um esboço de análise visual do protesto de Ailton Krenak durante a Assembleia Constituinte de 1987-88

TATIANE SCHILARO

A terra em que nos reunimos é o território não cedido do povo Uypi, de língua Awaswas. O povo Amah Mutsun, composto por descendentes de indígenas levados às missões Santa Cruz e San Juan Bautista durante a colonização espanhola da Costa Central, está hoje trabalhando duro para restaurar as práticas tradicionais de manejo nessas terras e se curar de traumas históricos.[1]

Nos séculos XIX e XX, por toda a América Latina, os princípios modernistas ocidentais dentro e fora do campo da arte encontraram a resistência de intelectuais e artistas que buscaram rotas alternativas para combater os legados do colonialismo. Liderados principalmente por elites intelectuais, movimentos como o movimento antropofágico brasileiro, o muralismo mexicano aliado à noção de raça cósmica e o indigenismo surgiram em diferentes contextos sociopolíticos, mas com objetivos semelhantes: reinterpretar, ou "digerir", os princípios ocidentais da modernidade por meio das raízes nativas de cada país, de modo a vislumbrar um futuro utópico. Que essas elites eram em sua maioria brancas/europeias ou crioulas e que celebravam as

[1] Este artigo foi escrito sobre terras indígenas invadidas. O reconhecimento de terras usado na Universidade da Califórnia de Santa Cruz (UCSC) foi desenvolvido em parceria com o presidente da Banda Tribal Amah Mutsun e o Programa de Reaprendizagem Amah Mutsun no Arboreto da UCSC.

identidades mestiças como parte das visões de mundo que procuravam representar, deve ser entendido como um dos cernes dos projetos modernistas latino-americanos.

No início do século XX, historiadores e teóricos de países do Norte Global ainda consideravam essas resistências latino-americanas como modos de modernismos atrasados — ou seja, um reflexo do "subdesenvolvimento". No entanto, campos acadêmicos emergentes como os estudos pós-coloniais e descoloniais têm ajudado a corrigir essa perspectiva histórica desvirtuada ao considerarem essas respostas à modernidade e modernização no Sul Global como parte de uma constelação pós-colonial que emergiu das "antinomias da modernidade", nas palavras do curador e pensador Okwui Enwezor (Smith; Enwezor; Condee, 2008). Esses campos epistemológicos ajudaram a informar a revisão da história da arte nos Estados Unidos e na Europa. Por exemplo, no final da década de 1980, Stuart Hall chamou de "uma crise da autoridade ocidental" um momento em que a desmarginalização e a descentralização ocorreram e que a importância das questões raciais na construção da nação, no caso a Inglaterra, foi reconhecida. Hall argumenta:

> Agora que, na era pós-moderna, todos vocês se sentem tão dispersos, eu me centro. O que pensei como disperso e fragmentado chega, paradoxalmente, a ser o que representa a experiência moderna. [...] Os negros em Londres são marginalizados, fragmentados, sem direitos de voto, desfavorecidos e dispersos. E, no entanto, eles parecem possuir território. De alguma forma, eles também, apesar de tudo, estão centrados, no lugar: sem muito suporte material, mas ocupam um novo tipo de espaço no centro (Hall, 1987, tradução minha).

Esse momento da pós-modernidade somado aos movimentos de direitos civis e antirracistas desencadeou o multiculturalismo nos Estados Unidos, que, com todas suas limitações e problemáticas, abriu caminhos e protagonismo para certos grupos de artistas negros, indígenas e latinos que passaram a ocupar os espaços de centralidade que Hall aponta.

No entanto, grande parte das práticas artísticas e visuais produzidas por povos racializados no século XX, na América Latina e no Brasil, permaneceram excluídas, nem completamente fora dos cânones, nem totalmente reconhecidas pelo campo da arte. Embora o ativismo de base racial e étnica no Brasil tenha se firmado desde o início do século XX, pode-se propor que as múltiplas ditaduras estabelecidas no chamado Cone Sul interferiram dramaticamente nessa centralização que Hall detecta nas formações identitárias da população negra dos Estados Unidos e da Inglaterra.

Mas se argumentarmos que a mesma centralização — esse "território reintegrado", para usar a expressão de Hall — não foi totalmente reconquistada pelos grupos racializados no Brasil no final do século XX, quais foram os discursos, os mitos nacionais fundadores, que impediram esse processo de retomada, mais especificamente nos campos da produção visual e artística? Além da desigualdade, das perseguições violentas, do estado geral de exceção, aparatos ideológicos profundamente arraigados no seio da sociedade brasileira, como o discurso da democracia racial, foram reinventados, reinstaurados e reimaginados. Como Patricia de Santana Pinho e outras autoras e autores têm discutido, hoje, sabemos que a branquitude é parte integral dos discursos autoritários de poder no Brasil (Pinho, 2009, 2021; Miskolci, 2012) e deve ser entendida em suas manifestações discursivas e ideológicas também no campo visual

O foco deste texto são as imagens de um dos mais famosos protestos do movimento indígena no Brasil, realizado por Ailton Krenak durante as assembleias da Constituição Brasileira em 1987. Essa imagem é um marco para o ativismo indígena no Brasil, na cultura visual de povos indígenas, de um modo geral, assim como para a história dos movimentos sociais no Brasil. Este texto é um esboço de análise em que procuro entender como certos elementos visuais do protesto de Ailton afrontam tanto questões do autoritarismo como da branquitude.

Nesse protesto, Ailton se posicionava em resposta ao genocídio dos povos indígenas que o regime militar promoveu enquanto esteve no poder de 1964 a 1984. Vale a pena ressaltar que os discursos de desenvolvimento econômico, que continuamos vendo hoje nos governos estabelecidos após o golpe de 2016, ainda têm raízes no paradigma colonial. Até hoje elites brancas e governos autoritários entendem as terras indígenas como *terra nullius* a ser conquistada e os povos originários como empecilhos a essa conquista.

No entanto, nota-se, no final da década de 1980 e início dos anos 1990, uma intensa organização de movimentos indígenas, tanto internacionalmente quanto entre os povos indígenas brasileiros (Ramos, 1998). Algumas das imagens históricas mais importantes que ilustram os primeiros eventos de um movimento pan-indígena no Brasil datam do final da década de 1980[2], quando dezenas de ativistas indígenas de diferentes etnias invadiram o Congresso Nacional em Brasília para participar das reuniões da Assembleia Constituinte em 1987. Essas reuniões duraram vinte meses, culminando na aprovação da nova Constituição. E foi durante essas reuniões que Ailton, ainda um jovem líder indígena subiu no pódio e se dirigiu aos membros do Congresso.

Ailton vestia terno e calça brancos e gravata amarelo-clara. Sua voz soava trêmula, mas suave. Mesmo com lágrimas nos olhos, assim que começou a falar seus dedos correram por seu rosto e começaram a cobri-lo com uma tinta preta espessa, o jenipapo. Seu discurso fez parte dos protestos organizados pela recém-formada União das Nações Indígenas no Brasil (UNI), da qual Ailton foi um dos líderes. A UNI

---

2 Diferentes autores estabeleceram datas variadas para os múltiplos inícios do(s) movimento(s) indígena(s), assim como diversos títulos para defini-los. Enquanto a historiadora Poliene Bicalho (2010) defende os anos 1970, a antropóloga Alcida Ramos (1998) aponta para os anos 1950 como o "nascimento e crescimento de um movimento político pan-índio no Brasil", usando o termo pan-índio, enquanto Bicalho, escrevendo em tempos mais recentes, o atualiza para Movimento Indígena do Brasil. Aqui me refiro ao período posterior às primeiras "assembleias indígenas" regionais ocorridas na década de 1970 e promovidas inicialmente pelo Conselho Indigenista Missionário Católico (CIMI), influenciado pela Teologia da Liberação. A partir dessas reuniões, inúmeros encontros começaram a ser realizados por líderes e organizações indígenas ao longo das décadas de 1980 e 1990 até hoje. Embora se ressaltem esses períodos como marcantes na organização coletiva dos povos originários no Brasil, também é importante ressaltar que a resistência desses povos remete às lutas contra as primeiras invasões europeias no território de Abya Yala.

exigia, entre várias demandas, que os parlamentares votassem a favor de uma lei para legalizar as terras indígenas. As demandas mais importantes diziam respeito à manutenção e delimitação dessas terras e de seus recursos naturais em todo o país. Além disso, lutavam para que os povos indígenas "tivessem seu futuro garantido", que tivessem o direito de viver de acordo com seus costumes e tradições.

Portanto, podemos analisar o protesto de Ailton nas suas especificidades visuais e em relação à cultura visual daquele momento. Primeiramente, deve-se considerar que, ainda durante a ditadura, lideranças indígenas que tentaram expressar abusos contra os direitos de seus povos foram presas, assassinadas e perseguidas, mas que ao mesmo tempo a ditadura explorou a presença simbólica dos indígenas em espaços de poder. Usando um Código Civil antiquado baseado em um entendimento colonial, o regime alegava que os "índios" precisavam desesperadamente da proteção do governo para sobreviver. O protesto de Ailton se opôs a essas estratégias oriundas do regime militar.

Ao pintar o rosto com jenipapo, Ailton expandiu a dimensão simbólica de suas palavras, enfatizando o conceito de luto, e luta, para seu povo. Naquele momento, a combinação desse ato de luto à pintura corporal e ao seu traje branco, adquiriu uma nova magnitude: Ailton criou um modo de representar o pertencimento do povo indígena ao estado-nação se posicionando no centro do discurso e do poder. Pertencimento esse que até hoje é negado, se pensarmos na história de assimilação e integração forçada dos povos indígenas que continua sendo proporcionada pelo Estado. No instante em que Ailton decidiu pintar seu rosto em protesto e em luto, o traje envolveu um corpo suspendido em sua identidade. Não foi simplesmente por vestir um terno branco que Ailton representou sua alteridade, mas sim pela performance de sua identidade em resposta direta aos códigos visuais criados pela branquitude.

No contexto mais amplo do final da década de 1980, outros grupos indígenas protestaram durante a Assembleia e usaram trajes "não tradicionais" e "tradicionais" indígenas. No entanto, o uso de terno por indígenas não era apenas uma questão de preferência ou moda: ao longo da ditadura, muitos políticos se recusaram a receber lideranças indígenas, alegando a falta de "trajes adequados" desses indivíduos. Certamente, não se trata somente de regras sociais de moda ou etiqueta, mas sim da exclusão e do silenciamento de certos povos e indivíduos nos espaços de poder. Esse é apenas um pequeno detalhe que revela como as noções de pertencimento são ditadas, tendo a branquitude como centro, e então estrategicamente implantadas pelo estado-nação.

Mas o discurso de Ailton deve ser considerado além da visualidade de seu gesto, já que evoca o luto também como uma condição: um luto que falava dos séculos de etnocídio e exploração contínua dos povos indígenas. Mas este foi um estado de luto que abriu espaço para a diferença: suas palavras centraram-se nos povos indígenas como nações com autonomia sobre suas terras e costumes, mas também enfatizaram que os povos indígenas não representavam uma ameaça ao chamado desenvolvimento do país.

Através das características visuais de seu protesto, Ailton constrói um novo adorno. Ele lança mão de elementos dos vocabulários visuais da soberania branca para reivindicar um espaço para a autonomia indígena: seu traje, em combinação com o gesto de luto, tornou-se uma pele temporária, funcionando como uma pintura corporal complementar que emitia sinais muito claros para o público que ali representava o estado-nação, ou seja, para a elite branca do país, de que os povos originários têm direitos específicos de pertencimento.

Dentro desse novo adorno, podemos imaginar a figura de Ailton como aquela que obstrui a divisão entre tradição indígena e "aculturação". O traje o coloca como um ícone reconhecível da modernidade, mas também dribla os estereótipos de subordinação e obediência que a ditadura militar havia encorajado e que o governo agora tentava manter. O protesto se torna um ataque direto às figuras do sujeito branco e capitalista moderno que promovem até hoje os discursos de "integração" e aculturação dos povos indígenas na sociedade branca, apenas para posteriormente retirar-lhes os direitos às terras indígenas de seus ancestrais, principalmente para suprir os interesses da extração e exploração de recursos naturais.

Finalmente, se Ailton começa seu discurso se dizendo disposto a cumprir os protocolos do Congresso, ele imediatamente os desafia. Ele encerra seu pronunciamento implicando o público em sua atuação: "Vocês são testemunhas disso". Nesse caso, o público é também testemunha da revelação de uma ferida colonial. Ailton fala de um segredo público que não pode mais ser silenciado. E fala também de um futuro político para os povos indígenas por meio da renovação de uma tradição: seu corpo, como um local ambivalente, situa a tradição de seu povo no presente. Podemos pensar o corpo indígena, no protesto de Ailton, como um "corpo temporariamente fora do lugar", citando a expressão usada por Walter Mignolo (2011), "remapeando a ordem do conhecimento".

Sobre os múltiplos modos "de estar fora do lugar" — como a dupla consciência de W.E.B. Du Bois (1994) ou a consciência mestiça de Gloria Anzaldúa (2012) —, Mignolo diz que esses modos consistem "em diversas expressões e experiências da mesma condição de existência: a consciência da colonialidade do ser; de estar deslocado do conjunto de regulamentos [...] da modernidade. Resumidamente, da ferida colonial" (2011, p. 183) E é exatamente essa ferida que Ailton expõe ao construir um novo adorno e expor seu corpo suspenso, em luto, mas aberto à reconstrução das significações de um pertencimento indígena. As palavras de Ailton se referem tanto à ferida colonial, por meio do luto, quanto à colonialidade do ser, quando ele diz: "Os povos indígenas encharcaram com seu sangue cada um dos oito milhões de quilômetros quadrados do Brasil. Vocês são testemunhas disso".

Mignolo define os sujeitos descoloniais como "aqueles cuja consciência está dividida entre saber como alguém está sendo percebido a partir do socialmente normativo e a experiência de sua exterioridade" e conclui que "a descolonização se torna um projeto de desobediência epistêmica" (ibid., p. 183). Por meio de uma forma de desobediência, Ailton se autodenomina uma figura que transmite conhecimento indígena e que ao mesmo tempo desestabiliza epistemologias eurocêntricas, representadas ali pela Constituição e pelo estado-nação e por seus protocolos.

Falando da questão da alteridade e do reconhecimento da diferença, em "O Eterno Retorno do Encontro", Ailton afirma,

> Os nossos encontros, eles ocorrem todos os dias e vão continuar acontecendo, eu tenho a certeza, até ao terceiro milénio e, quem sabe além desse horizonte. Nós estamos tendo a oportunidade de reconhecer isso, de reconhecer que existe um roteiro de um encontro que se dá sempre, nos dá sempre a oportunidade de reconhecer o Outro, de reconhecer na diversidade e na riqueza da cultura de cada um dos nossos povos o verdadeiro património que nós temos (Krenak, 2021).

Em outras palavras, Ailton argumenta que esse embate cultural deve continuar a ocorrer indefinidamente, não até que as diferenças sejam apagadas, mas exatamente porque elas devem continuar a existir, como um espaço de construção contínua e reformulação do sujeito.

Dessa forma, acredito que possamos pensar práticas ativistas, como as de Ailton e de tantas outras lideranças não brancas no Brasil, como práticas que descentralizaram a branquitude — como identidade universal e normativa — e abriram espaços para novos centros, no caso, para o centro do pertencimento e dos saberes indígenas. Embora discursivamente esses episódios tenham sido amordaçados, houve, sim, no Brasil — no mesmo momento identificado por pensadores como Stuart Hall — um processo de retomada dos espaços visuais de poder por lideranças e grupos racializados, sempre em resistência à branquitude como expressão do autoritarismo no país.

REFERÊNCIAS

ALVAREZ, Sonia; DAGNINO, Evelyn; ESCOBAR, Arturo. The Cultural and the Political in Latin American Social Movements. In: *Cultures of Politics/Politics of Culture*: Revisioning Latin American Social Movements. Boulder, Colorado: Westview Press, 1998.

ANZALDÚA, Gloria. *Borderlands/La Frontera*: The New Mestiza. 4. ed. San Francisco: Aunt Lute Books, 2012.

ARCE, Moisés. *Resource Extraction and Protest in Peru*. Pittsburgh: University of Pittsburgh Press, 2014. Disponível em: http://public.eblib.com/choice/publicfullrecord.aspx?p=2041603. Acesso em: 20 set. 2020.

BELO MONTE Announcement of a War. Direção de André D'Elia. Produção Cinedelia. Youtube: Cinema Pedrada, 2012. Disponível em: http://youtu.be/ZoRhavupkfw. Acesso em: 20 set. 2020.

BELO MONTE Série Jornal Nacional. Youtube: WagnerOliveiraGoias, 2011. Disponível em: https://www.youtube.com/watch?v=7tm83y-GPNaw. Acesso em: 20 set. 2020.

BENTO, Maria Aparecida. "Branqueamento e Branquitude no Brasil" in CARONE, Iray -Maria Aparecida Silva, BENTO (orgs.). Psicologia Social do Racismo — Estudos Sobre Branquitude e Branqueamento no Brasil.Petrópolis, Editora Vozes, 2002. (pp. 25-58).

BICALHO, Poliene Soares dos Santos. *Protagonismo indígena no Brasil*: Movimento, Cidadania e Direitos (1970-2009). Tese (Doutorado em História Social) — Programa de Pós-Graduação em História da Universidade de Brasília, 2010.

CADENA, Marisol de la. *Earth Beings*: Ecologies of Practice across Andean Worlds. Durham: Duke University Press, 2015.

CÂMARA, João Batista Drummond. Governança Ambiental No Brasil: Ecos Do Passado. *Revista de Sociologia e Política*, v. 21, n. 46, p. 125-46, jun. 2013.

CASTRO, Eduardo Batalha Viveiros de. *A inconstância da alma selvagem e outros ensaios de antropologia*. São Paulo: Cosac & Naify, 2002.

CASTRO, Eduardo Viveiros de. *Cosmological Perspectivism in Amazonia and Elsewhere*. presented at the HAU Network of Ethnographic Theory. Manchester: HAU, 2012.

CASTRO, Eduardo Viveiros de. Os pronomes cosmológicos e o perspectivismo ameríndio. *Mana*, v. 2, o. 2, p. 115-44, out. 1996.

CLIFFORD, James. Among Histories. In: *Returns*: Becoming Indigenous in the Twenty-First Century. Cambridge: Harvard University Press, 2013.

COHN, Clarice; OLIVEIRA, João Pacheco de (org.). Belo Monte e a questão indígena. Brazilian Association of Anthropologists, 2013.

CORRÊA, Dora Shellard. Historiadores e cronistas e a paisagem da colônia Brasil. *Revista Brasileira de História*, v. 26, n. 51, p. 63-87, jun. 2006.

CUNHA, Manuela Carneiro da; SALZANO, Francisco M. (ed.). *História dos índios no Brasil*. São Paulo: Fundação de Amparo à Pesquisa do Estado de São Paulo; Companhia das Letras; Secretaria Municipal de Cultura; Prefeitura do Município de São Paulo, 1992.

DU BOIS, W. E. B. *The Souls of Black Folk*. Dover Thrift Editions. New York: Dover, 1994.

EAKIN, Emily. How Napoleon Chagnon Became Our Most Controversial Anthropologist. *New York Times Magazine*, 13 fev. 2013. Disponível em: www.nytimes.com/2013/02/17/magazine/napoleon-chagnon-americas-most-controversial-anthropologist.html. Acesso em: 20 set. 2020.

EDELMAN, Marc. Social Movements: Changing Paradigms and Forms of Politics. *Annual Review of Anthropology*, v. 30, p. 285-317, out. 2001.

FEHER, Michel (ed). *Nongovernmental Politics*. New York; Cambridge: Zone Books; MIT Press, 2007.

FETZ, Marcelo. Expedições científicas no século XIX: o universo da ciência e a diversidade cultural. *Cadernos de Campo*, n. 14, 2011. Disponível em: http://periodicos.fclar.unesp.br/cadernos/article/view/5160/4225. Acesso em: 20 set. 2020.

FLEURY, Lorena Cândido. Disputas cosmopolíticas e conflito ambiental na Amazônia brasileira, a partir da construção da Usina Hidrelétrica de Belo Monte. *Anais da Reunião de Antropologia da Ciência e Tecnologia*, v. 1, n. 1, 2014. Disponível em: http://www.ige.unicamp.br/ojs/index.php/react/article/view/1192. Acesso em: 20 set. 2020.

FLEURY, Lorena Cândido; ALMEIDA, Jalcione. A construção da Usina Hidrelétrica de Belo Monte: conflito ambiental e o dilema do desenvolvimento. *Ambiente & Sociedade*, v. 16, n. 4, p. 141-56, dez. 2013.

FRANKE, Anselm (ed.). *Animism*. Berlin; New York: Sternberg Press, 2010.

FUENTES-NIEVA, Ricardo; GALASSO, Nicholas. Working for the Few: Political capture and economic inequality. *178. Oxfam Briefing Paper*, 20 jan. 2014.

GRAHAM, Laura R.; PENNY, H. Glenn (ed.). *Performing Indigeneity*: global histories and contemporary experiences. Lincoln: University of Nebraska Press, 2014.

GRIM, John (ed.). *Indigenous Traditions and Ecology*: The Interbeing of Cosmology and Community. Religions of the World and Ecology. Cambridge: Harvard Press for the Center for the Study of World Religions, 2001.

GUATTARI, Félix. *The Three Ecologies*. Continuum Impacts. London: Continuum, 2008.

GUATTARI, Félix; ROLNIK, Suely. *Molecular Revolution in Brazil*. Los Angeles; Cambridge: Semiotext(e); MIT Press, 2008.

HALL, Stuart. Minimal Selves. In: APPIGNANESI, Lisa (ed.). *Identity*: The Real Me. Londres: ICA, 1987.

ÍNDIOS Kaiapó lutam para preservar suas terras do garimpo ilegal de ouro. *Edições Verbete*, 16 jan. 2013. Disponível em: http://verbetes.cetem.gov.br/verbetes/ExibeVerbete.aspx?verid=155. Acesso em: 5 jun. 2016.

KARARAÔ: os costumes e conquistas políticas dos índios Kayapós. *Programa Repórter*. Pará, Brazil, 1989. Disponível em: http://www.jobim.org/acervo/handle/2010.0/1259. Acesso em: 20 set. 2020.

KLEIN, Naomi. Capitalism vs. the Climate. *The Nation*, 9 nov. 2011. Disponível em: http://www.thenation.com/article/capitalism-vs-climate/. Acesso em: 20 set. 2020.

KLEIN, Naomi. *The Shock Doctrine the Rise of Disaster Capitalism.* Toronto: Vintage Canada, 2009. Disponível em: http://toronto.lib.overdrive.com/226DBF69-79AF-48E2-B538-133D4FE16FE0/10/473/en/ContentDetails.htm?ID=B48B8C20-3A1F-4DE5-B95B-26B1858C810A. Acesso em: 20 set. 2020.

KLEIN, Naomi. *This Changes Everything*: Capitalism vs. the Climate. New York: Simon & Schuster, 2014.

KOPENAWA, Davi; ALBERT, Bruce. *The Falling Sky*: Words of a Yanomami Shaman. Cambridge: The Belknap Press of Harvard University Press, 2013.

KRENAK, Ailton. *Ideias para adiar o fim do mundo*. São Paulo: Companhia das Letras, 2019.

KRENAK, Ailton. O Eterno Retorno do Encontro. *Povos Indígenas no Brasil*, 25 jan. 2021. Disponível em: https://pib.socioambiental.org/pt/O_eterno_retorno_do_encontro. Acesso em: 20 jul. 2021.

KURY, Lorelai. Scientific Travellers in Eighteenth-Century Brazil: Their Experience, Reports and Graphic Representations. *História, Ciências, Saúde-Manguinhos*, v. 8, p. 863-880, 2001.

LOPES, Fabrício Antonio; MILAGRES, Alcione Rodrigues; MUCIDA, Danielle Piuzana; MORAIS, Marcelino Santos de. Viajantes e naturalistas do século XIX: a reconstrução do antigo distrito diamantino na literatura de viagem/Travelers and Naturalists of the 19 Th Century: The Reconstruction of the Old Diamantino District in the Literature of Travels. *Caderno de Geografia*, v. 21, o. 36, p. 66-86, 2011.

MCLAGAN, Meg; MCKEE, Yates (ed.). *Sensible Politics*: The Visual Culture of Nongovernmental Activism. New York; Cambridge: Zone Books; MIT Press, 2012.

MIGNOLO, Walter. *The Darker Side of Western Modernity*: Global Futures, Decolonial Options, Latin America Otherwise: Languages, Empires, Nations Durham: Duke University Press, 2011.

MISKOLCI, Richard. O desejo da nação: masculinidade e branquitude no Brasil de fins do XIX. São Paulo, Editora Annablume, 2012.

MUNDURUKU, Daniel. *O banquete dos deuses*: conversa sobre a origem e a cultura brasileira. São Paulo: Global Editora, 2009.

NIXON, Rob. *Slow Violence and the Environmentalism of the Poor*. Harvard University Press, 2011.

PARDINI, Patrick. Nature and Culture in Amazonian Landscape: A Photographic Experience Echoing Amerindian Cosmology and Historical Ecology. *Boletim do Museu Paraense Emílio Goeldi. Ciências Humanas*, Belém, v. 7, n. 2, p. 589-603, maio/ago. 2012.

PINHO, Patricia de Santana. *"A casa grande surta quando a senzala aprende a ler"*: resistência antirracista e o desvendamento da branquitude injuriada no Brasil. *CONFLUENZE* Vol. XIII, No. 1, 2021, pp.32-55, ISSN 2036-0967, DOI: https://doi.org/10.6092/issn.2036-0967/13085, Dipartimento di Lingue,Letterature e CultureModerne, Università di Bologna.

PINHO, Patricia de Santana. White but not Quite: Tones and Overtones of Whiteness in Brazil. *Small Axe: A Caribbean Journal of Criticism*, 29 (13/2), pp. 39-56, 2009.

PINHO, Patricia de Santana. The Dirty Body that Cleans: Representations of Domestic Workers in Brazilian Common Sense. *Meridians*,13 (1), pp. 103-128, 2015.

PINHO, Patricia de Santana. Whiteness Has Come Out of the Closet and Intensified Brazil's Reactionary Wave. In: JUNGE, Benjamin; Sean, MITCHELL; Alvaro, JARRÍN; Lucia, CANTERO (orgs.). *Precarious democracy*: ethnographies of hope, despair and resistance in Brazil. New Brunswick, Rutgers University Press, 2021 (No prelo).

PINHO, Patricia de Santana; SILVA, Elizabeth. Domestic relations in Brazil: legacies and horizons. *Latin American Research Review*,45 (2), pp. 90-113, 2010.

POSEY, Darrell Addison; PLENDERLEITH, Kristina. *Kayapó Ethnoecology and Culture*. Studies in Environmental Anthropology. London; New York: Routledge, 2002.

POVINELLI, Elizabeth A. *The Cunning of Recognition*: Indigenous Alterities and the Making of Australian Multiculturalism. Politics, History, and Culture. Durham: Duke University Press, 2002.

RABBEN, Linda. *Brazil's Indians and the Onslaught of Civilization*: The Yanomami and the Kayapó. Seattle: University of Washington Press, 2004.

RAMOS, Alcida Rita. *Indigenism*: Ethnic Politics in Brazil. Madison: University of Wisconsin Press, 1998.

SANTOS, Leinad Ayer O.; ANDRADE, Lúcia M. M. de (ed.). *Hydroelectric Dams on Brazil's Xingu River and Indigenous Peoples*. Cambridge; São Paulo: Cultural Survival; Pro-Indian Commission of São Paulo, 1990.

SHIVA, Vandana; CHRISTOV-BAKARGIEV, Carolyn. *The Corporate Control of Life*. 100 Notes, 100 Thoughts: Documenta Series 12 and 13. Ostfildern: Hatje Cantz, 2011.

SMITH, Terry; ENWEZOR, Okwui; CONDEE, Nancy (ed.). *Antinomies of Art and Culture*: Modernity, Postmodernity, Contemporaneity. Durham: Duke Univ. Press, 2008.

SOVIK, Liv. *Aqui ninguém é branco*. Rio de Janeiro, Aeroplano, 2009.

STANG, Carla. *A Walk to the River in Amazonia*: Ordinary Reality for the Mehinaku Indians. New York: Berghahn Books, 2009.

STEPHEN, Lynn. *We Are the Face of Oaxaca:* Testimony and Social Movements. Durham: Duke University Press, 2013.

SVAMPA, Maristella. Protesta, Movimientos Sociales y Dimensiones de la acción colectiva en América Latina. In: Jornadas de Homenaje a C.Tilly, Universidad Complutense de Madrid-Fundación Carolina, 7-9 maio 2009. Disponível em: http://maristellasvampa.net/archivos/ensayo57.pdf.

SZTUTMAN, Renato. Metamorfoses Do Contra-Estado. Pierre Clastres E as Políticas Ameríndias." *Ponto Urbe. Revista Do Núcleo de Antropologia Urbana Da USP*, o. 13, 2013. Disponível em: http://pontourbe.revues.org/893.

TAFT, Jessica K. We Are Not the Future: Claiming Youth Authority. In: *Rebel Girls*: Youth Activism and Social Change across the Americas. New York: New York University Press, 2011.

VANZOLINI, Paulo E. A contribuição zoológica dos primeiros naturalistas viajantes no Brasil." *Revista USP*, o. 30, p. 190-238, 1996.

VILLAS BÔAS, Orlando. *A arte dos pajés: impressões sobre o universo espiritual do índio xinguano*. São Paulo: Editora Globo, 2000.

VILLAS BÔAS, Orlando; VILLAS BÔAS, Cláudio. *Xingu*: The Indians, Their Myths. New York: Farrar, Straus and Giroux, 1973.

VIVEIROS DE CASTRO, Eduardo. *Cannibal Metaphysics*. 1. ed. Minneapolis: Univocal Pub, 2014.

VIVEIROS DE CASTRO, Eduardo; ANDRADE, Lúcia de. Xingu Hydroelectrics: The State Versus Indigenous Societies. In: SANTOS, Leinad Ayer O.; ANDRADE, Lúcia M. M. de (ed.). *Hydroelectric Dams on Brazil's Xingu River and Indigenous Peoples*. Cambridge; São Paulo: Cultural Survival; Pro-Indian Commission of São Paulo, 1990.

ZIBECHI, Raúl. *Territories in Resistance*: A Cartography of Latin American Social Movements. Oakland: AK Press, 2012.

“Notas sobre uma exposição de Pintura”: o pintor Pinho e os quadros do Arquivo e Núcleo Museológico da Direção-Geral de Reinserção e Serviços Prisionais de Lisboa

VIVIANE BORGES

Notas introdutórias de uma pesquisa em curso

Em 12 de fevereiro de 2019, iniciei a pesquisa no Arquivo Histórico da Direção-Geral de Reinserção e Serviços Prisionais, que funciona junto ao Equipamento Prisional de Lisboa (EPL), em Portugal. A pesquisa estava ligada a meu projeto de pós-doutorado, realizado no Centro de Estudos Sociais da Universidade de Coimbra, centrada no tema patrimônio prisional, ou “patrimônio carcerário”.

Para além das edificações, muitas vezes monumentais e imponentes, como no caso da Penitenciária de Lisboa, instituída como patrimônio de interesse público desde 2012[1], a discussão sobre essa categoria patrimonial volta-se aos acervos e às expressões de (e sobre) seres humanos em diferentes situações de privação de liberdade: presos da repressão política, presos comuns, jovens abandonados, desfavorecidos e/ou em conflito com a lei etc. (Borges; Santos, 2020). Nesse sentido, me interessa saber sobre os vestígios deixados sentenciados ao longo dos anos, parte deles salvaguardados por arquivos e museus, como o de Lisboa.

1 Monumento de Interesse Público. Portaria nº 740-AZ /2012, DR, 2.ª série, nº 248, de 24 dezembro 2012.

As existências obscuras que permeiam os acervos prisionais foram atravessadas pela experiência institucional. Os candidatos a essas instituições de sequestro (Foucault, 2008) podem ser o que Foucault denominou *homens infames*, "vidas de algumas linhas ou de algumas páginas, desventuras e aventuras sem nome, juntadas em um punhado de palavras" (2010, p. 201). Mas nem por isso, uma vez inseridos nessas instituições de controle, escapam de um escrutínio, de um registro, que muitas vezes permitiu que registros e apelos fossem apreendidos de forma híbrida em meio aos arquivos institucionais.

Foucault, em seu celebre texto "A vida dos homens infames", trás alguns dos desafios e sentidos impostos ao pesquisador que se aventura a pensar sobre "vidas breves, encontradas por acaso em livros e documentos" (2010, p. 203). A vontade de restituir sua intensidade em uma análise, e a sensação de impossibilidade de restituir a vibração destas fontes, o levaram a optar pela compilação, pela citação em sua aridez. A análise, por algum tempo remoída, foi externada no referido texto, voltado a essas "existências-relâmpagos", pautada por alguns critérios estabelecidos pelo autor: que os personagens tivessem de fato existido, que suas existências tivessem sido ao mesmo tempo obscuras e desventuradas, que fossem contadas de forma breve em algumas páginas, que tivessem feito parte de suas desgraças, raiva ou loucura e, por fim, "que do choque dessas palavras e dessas vidas nascesse para nós, ainda, um certo efeito misto de beleza e terror" (Foucault, 2010, p. 206).

Esse misto de beleza e terror perpassa o acervo da Direção-Geral de Reinserção e Serviços Prisionais, que guarda registros fundamentais para a organização e o funcionamento diário das instituições penais ao longo dos anos, e que permitem que o testemunho de existências incômodas chegue aos pesquisadores hoje. O lugar guarda um rico acervo que remonta ao século XVIII, constituído pelos fundos documentais das extintas Direção-Geral dos Serviços Prisionais, Direção-Geral dos Serviços Tutelares de Menores e Direção-Geral da Reinserção Social. São cerca de 30 quilômetros lineares de documentos e fotografias procedentes dos estabelecimentos prisionais e centros educativos de todo o país. Fora isso, existe ainda o núcleo museológico, que inclui objetos variados, como esculturas, mobiliários, pinturas, desenhos, quadros, uniformes, armas, algemas, instrumentos de fotografia e de cinema, objetos ilícitos apreendidos, maquetes, instrumentos musicais, instrumentos científicos de medição antropométrica etc. No acervo há cerca de 80 quadros, alguns deles carentes de estudo e inventariação. Existem várias obras anônimas, não identificadas ou com informações lacunares.

Foi dentro da miríade de possibilidades de pesquisa que a incursão nesse acervo permite que tive contato com os quadros que fazem parte da coleção "O destino do rapaz da rua". É deles que parte a reflexão aqui proposta, é sobre eles e seu pintor que tratam estas primeiras sistematizações a respeito de uma pesquisa ainda em curso que visa tecer uma biografia a partir de um acervo prisional[2].

Uma trama em curso

> Usa pseudônimo Pinho, mas chama-se José Joaquim de Almeida, tem 54 anos, bem como arraiais antigos no Porto. Tocou-o profundamente uma infância atormentada de incertezas, bem como o buril de uma juventude entusiasmada pelo fenómeno artístico, com a inevitável frequência das academias livres parisienses (Galeria,1981).

---

2 Encontra-se no prelo um livro que traz ao público pela primeira vez os 20 quadros de Pinho salvaguardados pelo Arquivo Histórico da Penitenciária de Lisboa. Uma publicação com design contemporâneo e arrojado, mostrando detalhes das obras, acompanhado de um texto biográfico de minha autoria. O livro institui o artista, tira os quadros do esquecimento do arquivo e os torna acessíveis para um público mais amplo. Produzido pela Agência Manicómio, coordenada pelo artista plástico e diretor artístico português Sandro Resende, um projeto voltado ao trabalho com pessoas que tiveram suas vidas atravessadas pela experiência de internamento psiquiátrico, a publicação ajuda a problematizar a capacidade artística como elemento de subjetivação que transcende o lugar institucional.

O trecho, datado de 26 de outubro de 1981, é de um jornal do início dos anos 1980 e foi cuidadosamente recortado e colado em um livro de recordações de capa dura, junto com outras várias reportagens e notas sobre exposições entre os anos 1950 e 1990. Não é possível identificar esse Jornal, pois o recorte centrou apenas na notícia, mas em outros momentos é possível identificar algum periódico local, da cidade do Porto. A matéria em questão trata da gestão das obras que compõem a coleção "O destino do rapaz da rua", anunciando que o pintor, Pinho, estava preparando uma nova exposição que destoava do restante de sua obra, marcada, até então, por retratos, paisagens e natureza morta. Em 16 de outubro de 1981, o Jornal *Estúdio NT* divulgava que os dois quadros apresentados naquele momento anunciavam, portanto, uma nova fase, da leveza anterior para certa agressividade: "agridem quem vê. A temática escolhida, também ela, tem uma força difícil de não penetrar. É a sua própria juventude, com sua luta e recalcamentos" (Galeria, 1981).

Os vários recortes de jornal foram guardados por Dona Henriqueta Ferreira, viúva do pintor, e chegaram até mim no desenrolar da pesquisa iniciada em 2019, junto com uma profusão de fontes variadas: fotografias, textos, quadros e objetos ligados a Pinho, José Joaquim de Almeida. O artista chamou de "O destino do rapaz da rua" a coleção de 20 quadros que retratam sua experiência pessoal, mostrando a vida das crianças e jovens enviados a Reformatórios e Centros Educativos portugueses entre as décadas de 1930 e 1940. A coleção faz parte do espólio do Arquivo e Núcleo Museológico da Direção-Geral de Reinserção e Serviços Prisionais, que funciona junto ao Equipamento Prisional de Lisboa, onde realizei boa parte da minha investigação de pós-doutorado[3]. Ao exumar o Arquivo-Museu e seu rico acervo, me deparei com as obras do autor, que era, até então, desconhecido.

[3] Meu estágio de pós-doutoral foi realizado no ano de 2019, no Centro de Estudos Sociais da Universidade de Coimbra, e tratou do patrimônio prisional: *Patrimônio carcerário*: interseções entre Brasil e Portugal (1960 — ao Tempo Presente).

Em 1981, Pinho, que já contava com certo reconhecimento artístico, marcado pela experiência em "academias parisienses", avisava que seu novo trabalho seria composto por 15 quadros, compondo uma reconfiguração em sua carreira, com a escolha de uma temática controversa. Ao final foram 20 quadros, pintados ao longo de uma década, em um processo catártico de reencontro com a infância traumática. A obra transita entre o pessoal e o coletivo, possibilitando um olhar interpretativo e crítico em relação à experiência institucional, ajudando a problematizar as questões sensíveis que essa situação implica.

IMAGEM 1: Pinho. Acervo da família. Década de 1950.

Rua Santos Pousada

Era início da tarde de uma quinta-feira ensolarada do mês de junho de 2019. Desci na histórica estação São Bento e fui caminhando pelas ruas do Porto até o meu destino, a Rua Santos Pousada. Andei devagar, repassando as perguntas que havia estruturado e ansiosa em desvendar o mistério dos quadros e do pintor. Bairro residencial, vida pulsando no comércio local e nas padarias, poucos turistas, muitos moradores.

Parei em frente a uma casa azulejada, único exemplar dessa arquitetura singular portuguesa na rua movimentada, em meio a prédios e casas mais contemporâneas, respirei fundo e toquei a campainha.

IMAGEM 2: Azulejos da fachada da Casa-Atelier. Acervo pessoal. 2019.

Pinho nasceu em 1927 na Praia da Granja, em Vila Nova de Gaia. A infância vivida em diferentes reformatórios[4] motivou os quadros, pintados depois dos 50 anos de idade, um trabalho de memória, sem modelos, que durou quase uma década. Em 1993, meses antes de falecer, os quadros foram incorporados ao espólio do Instituto de Reinserção Social português, por decisão do próprio artista, já debilitado pelo câncer. Em 2014, depois de anos perambulando por diferentes instituições ligadas ao sistema prisional, as obras passaram a fazer parte do acervo do então recém-inaugurado Arquivo Histórico da Direção-Geral de Reinserção e Serviços Prisionais , em Lisboa.

[4] A passagem do pintor pelo Colégio dos Carvalhos, pela Tutoria de Menores do Porto e pelo Reformatório de Santa Clara motivou os quadros depositados no Arquivo-Museu da Penitenciária.

IMAGEM 3: A venda da ração de pão. Coleção "O destino do rapaz da rua". Arquivo Histórico da Direção-Geral de Reinserção e Serviços Prisionais.

Esse breve parágrafo, carregado de estabilidade e certezas, demorou mais de um ano para ser construído[5]. A linearidade e a coerência dos fatos encadeados para debruar uma existência não dão conta dos caminhos da pesquisa, permeados por incertezas, encontros e desencontros. A pesquisa iniciada em fevereiro de 2019 no Arquivo e Núcleo Museológico da Direção-Geral de Reinserção e Serviços Prisionais havia tomado um rumo inesperado, e eu me encontrava em outro país

5 As informações aqui sistematizadas são fundamentadas principalmente por entrevistas e pelos escritos deixados por Pinho, todos citados nas referências bibliográficas.

empenhada em descobrir indícios sobre um pintor desconhecido. Os 20 quadros assinados por Pinho estavam na reserva técnica da instituição, e assim que me deparei com eles fui tomada por pela vontade de saber mais sobre o pintor. As vidas desviantes sempre atravessaram minhas pesquisas, marcadas por existências que ajudam a desestabilizar o excesso de coerência do discurso histórico. Pinho certamente foi um dos desafios mais instigantes.

IMAGEM 4: O castigo. Coleção "O destino do rapaz da rua". Arquivo Histórico da Direção-Geral de Reinserção e Serviços Prisionais.

IMAGEM 5: O regresso. Coleção "O destino do rapaz da rua". Arquivo Histórico da Direção-Geral de Reinserção e Serviços Prisionais.

Quando dei início à pesquisa, pouco se sabia sobre os quadros e o pintor. Ele assinou e datou as obras como "Pinho". E todos os quadros são da década de 1990. O resto era uma série de informações desencontradas que tornavam o personagem ainda mais instigante. A pesquisa na internet, caminho mais imediato, não teve sucesso. Não existia nenhuma informação online sobre ele, nenhum verbete no *Wikipédia*, nada. A personagem era uma ausência, e em muitos momentos me senti desterrada nessa busca inusitada. As conversas com funcionários do Arquivo levantaram os primeiros indícios, os fios que conduziram à diferentes pessoas e instituições que tiveram seu caminho cruzado pelo artista, até por fim chegar a sua família, naquele primeiro de muitos encontros, na Rua Santos Pousada.

Os quadros mostram a vida em confinamento: as grades, os guardas, os uniformes, as cabeças raspadas, o refeitório, o sofrimento, a punição, as práticas institucionais. Meninos uniformizados, despersonalizados. Mas, em quase todos os quadros, invariavelmente, havia um deles que sutilmente destoava pelos lápis coloridos trazidos no bolso do uniforme azul. Os 20 quadros foram pintados entre os 55 e os 64 anos do artista. Logo descobri que, na verdade, havia 21 quadros — uma das obras permaneceu com a família. Pinho é o sobrenome do pai desconhecido, que José de Almeida não carregava oficialmente, mas que adotou voluntariamente como nome artístico. Sua mãe e seu pai ainda namoravam quando o pai se mudou para os Estados Unidos, antes de saber da gravidez, e desde então perderam o contato. O romance entre seus pais é um capítulo à parte que deixou uma série de cerca de 20 cartas trocadas entre o casal, marcadas por saudades e declarações de amor. Mas o fato é que ele nunca assumiu o filho. As condições financeiras da jovem mãe solteira a levaram, então, a colocar José em uma instituição para menores. Mas ela não o abandonou, seguiu em contato, e foi ele quem a amparou na velhice. Quando a mãe falece, em 1985, Pinho levou as cartas para sua casa.

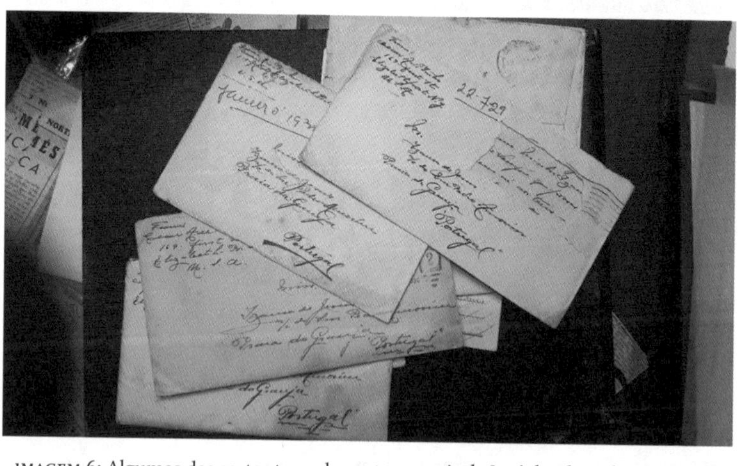

IMAGEM 6: Algumas das cartas trocadas entre os pais de José de Almeida. Acervo da família.

IMAGEM 7: Filha. Década de 1980. Acervo da família.

IMAGEM 8: Retrato da esposa e Autorretrato. Década de 1970.
Acervo da família.

Pinho era um "rapaz da rua", apreendido por instituições dos 6 aos 14 anos, marcado por uma experiência que poderia conduzi-lo à marginalização, como ele mesmo narra. A partir dos quadros e das histórias que ouvi no Arquivo, criei determinada imagem do pintor que se aproxima do que ele mesmo descreve nos textos que deixou, alguém marginalizado, sombrio. Mas esse não parece ter sido seu destino. Ele é descrito pela família e pelos amigos como alguém bem-humorado, que falava com naturalidade dessa experiência. Trabalhou em publicidade, artes gráficas (serigrafia) e decoração (de montras e montagem de stands na Feira Internacional de Lisboa). O Atelier Pinho, uma empresa individual, era muito requisitado por grandes empresas da época[6]. Pinho não frequentou a academia, tampouco os grandes salões de pintura, e chegou a ser aluno de uma escola técnica de pintura, a Faria Guimarães, em regime noturno, depois de sair do emprego. Nunca viveu da pintura, mas pintou paisagens, retratos, natureza morta, realizou exposições individuais em diversas cidades do país e participou em várias exposições coletivas. O Ateneu Comercial do Porto foi um dos locais onde mais vezes expôs. Era membro dos Artistas/Pintores de Gaia da Casa-Museu Teixeira Lopes. Tinha medo de andar de avião, mas viajava muito. Todos os anos levava a família para uma semana em Paris, para visitar museus e se atualizar sobre pintura. Dentro do carro, carregava sempre telas e tintas para poder pintar quando desse vontade. Era um esportista, tendo destaque no Remo, esporte em que foi campeão nacional por várias vezes na classe de Shell 8 e Skiff pelo Sport Club do Porto. No clube, recebeu a Medalha de Honra e dirigiu a seção de Remo durante vários anos. Casou-se aos 29 anos, teve dois filhos e uma filha. Foi um dos fundadores da União-Obra de Auxílio e Recuperação aos Ex-Reclusos e suas Famílias, uma entidade filantrópica cristã que auxiliava na reinserção social de pessoas com passagem por espaços de reclusão.

6 Um dos clientes era a empresa Bayer.

IMAGEM 9: José no Remo. O último no barco (primeiro à direita).

Na Casa-Atelier, onde a viúva ainda reside, existem muitos quadros e fotografias, uma coleção variada em temas e cores. Lá fui surpreendida por um quadro remanescente da exposição "O destino do rapaz da rua". Três meninos descalços, uniformizados e de cabeças raspadas espreitam do alto de uma escadaria, como se aquelas memórias da infância teimassem em se fazerem presentes. Além de pintar, ele fotografava. Uma profusão de fotografias em preto & branco, de paisagens e retratos, tiradas com sua *Rolleiflex*, hoje são objeto de memória cuidadosamente colocado na sala, perto da lareira, junto com o cachimbo que ele mantinha, apesar de não fumar, pois achava elegante. Para além das fotografias artísticas, a família guarda muitas fotografias pessoais em que cenas familiares e alegres dividem espaço com imagens do pintor em plena atividade no seu atelier, no remo ou, elegantemente vestido, perambulando pelas ruas do Porto. Em uma de minhas incursões, pude visitar o atelier, que fica na antiga cave. O lugar está como ele deixou, e a viúva, Dona Henriqueta, permite que limpem, mas não tira da ordem os pincéis, as tintas, o chapéu de palha pendurado ao lado do cavalete e a última tela inacabada. É como se ele fosse sentar-se a pintar a qualquer momento.

IMAGEM 10: Capa do cartaz-convite para a exposição "O destino do rapaz da rua", em 1990, na Casa do Infante no Porto. O quadro é o único da coleção que ainda pertence a família.

IMAGENS 11 E 12: A *Rolleiflex* e o cachimbo. Objetos exibidos na sala de estar da família Almeida.

IMAGENS 13 e 14: Tintas, pincéis, cavalete, chapéu de palha e o quadro inacabado. Objetos ainda presentes no atelier. Acervo da família.

Nas conversas que permearam os dias de pesquisa no Arquivo-Museu, no caminho que precedeu ao contato com a família, fui informada que em 2014, ano em que as obras chegaram à reserva técnica, uma senhora havia feito contato para que seu pai visitasse a instituição, com o intuito de ver especificamente as obras do pintor Pinho. O pai, um senhor já bem idoso, teria sido colega do pintor em uma das instituições de menores pelas quais passou. Apesar do desejo e da autorização dada, a visita nunca se efetivou. Por sorte, o e-mail foi impresso e estava arquivado, então pude contactar o senhor Antônio Fernando, contemporâneo de Pinho na Tutoria de Menores do Porto. Ele e o artista haviam se reencontrado em 1990 na Casa do Infante, no Porto, onde o artista realizou a exposição "O destino do rapaz da rua". Antônio Fernando lembrava-se da emoção que sentiu ao ver os quadros que retratam os lugares por onde ele também havia passado e fez questão de mostrar a dedicatória escrita por Pinho em um folder da exposição que ele guarda até hoje: "Haverá alguém que seja capaz de falar desta exposição que nós?"

Seguindo essas pistas, entrei em contato com a Casa do Infante, no Porto, onde localizei um pequeno catálogo (1990) que indicava o local da sua residência/atelier, além de alguns de textos em que Pinho explica os 20 quadros e suas motivações para criá-los:

> Os que viveram uma infância dentro de muros continuam sempre fugindo, sempre sós na multidão, quase sempre incompreendidos, pragmáticos, podendo até tornar-se facilmente marginais. [...]
>
> Tudo acabou por ser um tema apaixonante e que motivou esta exposição. E como não podia deixar de ser, todo este trabalho foi executado sem modelos, servindo apenas e só aqueles que a memória reteve — "Figuras lembradas de olhos fechados até o sofrimento". Estas imagens rolaram dentro de mim durante 50 anos [...].
>
> Esta amostra é o resultado do trabalho de 9 anos. Dedicação total e isolamento, afastado das galerias de arte e suas exposições. Nove anos de sofrimento junto ao cavalete, mas valeu a pena!

> Vinte quadros de 1x1m (10 óleos e 10 desenhos a carvão) relatam como viviam crianças de pouca sorte, dos 6 aos 18 anos (Arquivo, 1990).

Os textos apontam os caminhos da exposição, a ordem em que as obras deveriam ser exibidas e os nove anos de trabalho, dedicação e sofrimento. Exprimem as motivações do artista, a angústia colocada para fora através da pintura. Dizem respeito a um momento de catarse, "uma espécie de exorcismo para fazer as pazes com o passado", conforme posteriormente apontou sua filha. Uma experiência de confinamento transformada em arte por meio de memórias retidas de um passado que não passou, que rolou dentro do artista durante toda sua existência.

Esses registos são tomados enquanto antibiografias (Arfuch, 2012), entendidos a partir do amplo território da experimentação artística, salientando seu caráter híbrido e resistente a catalogações, considerados em sua singularidade. Sua trajetória está sendo apreendida a partir desses rastros que misturam o pessoal e o coletivo, que trazem uma vontade de colocar-se para fora, mas sem uma pretensão de totalidade. Traços de uma existência fragmentar que possibilita um olhar interpretativo e crítico em relação às vidas atravessadas pela experiência institucional.

A breve descrição da trajetória do pintor já justificaria uma biografia: homem e obra esquecidos, um percurso instigante que mereceria ser resgatado do obscurantismo pela relevância de suas experiências pessoais, pelas questões que trazem a respeito da memória e da autobiografia, pensando o sentido e o papel das ações individuais na história. Para além disso, desejo compreender a experiência de Pinho em sua historicidade e em sua relação (e imersão) com o patrimônio prisional, tecendo os caminhos para identificação de sujeitos anônimos e esquecidos cujas obras e outros vestígios compõem grande parte dos acervos penitenciários.

O fio condutor para pensar essa trama serão os quadros, problematizando as relações estabelecidas por eles entre diferentes sujeitos, desde questões pessoais até os limites e possibilidades dos acervos ligados às prisões. Os quadros são objetos biográficos (Bosi, 2018), representam uma experiência vivida, sugerem uma continuidade da sua existência ao serem instituídos como espólio de um espaço de memória. São experiências visuais, não são acessos imediatos a sua experiência nos reformatórios, mas permitem compreender como o artista procurou entrelaçar a história institucional a sua própria história.

Os eventos aqui trazidos são impostos por fontes variadas: fotografias pessoais e artísticas, obras de arte, quadros, pinturas, esboços, anotações de campo, escritos pessoais, cartas, entrevistas de história oral, documentos oficiais (ligados principalmente à Direção-Geral dos Serviços Tutelares de Menores e Direção-Geral da Reinserção Social), reportagens, catálogos de exposições e textos autobiográficos.

Logo que iniciei a pesquisa, sonhei que Pinho me guiava através de um labirinto de quadros e esculturas, dizendo que me mostraria tudo. Meu interesse por histórias de vida sempre me levou a pensar nas ilusões pelas quais somos envoltos quando nos aventuramos a dizer uma vida. Pinho nunca poderá me dizer "tudo", nem tenho a pretensão (ou ilusão) de fazê-lo, mas os vestígios por ele deixados ajudam a tecer sua existência. Já havia percorrido caminho semelhante em diversos momentos da minha trajetória como pesquisadora. Pinho é silêncio, nada a seu respeito foi publicado até o momento. Ao apresentar uma comunicação sobre ele em evento realizado em Paris, em setembro de 2019[7], e ao finalizar este texto e outros que se desprendem da pesquisa, instituo um discurso fundador, carregando a alegria, o desafio e o peso da (re) descoberta de uma das muitas vidas que insistem em deixar rastros nos arquivos e reservas das instituições de confinamento.

Certamente não haverá ninguém capaz de falar do destino do rapaz da rua que aqueles diretamente afetados pela experiência de confinamento, mas me atrevi a dizer sobre uma vida, sobre a potência de criações desconhecidas, abrindo criador e criaturas para possíveis outras narrativas, tornando presente uma ausência, dando um novo destino ao rapaz da rua.

---

7 Apresentei a comunicação "José Pinho e tantos outros anônimos, exumando objetos marginais: observações sobre o patrimônio prisional no Brasil e em Portugal", no II Congresso da Associação de Brasilianistas na Europa (ABRE), realizado na École des Hautes Études en Sciences Sociales (EHESS), ocorrido de 18 a 21 de setembro de 2019.

REFERÊNCIAS

ALMEIDA, Maria Elisabete Ferreira de. [Depoimento a Viviane Borges]. Jun. 2019.

ALVEZ, Antônio Fernando. [Depoimento a Viviane Borges]. Abr. 2019.

ARFUCH, Leonor. Antibiografias? In: SOUZA, Eneida Maria de; TOLENTINO, Eliana da C.; MARTINS, Anderson B. (org.). *O futuro do presente*: arquivo, gênero e discurso. Belo Horizonte: Editora UFMG, 2012. p. 13-27.

ARQUIVO Histórico Municipal do Porto (Casa do infante). Pinho. Exposição de Pintura,. 9 a 25 mar. 1990.

BORGES, Viviane. Memória pública e patrimônio prisional: questões do tempo presente. *Tempo e Argumento*, Florianópolis, v. 10, n. 23, p. 310-332, jan./mar. 2018.

BORGES, Viviane; SANTOS, Myrian Sepúlveda dos. O patrimônio prisional: estética do sofrimento, fetiche e reflexão. *Revista Luso-brasileira e Artes e Cultura*, Porto, v. 2, n. 1, p. 82-97, 2019.

BORGES, Viviane;.SANTOS, Myrian Sepúlveda dos. Patrimônio prisional. In: CARVALHO, Aline; MENEGUELLO, Cristina (org.). *Dicionário Temático de patrimônio.* Debates Contemporâneos. São Paulo: Editora Unicamp, 2020.

BOSI, Ecléa. *O tempo vivi da memória*. Ensaios de psicologia social. São Paulo: Atelier Editorial, 2018.

FERREIRA, Henriqueta Glória de Almeida. [Depoimento a Viviane Borges]. Jun. 2019.

FOUCAULT, Michel. *Segurança, território e população*. São Paulo: Martins Fontes, 2008.

FOUCAULT, Michel. A vida dos homens infames. In: *Ditos e escritos IV*. Rio de Janeiro: Forense Universitária, 2010. p. 203-222.

FOUCAULT, Michel. *A verdade e as formas jurídicas*. Rio de janeiro: Nau, 2013.

GALERIA de Arte Capitel. Pinho. Livro de recordações, out. 1981.

PEREIRA, Miranda. [Depoimento a Viviane Borges]. Abr. 2019.

Ensaio visual "Moscouzinho", "Postcards from Brazil: cicatrizes da paisagem" e "Cartas Náuticas"

GILVAN BARRETO

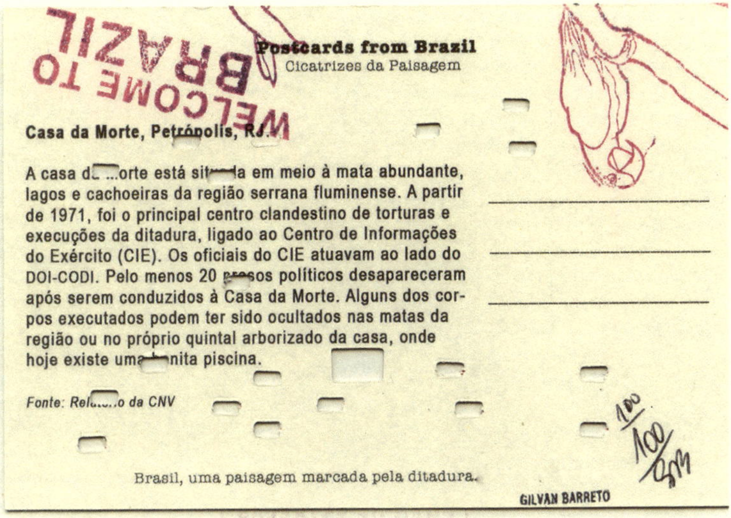
WELCOME TO BRAZIL
Postcards from Brazil
Cicatrizes da Paisagem
Casa da Morte, Petrópolis, RJ.
A casa d orte está sit a em meio à mata abundante, lagos e cachoeiras da região serrana fluminense. A partir de 1971, foi o principal centro clandestino de torturas e execuções da ditadura, ligado ao Centro de Informações do Exército (CIE). Os oficiais do CIE atuavam ao lado do DOI-CODI. Pelo menos 20 sos políticos desapareceram após serem conduzidos à Casa da Morte. Alguns dos corpos executados podem ter sido ocultados nas matas da região ou no próprio quintal arborizado da casa, onde hoje existe uma nita piscina.
Fonte: Rel o da CNV
Brasil, uma paisagem marcada pela ditadura.
GILVAN BARRETO
100/100

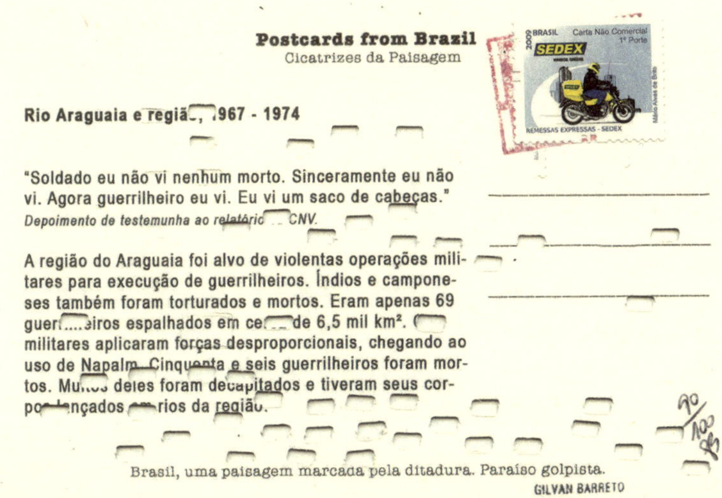
Postcards from Brazil
Cicatrizes da Paisagem
BRASIL 2009 Carta Não Comercial 1º Porte
SEDEX
REMESSAS EXPRESSAS - SEDEX
Rio Araguaia e regiã 967 - 1974
"Soldado eu não vi nenhum morto. Sinceramente eu não vi. Agora guerrilheiro eu vi. Eu vi um saco de cabeças."
Depoimento de testemunha ao relatóric CNV.
A região do Araguaia foi alvo de violentas operações militares para execução de guerrilheiros. Índios e camponeses também foram torturados e mortos. Eram apenas 69 guer eiros espalhados em ce de 6,5 mil km². militares aplicaram forças desproporcionais, chegando ao uso de Napalm. Cinq ta e seis guerrilheiros foram mortos. Mu deles foram decapitados e tiveram seus corp nçados rios da região.
Brasil, uma paisagem marcada pela ditadura. Paraíso golpista.
GILVAN BARRETO
90/100

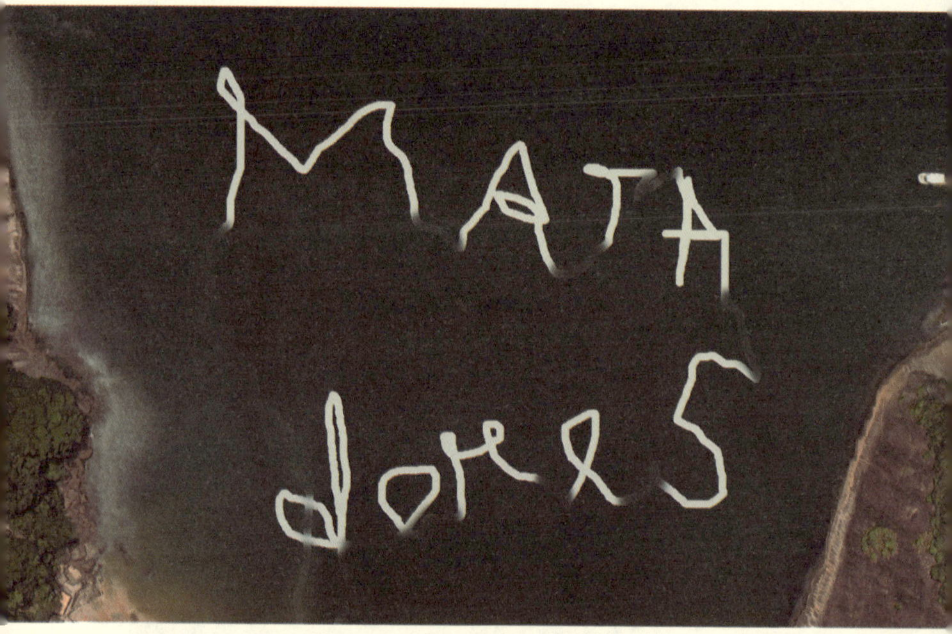
MATA
dores

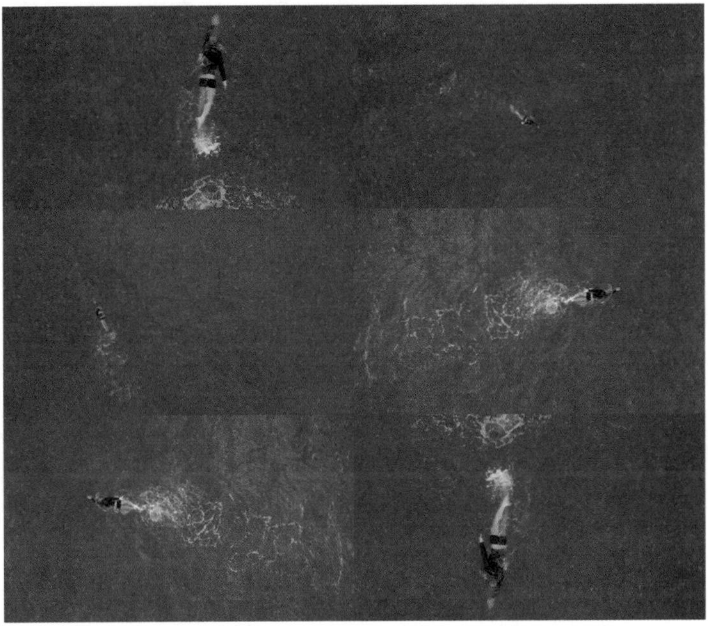

PARTE IV

Memória coletiva, revisões e políticas antirracistas

Os textos reunidos nesta seção apontam para três pontos que podem ser analisados de forma separada, mas que se interconectam na organização das políticas voltadas para as memórias coletivas. O primeiro ponto é a construção de uma agenda que reconhece a necessidade de políticas no campo da memória, visando à redução de desigualdades. Essa agenda é fruto de intenso debate na esfera pública, capitaneada por movimentos sociais, intelectuais e agentes de Estado, na crítica e revisão das políticas para a memória. O segundo ponto é a capacidade das comunidades (re)produzirem memórias para além das chamadas memórias oficiais. Poderíamos compreendê-las, ainda que com diferentes matizes, como memórias contra-hegemônicas, memórias subterrâneas ou contradiscursos. O terceiro ponto é a organização da memória coletiva, que se dá em meio a um jogo, nem sempre justo, de uma modernidade que tudo engloba, mas de diferentes maneiras e com diferentes lugares. Esse jogo, que, usando as palavras de Anthony Giddens, poderíamos chamar de encaixes e desencaixes, organiza as memórias em determinada gramática de atuação na esfera pública. Esses lugares precisam ser lidos dentro do processo colonial de longa duração de construção do imaginário da modernidade. Mas também precisam ser reconhecidos pela capacidade reflexiva das suas comunidades.

O primeiro texto, de Gabriel da Silva Vidal Cid e Luciane Barbosa de Souza, faz um panorama das políticas de memória para as comunidades de terreiros de matriz africana, no Brasil, focando no patrimônio cultural. Os autores sistematizam informações importantes para a compreensão do atual quadro de pedidos de tombamento de terreiros, solicitados ao Instituto do Patrimônio Histórico e Artístico Nacional (IPHAN). Apontam para a ampliação das políticas, mas para a permanência de uma pequena quantidade de tombamentos, frente à totalidade dos bens tombados. A avaliação demonstra avanços, no sentido de reconhecimento desses bens, nos últimos 40 anos, e organiza também uma série de ações, como marcos legais e criação de comissões e inventários que se somam às políticas de tombamento.

Joseane Paiva Macedo Brandão nos mostra os avanços no que cabe às relações entre o patrimônio cultural e outras esferas de direitos, como territorial e ambiental, especialmente quanto à entrada dos quilombos nas políticas de preservação e salvaguarda. A autora articula políticas governamentais de reconhecimento nas esferas da cultura e do jurídico-político, mobiliza as contribuições da Teoria do Reconhecimento e demonstra como se interconectam as políticas de Estado, a sociedade civil e as comunidades detentoras de patrimônio. Especialmente a partir dos anos 1980, com a mobilização de uma conjuntura propícia, políticas de patrimônio foram capazes de reconhecer um passado de injustiça no que cabe aos descendentes de africanos no Brasil e de efetivar ações de valorização dessa parcela da população. O reconhecimento de formas de organização social e cultural específicas se deu por meio de processos de tombamento de territórios relacionados às comunidades quilombolas. Joseane Brandão nos indica novas frentes que essas comunidades fornecem ao campo do patrimônio cultural, ao conectarem as políticas de memória ao território e aos debates socioambientais.

Lília Abadia realiza uma análise considerando exposições de longa duração em três museus: o Museu Histórico Nacional, no Rio de Janeiro; o Museu Afro Brasil, em São Paulo; e o Museu Nacional de Etnologia, em Lisboa. A autora busca debater a constituição das identidades brasileira e portuguesa a partir do Lusotropicalismo, analisando exposições nesses três museus. A perspectiva é que o Lusotropicalismo coaduna um discurso que naturaliza a escravidão, reproduz desigualdades e exalta a constituição da experiência colonizadora portuguesa. Trata-se, nesse sentido, de uma narrativa excludente e limitada da identidade nacional, apresentada em exposições que se harmonizam com as perspectivas no âmbito do patrimônio cultural, como as sinalizadas pelos autores que apresentamos anteriormente. Museus e o patrimônio cultural organizam narrativas semelhantes que somente mais recentemente foram revistas, com tentativas de ampliação do quadro de bens e memórias valorizadas. Lília Abadia percebe, ainda que com visíveis nuances, semelhanças no que cabe às exposições apresentadas pelo Museu Histórico Nacional e pelo Museu Nacional de Etnologia. Enquanto o Museu Afro Brasil apresenta maior proximidade de uma perspectiva crítica e contra-hegemônica, sem que a narrativa de unidade nacional seja descartada. Lília nos chama a atenção para a história de constituição desses museus e de seus acervos, suas missões institucionais e o impacto na realização de exposições mais ou menos tradicionais em suas narrativas.

Os textos aqui reunidos reforçam que mesmo as narrativas consagradas e tradicionais passam por tensões e necessitam lidar com críticas que as desestabilizam. Museus e o patrimônio cultural possuem um importante papel pedagógico e narrativo para as sociedades. Eles podem reforçar críticas e ferramentas que agreguem ou evidenciem contradições e desigualdades no que se refere à produção e fruição da cultura e da memória coletiva. Ressaltando a necessidade de ampliação dessas políticas, é importante a avaliação das ações tomadas no âmbito da memória coletiva, compreendendo os alcances e limites destas. Como os textos reunidos nesta seção apontam, a reorganização de memórias outrora subterrâneas acontece ainda de forma incipiente, mas afirma a importância delas na construção de narrativas mais plurais. A memória é um dos elementos que compõem as narrativas nacionais e locais e pode agir conjuntamente à positivação de identidades e ao reforço de uma agenda de redução das desigualdades.

A valorização da memória na esfera pública se potencializa com a complexidade das intimidades dos coletivos e suas memórias. Ao mesmo tempo que este é um horizonte que não se pode perder de vista, quando analisamos as políticas para a memória coletiva, observamos que as agências de coletivos organizados, nas mais diversas formas, foram capazes de produzir uma memória de si. E para si? Essa pergunta nos alerta a pensar como os coletivos imersos na modernidade produziram suas próprias memórias, seus imaginários, e suas identidades em meio às estruturas de poder dominantes. As memórias por eles acionadas na organização de suas identidades são capazes de potencializarem suas lutas políticas, segundo seus interesses? Fica a pergunta que os textos aqui reunidos nos ajudam a pensar. Aqui reside a questão sobre a urgência da recusa de que as políticas para a memória não se encerrem em processos de fetichização.

GABRIEL DA SILVA VIDAL CID

Políticas de memória para as comunidades de terreiros de matriz africana no Brasil

GABRIEL DA SILVA VIDAL CID
LUCIANE BARBOSA DE SOUZA

Os diferentes espaços sagrados de matriz africana no Brasil vêm sendo vítimas de constantes ataques[1]. Nos últimos anos houve uma valorização desses espaços, ainda que incipiente, nas medidas de proteção no âmbito do patrimônio cultural. Não obstante a centralidade das comunidades religiosas de matriz africana na construção da identidade brasileira, elas pouco foram valorizadas nas políticas de memória em nossa sociedade. Essas comunidades, ao longo dos últimos séculos, criaram estratégias para a manutenção de suas tradições, transmissão de memórias e organização social, no entanto apenas nos últimos 40 anos políticas de memória efetivamente foram implementadas no sentido de proteção e reconhecimento. Estas figuram como guardiães e símbolos para a identidade afrodiaspórica e são constantemente acionadas por diversos setores da sociedade que entendem a centralidade que possuem na organização da cultura. Efetivamente, esses espaços sagrados são referências culturais, no sentido dado nas políticas culturais, e possuem importante papel na estrutura social e no suporte das famílias pertencentes às comunidades de terreiro, especialmente considerando as que se constituíram nas diferentes periferias. Graças à capacidade de ocupar, por diferentes meios, espaços da esfera

1 Em relatório de 2016, dentre 697 casos de discriminação religiosa identificados pela Secretaria de Direitos Humanos, a partir de denúncias entre 2011 e 2015, a maioria se identifica contra as religiosidades de matriz afro-brasileira. Para mais informações, ver Santos (2016). No Rio de Janeiro, ver Oliveira e Silva (2021).

pública, essas comunidades, nas brechas do Estado, contribuem para a realização de uma cidadania mais plena e fortalecem agendas mais inclusivas e plurais, no reconhecimento da letra da lei dos artigos 215 e 216 da Constituição de 1988. Estes que reconhecem o caráter multiétnico e a obrigação do Estado para com o patrimônio cultural e a memória dos diferentes grupos que compõem a nação.

Para pensar em que medida há continuidades, tensionamentos ou rupturas nas políticas de memória para as comunidades de terreiro, apontamos para uma noção de cidadania cultural que compreende a complexidade desse campo como direito e espaço de realização[2]. Esse caminho nos leva a focar na esfera das políticas de Estado, especialmente no conjunto de bens acionados como patrimônio cultural. De forma alguma negamos possibilidades de agência de pessoas e coletivos que atuam e atuaram na realização de projetos e memórias nas mais variadas formas de expressão do universo das religiões de matriz africana. Por séculos, gerações de africanos e seus descendentes agiram, na maior parte das vezes em contextos nada amigáveis, para a realização de suas práticas que hoje timidamente são entendidas como referências à identidade nacional. Essa agência se vê em diferentes práticas do universo que genericamente se compreende como cultura afro-brasileira, como exemplo, a capoeira, o samba, o jongo, o maracatu, e também na expressão das diversas formas de religiosidades.

Dentro do que se compreende como candomblé, especialmente nos estados da Bahia e do Sudeste do Brasil, se entende um universo composto por diferentes tradições que organizam o que estamos trabalhando como religiosidades presentes nas comunidades de tradição africana e afro-brasileira. Tomamos de empréstimo a definição de Povos e Comunidades Tradicionais de Matriz Africana, fruto de intenso debate e investimento ao longo de décadas de ação política, envolvendo

---

[2] Nossa leitura parte das contribuições de Marilena Chaui, que considera diferentes posições e interesses no exercício do direito à cultura em que "os cidadãos, como sujeitos sociais e políticos, se diferenciam, entram em conflito, comunicam e trocam suas experiências, recusam formas de cultura, criam outras e movem todo o processo cultural" (Chaui, 2008, p. 66).

as instâncias governamentais e a importante atuação de diferentes grupos do Movimento Negro[3].

De diferentes maneiras, o Estado lida com a problemática da memória coletiva. Essas ações, não obstante as constantes disputas, conformam determinada gramática de ação, considerando o peso dos processos burocráticos disponíveis. Entendemos políticas de memória como possuidoras de certas especificidades frente ao campo mais amplo das políticas culturais, do qual fazem parte. Entende-se que as políticas de memória se definem como um conjunto de ações que tem o Estado como ente principal na organização de capacidades, debates e projetos em torno de imaginários para a nação e os diferentes grupos que a compõem, constantemente tensionado e disputado. Podemos entendê-las próximas ao que o sociólogo José Maurício Domingues (2020) chama de "província prático-hermenêutica da vida social", ou seja, um determinado espaço de ação que conforma práticas de relação com o Estado, no que cabe à nossa discussão, a memória coletiva.

A memória coletiva possui lugar de destaque, juntamente com outros elementos, como o território e a língua, na construção dos imaginários nacionais. As políticas de memória constroem narrativas, comprimem uma identidade para a nação. Dentro delas possuem destaque as políticas públicas no âmbito do patrimônio cultural e dos museus. Estas são ações de consagração de bens culturais, objetos, suportes e práticas que remetem ao ideário comum de uma comunidade e transmitem uma ideia de referência e pertencimento, no sentido de compartilhamento de passado, presente e futuro[4].

O entendimento da memória coletiva como um espaço de disputas reforça algumas chaves de análise, das quais destacamos duas para nossa

3 Ver Plano Nacional de Desenvolvimento Sustentável dos Povos e Comunidades Tradicionais de Matriz Africana 2013-2015. Disponível em: portal.iphan.gov.br/uploads/ckfinder/arquivos/plano_nacional_desen_sustentavel_povos_comunidades_trad_matriz_africana.pdf. Acesso em: 2 ago. 2021.

4 Autores de diferentes tradições vêm chamando a atenção para como a memória atua na organização dos grupos sociais. Ver, como exemplo, Elias (1998), Pollack (1989, 1992) e Santos (2003, 2013).

reflexão. A primeira diz respeito à interpretação de mecanismos de participação e representação no âmbito do Estado. Nessa perspectiva, as políticas indicam concepções de cidadania com sentido de ampliação, redução ou estagnação dos processos de invisibilização nas narrativas valorizadas pelo Estado. Estaremos mais focados nessa primeira chave de análise. A segunda chave que propomos é pensar a capacidade das comunidades operarem por dentro da política, no sentido de efetivarem o que o professor Manoel Lima Filho (2015) entende como "cidadania patrimonial"[5]. Pensando por meio dessas chaves, procuramos dar continuidade a investimentos anteriores quando buscamos compreender as formas como as comunidades articularam seus bens[6] às demandas e realizações por meio de políticas de memória e reparação (Cid, 2016, 2019, 2020; Souza, 2018a, 2018b, 2019, 2021)[7].

Propomos para este texto um panorama interpretativo focando em ações no âmbito do patrimônio cultural, especialmente do Instituto do Patrimônio Histórico e Artístico Nacional (IPHAN), para os Terreiros

---

[5] Lima Filho compreende a cidadania patrimonial como "a capacidade operativa dotada de alto poder de elasticidade de ação social por parte de grupos sociais e étnicos, em suas dimensões coletivas ou individualizadas de construir estratégias de interação (de adesão à resistência/negação) com as políticas patrimoniais tanto no âmbito internacional, nacional ou local" (2015, p. 139).

[6] Aqui, entendemos "bem" como o acúmulo das experiências dessas comunidades. Para uma definição de "Bem", ver verbete de Flavio Carsalade para o Dicionário IPHAN. Disponível em: http://portal.iphan.gov.br/uploads/ckfinder/arquivos/Bem%20pdf(3).pdf. Acesso em: 15 ago. 2021.

[7] Algumas dessas reflexões vêm de nossa experiência no grupo de trabalho que atuou na parceria estabelecida entre o IPHAN e a Universidade Federal Rural do Rio de Janeiro (UFRRJ), entre outubro de 2018 e abril de 2020, por meio do Termo de Execução Descentralizada IPHAN/UFRRJ — TED N.º 04/2018 — Subsídios para reconhecimento de bens relacionados aos Povos e Comunidades tradicionais de Matriz Africana no Rio de Janeiro, com equipe coordenada pelo professor Otair Fernandes de Oliveira (PPGPaCS/UFRRJ) e formada pelos bolsistas: Barbara Lindemberg Santos da Silva, Daniel Lima Teixeira de Menezes Chaves, Gabriel da Silva Vidal Cid, Letícia Albertina Loureiro dos Reis Teodoro, Luan Campos Batalha, Luciane Barbosa de Souza, Marcus Vinícius Santos de Campos, Thiago da Silva de Oliveira Cardoso, Sandra Regina do Rosário Vieira, Vitor Gurgel de Oliveira. O grupo atuou na elaboração para a identificação das demandas resultantes do mapeamento de Terreiros no estado do Rio de Janeiro, realizado pelo IPHAN em 2009. Resultados podem ser vistos em Campos, Souza e Oliveira (2018), Cid, Souza e Vieira (2019), Oliveira (2020).

de Candomblé no Brasil, sem, no entanto, perder de vista a busca de uma compreensão do quadro mais geral das políticas de memória. No campo específico das políticas de patrimônio para as comunidades de terreiro há uma literatura especializada que vem apresentando interessantes contribuições, e com destaque para especificidades, desafios e ensinamentos que esses espaços sagrados trazem para o campo do patrimônio cultural[8]. Nossa proposta é colaborar com esse campo buscando uma sistematização das políticas dos últimos 40 anos e atentando ao final para possíveis continuidades ou rupturas, em um quadro mais recente.

Entendem-se os Terreiros de Candomblé como comunidades consolidadas que expressam valores ancestrais, conforme suas memórias e tradições africanas e afro-brasileiras, constituídas ao longo do tempo. Como pensado por Kabengele Munanga (2012, p. 17), "a atual diáspora africana das Américas é resultante de um longo e complexo processo de resistências identitárias: religiosas, artísticas [...], medicinais, tecnológicas e científicas". As noções de tempo e espaço se misturam na experiência dessas comunidades, considerando a trajetória de sequestro, violência e exploração, mas também de resistência e criatividade na reorganização de suas tradições no território da diáspora negra. Destacar o território na composição dessas culturas é importante, na medida em que prioriza a relação com o que se considera o lugar de força, onde é fundamentada a espiritualidade em sua materialidade, *axé* (para os povos iorubás) e *n'guzo* (para os povos bantu), é nesse sentido que o legado ancestral é também legado territorial[9].

---

8 Destacamos Serra, 2005; Velho, 2006; Baptista, 2008; Zambuzzi, 2010; Dourado, 2011; Almeida e Amorim, 2012; Santos, 2015; Matos, 2017; Paz, 2017; Cunha, 2018; Alves, 2021.

9 Para esse debate, ver Muniz Sodré (2019), para quem esses espaços sagrados devem ser lidos como ecossistemas tradicionais que integram espaço e organização político e social. Para Sodré, o terreiro de candomblé é "a forma social negro-brasileira por excelência, porque além da diversidade existencial e cultural que engendra, é um lugar originário de força ou potência social para uma etnia que experimenta a cidadania em condições desiguais" (2019, p. 21).

A despeito da importância desse legado, os espaços sagrados das comunidades de terreiro só recentemente receberam atenção das políticas de memória. Em comparação com os bens de outros setores da sociedade, ainda configuram um nicho das políticas de conservação. Nos próximos tópicos traremos um panorama dessas políticas. No atual momento de contração e redirecionamento das políticas culturais e de memória, um novo silenciamento é visível, de modo que repensar essas políticas significa amolar possibilidades e ferramentas para a defesa dos direitos culturais e de memória.

O patrimônio cultural, seu tensionamento e ampliação

As políticas de memória no Brasil por muito tempo mantiveram o sentido de silenciamentos, estigmatizações ou ausências no que cabe à experiência dos africanos e seus descendentes[10]. No âmbito do patrimônio cultural, desde as primeiras ações iniciadas em 1937, com o surgimento do Serviço do Patrimônio Histórico e Artístico Nacional (SPHAN), atual IPHAN, no período da ditadura varguista, com a

---

10 Ver Santos (2005). Ver também a discussão proposta por Muniz Sodré (2018) em aula inaugural no Programa de Pós-Graduação em Patrimônio, Cultura e Sociedade da UFRRJ. Para Sodré, a palavra patrimônio tem muitas variáveis de interpretação, e, no campo do patrimônio cultural, a que mais importa é a acepção de herança. O conceito de patrimônio e o de cultura podem ser lidos por meio da palavra herança, sendo definido pelas classes dirigentes e forjado pelo colonialismo, necessitando, portanto, ser reescrito. Para Sodré "A Nação brasileira era um negócio do Rei", servindo aos que detém o poder a partir da lógica patrimonialista [...]. O fator econômico é importante no patrimonialismo, mas a essência da razão patrimonialista [...] é político-cultural, não é econômico.". Para Sodré, essa forma ibérica foi reinterpretada e estruturou o Estado brasileiro, atendendo aos discursos, narrativas e definições da identidade nacional, que se estrutura a partir do ideal "mono-culturalista [...] para tentar legitimar uma única cultura, um único povo, como se essa fosse a realidade brasileira. E esses discursos se empenham na elaboração de uma unidade conciliatória, de uma unidade não conflitante, enquanto a realidade sócio-histórica é feita de contradições e de diversidade. A realidade nossa, nacional, é contradição e diversidade. Nós somos diversos, somos plurais, nós não somos unos".

criação do instrumento do tombamento[11], se fortaleceu o sentido de valorização para o que ficou conhecido como "Pedra e Cal". Esse sentido, resultado de uma complexa articulação de intelectuais modernistas e conservadores com a estrutura do Estado, contribuiu, em sua quase totalidade, para a valorização da arte sacra católica, casarões coloniais e antigos fortes. Essas políticas não se opunham às narrativas do Instituto Histórico e Geográfico Brasileiro (IHGB), criado ainda em meados do século XIX, que elaborou narrativas sobre a herança portuguesa e silenciou a experiência dos povos indígenas e africanos[12]. O que se viu até as últimas décadas do século XX foi uma narrativa de um território e história excludente e linear, que nasce com o "descobrimento", em que "heróis" construíram uma nação, silenciando conflitos e desigualdades[13].

No entanto, enquanto espaço de disputa, o campo do patrimônio cultural passou por tensionamentos e alargamentos ao longo da segunda metade do século XX. Mudanças nas políticas permitiram a ampliação do alcance do conjunto. Perspectivas mais críticas frente à produção da memória e às desigualdades de acesso a narrativas sobre o que seria a memória oficial da nação se fortaleceram. Podemos citar algumas mudanças, como o alargamento do conceito de cultura e a noção de referências culturais, vinculadas à atuação do Centro Nacional de Referências Culturais[14]. Um marco é a consagração da perspectiva do caráter multiétnico da nação expressa na Constituição de 1988[15]. Em 2000, a partir de um longo debate acerca da incapacidade de o instrumento do tombamento dar conta da multiplicidade de bens a serem considerados, é criado o instrumento do "Registro" (Decreto-Lei n.

---

11 Sobre o instrumento do tombamento, ver Sonia Rabello (2009).

12 Ver Guimarães (1988).

13 Ver Rubino (1996) e Chuva (2009, 2011).

14 Sobre o tema, ver Fonseca (1996) e Motta (2017).

15 Ver artigo 216: "Constituem patrimônio cultural brasileiro os bens de natureza material e imaterial, tomados individualmente ou em conjunto, portadores de referência à identidade, à ação, à memória dos diferentes grupos formadores da sociedade brasileira".

3.551/2000), visando salvaguardar o patrimônio imaterial[16]. No âmbito internacional, um direcionamento semelhante ocorre com cartas e convenções que destacam a importância de se ampliar o escopo das políticas e o reconhecimento de assimetrias e desigualdades históricas. Podemos destacar como paradigmas a Convenção do Patrimônio Mundial e Cultural e Natural[17], de 1972, e a Convenção para a Salvaguarda do Patrimônio Cultural Imaterial[18], de 2003.

Não obstante os novos instrumentos e perspectivas, o que se observa é ainda grande desigualdade de atenção às experiências dos africanos e seus descendentes nas políticas de patrimônio, especialmente no tombamento. O IPHAN[19] lista 1.267 bens tombados, sendo apenas 12, uma coleção (de objetos sagrados apreendidos dos terreiros pelo Estado brasileiro) e onze terreiros, como relacionados aos povos e comunidades de matriz africana[20], ou seja, menos de 1% do conjunto de bens culturais tombados.

Apesar da crônica permanência de narrativas tradicionais e do racismo em diferentes níveis que assolam a organização da sociedade brasileira, tenuamente referências das comunidades de descendentes dos africanos receberam atenção nas últimas décadas do século XX[21].

Nas políticas de proteção imaterial surgidas na última virada de século, a proporção é menos desigual, tendo 14 bens registrados: Samba de Roda do Recôncavo Baiano, Ofício das Baianas de Acarajé, Jongo do Sudeste, Matrizes do Samba no Rio de Janeiro partido alto, samba de

---

16 Sobre os debates da época, ver Sant'anna (2012).

17 Para maiores informações, consultar: http://portal.iphan.gov.br/pagina/detalhes/29. Acesso em: 18 ago. 2021.

18 Para maiores informações, consultar: http://portal.iphan.gov.br/pagina/detalhes/71. Acesso em: 18 ago. 2021.

19 Lista dos processos de tombamento e bens tombados (13/05/2021). Disponível em: http://portal.iphan.gov.br/pagina/detalhes/126. Acesso em: 14 ago. 2021.

20 Disponível em: http://portal.iphan.gov.br/pagina/detalhes/1938/. Acesso em: 14 ago. 2021.

21 É importante destacar as diferenças entre o racismo individualista, institucional e estrutural, seguindo discussão de Silvio de Almeida (2018). Sobre uma avaliação mais geral das políticas de memória para a população afro-brasileira, ver Cid e Santos (2021).

terreiro e samba-enredo, Tambor de Crioula, A Roda de Capoeira e O Ofício dos Mestres de Capoeira, Complexo Cultural do Bumba-meu-Boi do Maranhão, Festa do Senhor Bom Jesus do Bonfim, Maracatu Nação e Maracatu baque solto, Cavalo Marinho, Caboclinho e o Sistema Agrícola Tradicional das Comunidades Quilombolas do Vale do Ribeira. Trata-se de 30% do total de bens registrados até o momento[22].

Sobre as indicações brasileiras à chancela da UNESCO, de Patrimônio da Humanidade, no que toca aos sítios históricos e bens imateriais de populações de matriz africana, percebemos a repetição da tendência apresentada até o momento. Na lista da Convenção de 1972, na categoria de lugar ou sítio, o Brasil conseguiu 15 inscrições[23], sendo apenas três patrimônios vinculados à trajetória dos africanos: o Centro Histórico de Salvador, o Sítio Arqueológico Cais do Valongo e Paraty e Ilha Grande. Quanto aos bens imateriais, chancelados nos termos da Convenção de 2003, o Brasil realizou sete inscrições[24], sendo apenas o Samba de Roda do Recôncavo Baiano e a Roda de Capoeira descritos como resultantes das experiências dos africanos e descendentes.

Cabe destacar que processos como o tombamento, em 1984, da Pedra do Sal, na antiga zona portuária da cidade do Rio de Janeiro, região conhecida como Pequena África, pelo governo do estado do Rio de Janeiro, por meio do INEPAC — Instituto Estadual do Patrimônio Cultural[25], da Serra da Barriga e do Terreiro da Casa Branca, em 1986, pelo governo federal, ocorreram somente após amplo engajamento de movimentos sociais (Imagem 1).

Foi somente nos anos 2000, especialmente após a eleição do presidente Luiz Inácio Lula da Silva, que se percebeu uma nova agenda

22 No site do IPHAN, temos informações até o ano 2018 sobre o quantitativo de bens registrados. Disponível em: http://portal.iphan.gov.br/pagina/detalhes/1617/. Acesso em: 14 ago. 2021.

23 Disponível em: https://pt.unesco.org/fieldoffice/brasilia/expertise/world-heritage-brazil. Acesso em:18 jan. 2021.

24 Idem.

25 Para maiores informações, consultar: http://www.inepac.rj.gov.br/index.php/bens_tombados/detalhar/20. Acesso em: 10 out. 2021.

de revigoramento do sentido dado à cultura, pautada pelo movimento negro, na Constituição de 1988 e fortalecimento do diálogo do Estado com antigas demandas dos movimentos sociais. A cultura, nesse momento, foi associada à agenda de redução das desigualdades e reconhecimento da necessidade de ações de reparação[26]. Pode-se dizer que houve incentivo às ações do Ministério da Cultura (Minc) com a realização de concursos para a área e ampliação do orçamento. O Minc, chefiado por Gilberto Gil, artista, negro, de renome internacional, ganhou mais legitimidade. Gilberto Gil, ao explicitar em notórios discursos suas compreensões de cultura e dos sentidos que adotara para as políticas, trouxe profundidade conceitual até então não experimentada na pasta. Data dessa época a criação da Secretaria de Políticas de Promoção da Igualdade Racial (SEPPIR) e o estímulo ao fortalecimento da Fundação Cultural Palmares. Uma antiga demanda do Movimento Negro, a obrigatoriedade do ensino da História da África e Afro-Brasileira nas escolas, foi também instituída nesse momento (Lei n. 10.639/2003), bem como, anos depois, o Estatuto da Igualdade Racial (Lei n. 12.288/2010). Nesse movimento, uma série de documentos e conselhos são criados, acumulando debates e instrumentos que fortalecem uma agenda de reconhecimento da cultura afro-brasileira e da necessidade de políticas específicas. O Decreto n. 8.750/2006 institui o Conselho Nacional dos Povos e Comunidades Tradicionais, colegiado que à época integrava o então Ministério dos Direitos Humanos; o Decreto n. 6.040/2007 instituiu a Política Nacional de Desenvolvimento Sustentável dos Povos e Comunidades Tradicionais; e posteriormente institui-se o Plano Nacional de Desenvolvimento Sustentável dos povos e comunidades de Matriz Africana (2013-2015).

Foi realizado um inventário dos lugares de memória do tráfico atlântico de escravos e da história dos africanos escravizados no Brasil, pela Universidade Federal Fluminense[27]. No âmbito do IPHAN, se

[26] Diversos autores apontam nessa interpretação. Ver Domingues (2010); Alves (2011); Turino (2013); Calabre, Rubim e Barbalho (2015); e Cid e Aguiar (2020).

[27] Ver Mattos, Abreu e Guran (2014).

observou um investimento no tema dos terreiros, com a criação, em 2015, do Grupo de Trabalho Interdepartamental para preservação do patrimônio cultural de terreiros (GTIT), atualmente, Grupo de Trabalho Interdepartamental para preservação do patrimônio cultural de Matriz Africana (GTMAF), cujo objetivo central é afirmar e consolidar o tema na agenda estratégica do IPHAN[28]. Ao longo da existência do grupo, alguns pontos podem ser elencados. O primeiro deles trata-se da importância da formação continuada dos agentes do patrimônio cultural (equipe técnica do IPHAN), com destaque para o Curso de Extensão e Capacitação Interna, com a participação das lideranças de terreiro ministrando oficinas de tradições Ketu, Angola, Nagô, Jêje, Xambá, Jarê, Egungun, Jurema, Batuque e Tambor de Mina[29]. O segundo destaque é para o Prêmio Patrimônio Cultural dos Povos e Comunidades Tradicionais de Matriz Africana, ocorrido em 2014, por meio do Programa Nacional do Patrimônio Cultural (PNPI), cujo objetivo foi reconhecer ações de preservação, valorização e documentação do patrimônio cultural dos povos e comunidades tradicionais de matriz africana. Na ocasião, foram premiadas 31 comunidades com recursos financeiros do edital, dos estados: Alagoas, Bahia, Ceará, Goiás, Maranhão, Minas Gerais, Pará, Pernambuco, Rio de Janeiro e São Paulo[30].

---

28 É possível encontrar as atribuições e os objetivos do GTMAF no Portal do IPHAN. Disponível em: http://portal.iphan.gov.br/pagina/detalhes/1937/. Acesso em: 18 ago. 2021.

29 No Portal do IPHAN, há informações acerca dos Cursos de Extensão e Capacitação Interna. Disponível em: http://portal.iphan.gov.br/pagina/detalhes/1316/. Acesso em: 18 ago. 2021.

30 Informações sobre o Prêmio Patrimônio Cultural dos Povos e Comunidades Tradicionais de Matriz Africana estão disponíveis em: http://portal.iphan.gov.br/pagina/detalhes/1314/. Acesso em: 18 ago. 2021.

As políticas de memória para os terreiros

No que cabe ao tombamento de terreiros, de acordo com a Lista dos Bens Tombados e Processos em Andamento (1938-2021)[31], seguindo a categorização do IPHAN, temos um total de 37 entradas, com 5 pedidos indeferidos, 20 em processo de instrução, um tombamento emergencial e 12 tombados (ver Anexo 1 — Tabela 1. Lista de Bens, categorizados como "Terreiros", com processos no IPHAN de solicitação de tombamento, seguindo ordem de abertura do processo).

Algumas questões nos chamam a atenção nessa lista. Um primeiro elemento é o grande número de processos sem resposta, alguns com 16, 15 anos de espera. Destaca-se o caso do Rio de Janeiro, em que os quatro terreiros que solicitaram seus tombamentos aguardam uma posição definitiva do Estado em média há 11 anos. Em todo conjunto, os terreiros que lograram o tombamento aguardaram em média seis anos. A tabela não informa quando o indeferimento ocorreu nem os motivos, requerendo de nossa parte um aprofundamento futuro que deixamos para outro momento.

Destacamos também, dessas informações, a centralização das ações de tombamento de terreiros no estado na Bahia, sobretudo na cidade de Salvador. Apenas dois terreiros tombados se situam fora do estado da Bahia, um em Pernambuco e outro no Maranhão. Dos 12 tombados, oito estão na cidade de Salvador, um em Itaparica e dois em Cachoeira. Dos cinco pedidos de tombamento de terreiros do Rio de Janeiro, quatro aguardam resposta e um foi indeferido. De São Paulo, dois pedidos aguardam retorno, assim como um terreiro de Goiás e outro do Rio Grande do Sul. Um pedido de Sergipe foi indeferido.

As aberturas de processos "T", como são tratados os processos na organização do IPHAN, possuem certa regularidade somente a partir dos anos 2000, reforçando a demora do Estado no reconhecimento desses bens como patrimônio cultural. Com exceção da "Coleção de

---

31 Disponível em: http://portal.iphan.gov.br/uploads/ckfinder/arquivos/2021-05-12-%20CONTROLE%20BENS%20TOMBADOS.xlsx. Acesso em: 15 ago. 2021.

Magia Negra", entendida como um acervo, tombado em 1938, que requer um comentário à parte, somente 49 anos após o início das políticas de tombamento no Brasil, em 1986, o primeiro terreiro de candomblé é tombado, com pedido realizado dois anos antes. O pequeno número de pedidos na década de 1990 demonstra pouco engajamento das políticas de memória com as comunidades de terreiro, mesmo após o primeiro tombamento. Apenas um processo é aberto nos anos 1990; e nos anos 2000 podemos perceber a continuidade de abertura de processos e tombamentos (ver Anexo 2 — Tabela 2. Quantidade de pedidos e tombamentos de terreiros feitos pelo IPHAN; Tabela 3. Quantidade de tombamentos realizados pelo IPHAN).

Uma novidade nos últimos anos foi a efetivação de um destino para a coleção de objetos sagrados de matriz africana, que esteve sob a posse da Polícia Civil desde o início do século XX, denominada na década de 1930 de Museu de Magia Negra e Coleção de Magia Negra. Criada com artefatos sagrados sequestrados das comunidades de matriz africana, no Rio de Janeiro, apreendidos pela Polícia, essa coleção foi tombada pelo IPHAN em 1938 e inscrita no livro etnográfico, sem receber atenção adequada e minimamente respeitosa ao longo do tempo por parte das instituições envolvidas. Atualmente a Coleção foi rebatizada com o nome Acervo Sagrado Afro-brasileiro, ação solicitada ao IPHAN por meio de retificação do tombamento a partir da mobilização de comunidades de terreiro. A Coleção foi adicionada ao acervo do Museu da República, no Rio de Janeiro, por meio de processo de efetiva luta social de mais de quatro décadas de mobilização dos povos de terreiro. Nos últimos anos, a mobilização intensificou-se com a Campanha Liberte o Nosso Sagrado, que reuniu lideranças de terreiro, membros da sociedade civil, instituições em defesa dos direitos humanos e parlamentares fluminenses. Atualmente passa por processo de catalogação e reorganização com a participação de lideranças religiosas. Houve a formação de em grupo de trabalho com atuação conjunta de técnicos do Museu da República e de comunidades de terreiro, por meio de suas lideranças. Espera-se que essa política se efetive, com integração da técnica e dos saberes dos terreiros para a conservação dos objetos sagrados do nosso "afro-patrimônio do Brasil"[32].

Embora não tenham capacidade protetiva, alguns inventários e mapeamentos foram realizados visando ao levantamento de informações sobre as comunidades de terreiro no Brasil. Cabe mencionar alguns desses a que conseguimos acesso, muitas vezes parcial. Vale destacar a ausência de uma política que reúna e organize essas informações, e uma ferramenta de registro contínuo, disponível para as comunidades, como, por exemplo, a que foi criada como ação de salvaguarda para a capoeira, na forma de um cadastro nacional[33]. Algo que caracteriza esses inventários é a descentralização e a diferenciação metodológica na coleta das informações, o que dificulta a reunião das informações. Não obstante, é possível com eles considerar a amplidão do universo da prática religiosa das comunidades de terreiro de matriz africana e afro-brasileira. Foram realizados inventários em todas as regiões do Brasil, no entanto nem todos os estados foram estudados. Em anos distintos, as regiões metropolitanas e capitais foram privilegiadas, nos estados da Bahia, Rio de Janeiro, Minas Gerais, Rio Grande do Sul, Pará, Recife, Paraíba, São Paulo, Santa Catarina, Roraima e Distrito Federal (ver Anexo 3 — Tabela 4. Mapeamentos realizados sobre terreiros de comunidades de Matriz Africana no Brasil).

Brevíssima conclusão

Nossa intenção neste texto foi organizar um panorama das políticas implementadas para as comunidades de terreiros de matriz africana no Brasil, no campo das políticas de memória, compreendendo seu início, ainda que breve, nos anos de 1980, e sua continuidade, com maior intensidade, a partir dos anos 2000. Nos últimos anos, após o ano de 2016, pouco se tem visto de ações no âmbito federal no sentido

32 Ver Alves (2021) e Leal e Silva (2021).

33 Disponível em: https://capoeira.iphan.gov.br. Acesso em: 15 ago. 2021.

de valorização dos povos e comunidades de terreiro. Estudos vêm demonstrando a redução de recursos para a área da cultura após afastamento da presidenta Dilma Rousseff, em 2016. Denúncias constantes de redução do quadro técnico e redução significativa do orçamento das autarquias também são observadas, além da nomeação de servidores que não possuem currículo na área, alienígenas ao campo da cultura e do patrimônio cultural[34]. Nos últimos anos, no que cabe ao quadro das políticas de memória para as comunidades de Terreiro, nota-se uma redução dramática. Após 2018, apenas um terreiro foi tombado, no ano de 2019, por caráter emergencial — o processo que teve início em 2016 —, enquanto 20 terreiros aguardam a finalização do processo de instrução e encaminhamento para análises e estudos sobre o tombamento pelo Conselho Consultivo do IPHAN. Da mesma forma, nesse período nenhum inventário sobre o tema foi realizado. Ou seja, uma leitura inicial do momento é de nítida retração das políticas de memória para povos e comunidades de terreiros, que vinham reduzindo as desigualdades de acesso à representação e aos usos das ferramentas para a realização de um aspecto da cidadania, via acesso ao direito à memória.

[34] Ver, como exemplo, denúncias realizadas pelo Fórum de Entidades em Defesa do Patrimônio Cultural. Disponível em: https://forumpatrimoniobr.wordpress.com. Acesso em: 15 ago. 2021.

ANEXO 1 | TABELA 1

Lista de Bens, categorizados como "Terreiros", com processos no IPHAN de solicitação de tombamento, seguindo ordem de abertura do processo[35]

ESTADO	MUNICÍPIO	NOME DO BEM	ANO DE ABERTURA DO PROCESSO	ESTÁGIO	ANO DE TOMBAMENTO
BA	Salvador	Terreiro da Casa Branca	1982	Tombado	1986
SE	Laranjeiras	Casa Terreiro Filhos de Obá	1994	Indeferido	—
BA	Salvador	Terreiro do Axé Opô Afonjá	1998	Tombado	2000
MA	São Luís	Terreiro Casa das Minas Jeje, situado na Rua de São Pantaleão nº 857 e 857A	2000	Tombado	2005
BA	Salvador	Terreiro de Candomblé Ilê Iyá Omim Axé Iyamassé, situado na Rua Alto dos Gantois nº 23, Federação	2000	Tombado	2005
BA	Lauro de Freitas	Terreiro do Ilê Axé Opô Ajuganã	2000	Indeferido	—

35 Optamos por seguir a nomenclatura dos bens como consta na lista do IPHAN.

ESTADO	MUNICÍPIO	NOME DO BEM	ANO DE ABERTURA DO PROCESSO	ESTÁGIO	ANO DE TOMBAMENTO
BA	Salvador	Terreiro do Ilê Ache Iba Ogum	2000	Indeferido	—
BA	Salvador	Terreiro do Alaketo, Ilê Maroiá Láji	2001	Tombado	2004
BA	Salvador	Terreiro de Candomblé do Bate-Folha, Município de Salvador, Estado da Bahia	2001	Tombado	2005
BA	Salvador	Terreiro de Candomblé Ilê Axé Oxumaré	2002	Tombado	2014
BA	Itaparica	Terreiro Culto aos ancestrais - Omo Ilê Agbôulá	2002	Tombado	2015
BA	Salvador	Terreiro Tumba Junsara	2004	Tombado	2018
BA	Salvador	Terreiro Mokambo-Onzo Nguzo Za Nkisi Dandalunda Ye Tempo	2005	Instrução	—
RJ	Nova Iguaçu	Terreiro de Candomblé Asé Nassó Oká Ilê Osun, no município de Nova Iguaçu, estado do Rio de Janeiro	2006	Instrução	—
RJ	Duque de Caxias	Terreiro Santo Antônio dos Pobres — Ilê Ogum Megegê Asé Baru Lepé	2006	Instrução	—

ESTADO	MUNICÍPIO	NOME DO BEM	ANO DE ABERTURA DO PROCESSO	ESTÁGIO	ANO DE TOMBAMENTO
BA	Lençóis	Terreiro Palácio de Ogum	2007	Instrução	—
BA	São Félix	Terreiro de Candomblé do Cajá, situado na Fazenda Capivari	2008	Instrução	—
PE	Recife	Terreiro Obá Ogunté - Sítio Pai Adão	2009	Tombado	2018
RJ	Rio de Janeiro	Tenda Espírita Vovó Maria Conga de Arruda, situada no bairro do Estácio	2009	Indeferido	—
BA	Cachoeira	Terreiro Zogbodo Male Bogun Seja Unde (Roça do Ventura)	2011	Tombado	—
GO	Valparaíso	Terreiro Olê Axé Opô Afonjá — Ilê Oxum	2011	Instrução	—
RJ	Belfford Roxo	Culto Corte Real da Nação de Ijexá — Ilê Ti Osum Omi Iya Iiya Oba Ti òdô Ti Ogum Alé	2013	Instrução	—
SP	Santo André	Espaço Religioso Cultural Afro Brasileiro — Neguito Pai Dancy	2013	Instrução	—
BA	Guanambi	Terreiro de Aché Ilê Cicôngo Roxo Mucumbe de H'anzambi	2014	Indeferido	—

ESTADO	MUNICÍPIO	NOME DO BEM	ANO DE ABERTURA DO PROCESSO	ESTÁGIO	ANO DE TOMBAMENTO
RJ	São João de Meriti	Terreiro Ilê Omulu Oxum	2014	Instrução	—
BA	Maragogipe	Terreiro Banda Lecongo	2015	Instrução	—
BA	Lauro de Freitas	Terreiro São Jorge Filho da Goméia	2015	Instrução	—
BA	Santo Amaro da Purificação	Ilê Axé Yá Oman	2015	Instrução	—
SP	São Paulo	Terreiro Ilê Axé Oxossi Caçador	2016	Instrução	—
BA	Cachoeira	Terreiro Egbé Éran Ope Olúwa — Terreiro Viva Deus	2016	Instrução	—
BA	Cachoeira	Terreiro Aganjú Didê da Nação Nagô-Tedô (Terreiro Ilê Axé Icimimó Aganju Didè)	2016	Tombamento Emergencial	2019
RS	Canoas	Centro de Umbanda Ogum Lanceiro e Iemanjá	2016	Instrução	—

ESTADO	MUNICÍPIO	NOME DO BEM	ANO DE ABERTURA DO PROCESSO	ESTÁGIO	ANO DE TOMBAMENTO
BA	Salvador	Terreiro Zoogobô Bogum Malê Rundó	2019	Instrução	—
BA	Santo Amaro	ILê AXé Omin J'Jarrum — Terreiro Viva Deus	2019	Instrução	—
BA	Salvador	Terreiro Ilê Axé Ojú Onirê	2020	Instrução	—
BA	Caetité	Terreiro de Candomblé Ilê Asé Danadana	2020	Instrução	—
BA	Salvador	Terreiro Axé Maroketu	2021	Instrução	—

FONTE: Lista dos processos de tombamento e bens tombados (13/05/2021). Disponível em: http://portal.iphan.gov.br/pagina/detalhes/126. Acesso em: 14 ago. 2021.

ANEXO 2 | TABELA 2

Quantidade de pedidos e tombamentos de terreiros feitos pelo IPHAN

ABERTURAS DE PROCESSOS			
ANO	QUANT.	ANO	QUANT.
1982	1	2008	1
1984	1	2009	2
1998	1	2011	2
2000	4	2013	2
2001	2	2014	2
2002	2	2015	3
2004	1	2016	4
2005	1	2019	2
2006	2	2020	2
2007	1	2021	1
TOTAL: 37			

FONTE: Lista dos processos de tombamento e bens tombados (13/05/2021). Disponível em: http://portal.iphan.gov.br/pagina/detalhes/126. Acesso em: 14 ago. 2021.

TABELA 3

Quantidade de tombamento de Terreiros realizados pelo IPHAN

TOMBAMENTOS	
ANO	QUANT.
1986	1
2000	1
2004	1
2005	3
2014	1
2015	2
2018	2
2019	1
TOTAL	**12**

FONTE: Lista dos processos de tombamento e bens tombados (13/05/2021). Disponível em: http://portal.iphan.gov.br/pagina/detalhes/126. Acesso em: 14 ago. 2021.

ANEXO 3 | TABELA 4

Mapeamentos realizados sobre terreiros de comunidades de Matriz Africana no Brasil

TÍTULO	ANO	ABRANGÊNCIA	QUANT. DE CASAS MAPEADAS	REALIZAÇÃO/ EXECUÇÃO
Mapeamento dos Terreiros de Salvador	2007	Salvador/BA	1.408	Universidade Federal da Bahia — Centro de Estudos Afro- Orientais
Mapeamento das Casas de Religiões de Matriz Africana do Rio de Janeiro	2008	Estado do Rio de Janeiro	847	PUC/Rio
Inventário dos Terreiros do Distrito Federal e Entorno — 1ª. Fase	2009	Distrito Federal	26	Superintendência do IPHAN no Distrito Federal
Mapeando o Axé — Pesquisa Socioeconômica e Cultural das Comunidades Tradicionais de Terreiro	2010/ 2011	Região Metropolitana de Belo Horizonte/MG	353	MDS, SEPPIR — Associação Filmes de Quintal
		Região Metropolitana de Porto Alegre/RS	1.342	
		Região Metropolitana de Belém/PA	1.089	
		Região Metropolitana de Recife/PE	1.261	

TÍTULO	ANO	ABRANGÊNCIA	QUANT. DE CASAS MAPEADAS	REALIZAÇÃO/ EXECUÇÃO
Mapeamento dos Terreiros de João Pessoa	2011	João Pessoa/PB	111	Casa de Cultura Ile Ase D'Osoguiã — IAO
Cadastro de Terreiros de Umbanda e Candomblé do Estado de São Paulo	2011	Estado de São Paulo	725	FFLCH/USP-SP
Mapeamento dos Espaços de Religião de Matriz Africana no Recôncavo Baiano e no Baixo Sul	2010/ 2011	33 municípios do Recôncavo e da sub-região do Baixo Sul, na Bahia	420	Secretaria de Promoção da Igualdade do Estado da Bahia
Territórios do Axé: religiões de matriz africana em Florianópolis e municípios vizinhos	2016	Florianópolis e Região	210	NUER/UFSC
Ações de Identificação de Comunidades de Matriz Africana em Boa Vista	2016-2018	Boa Vista	11	IPHAN-RR

ANEXO 4

Imagens

Correio da Bahia

Casa Branca é o primeiro monumento negro tombado

Recuperação do Centro ganhará Cr$ 500 milhões

Expectativa da Yalorixá

Depoimento de Pierre Verger

IMAGEM 1: Correio da Bahia, 1 de junho de 1984.

1486-T-01
PT-BA-1486.1-0-0-3

SOCIEDADE
CRUZ SANTA
DO AXÉ
DE OPÔ AFONJÁ

Salvador, 25 de janeiro de 2000.

Para: Dr.Francisco de Assis Santana
Superintendente 7ª Regional do IPHAN Salvador

De: Mãe Stella de Oxossi
Yalorixá do Ilê Axé Opô Afonjá

P.c.: Exmo. Sr. Dr. Francisco Weffort
Ministro de Estado da Cultura

Dr. Carlos Heck
Presidente do IPHAN

Referência: **PEDIDO DE TOMBAMENTO DO CANDOMBLÉ BATE-FOLHA**

Senhor Superintendente:

O ato que oficializou o tombamento do Candomblé Ilê Axé Opô Afonjá, realizado no dia 25 de novembro de 1999 no próprio terreiro, presidido pelo Sr. Ministro Francisco Weffort com a presença do Presidente do IPHAN Sr. Carlos Heck e de várias autoridades, marcou, definitivamente, a presença do Governo Federal como guardião da etnia negra em nosso país.

Aproveitando a felicidade de ver contemplada a grande nação que compõe o meu terreiro Opô Afonjá, tradicional, rigoroso em seus preceitos e refúgio de nossa ancestralidade, tomei a liberdade de pedir ao Senhor Ministro Weffort e ao Senhor Carlos Heck, que olhassem para os destinos e a existência do candomblé de outra nação, do povo Angola, também essencial para a memória e a religiosidade dos negros.

A preocupação, o interesse e a disposição das duas autoridades em nos atender, encorajaram-me a solicitar, oficialmente, que o IPHAN inicie os estudos para o

IMAGENS 2 E 3: Carta de Mãe Stella de Oxóssi ao IPHAN solicitando tombamento do Terreiro Bate-Folha. Processo n. 1486T01, fl. 03.
IPHAN, 2001.

Sociedade Cruz Santa do Axé de Opô Afonjá

tombamento do Candomblé Bate-Folha, cujo território e história somente enaltecem o Brasil e dignificam os descendentes dos africanos.

A construção do terreiro do Bate-folha, segundo os relatos orais passados de geração a geração, como é próprio do Candomblé, foi desenvolvida por negros escravos da nação Jejê, orientados por um príncipe africano trazido forçado para o Brasil. As dificuldades eram muitas e quase que intransponíveis. Mas por volta de 1912, com as terras abandonadas e o Bate-Folha enfraquecido, o negro Bernardino Manoel da Paixão tomou posso da área, registrou as terras e reformou o terreiro que era todo de palha e taipa.

Bernardino Manoel da Paixão foi o primeiro e grande líder espiritual deste terreiro e da nação Angola, transformando o Bate-Folha num centro espiritual e cultural respeitado, admirado e procurado por todos.

Os trabalhos com as folhas (insabá), cultivadas em profusão na mata sagrada do terreiro, deram o nome original do candomblé. Mas o Tata Bernardino, durante sua gestão como primeiro pai de santo, deu novo e mais completo nome para a casa do povo Angola no ano de 1920: Manso Bando Quenqué Bate-Folha.

Assim sendo, senhor Superintendente, entendo que no ano que o Brasil completa 500 anos, período em que os negros, sua saudade, sua força, sua religião, sua cultura e sua alma impregnaram a alma brasileira, peço que Vossa Senhoria oriente nossos caminhos em busca da proteção do IPHAN para uma área onde os deuses da nação Angola permanecem até hoje abençoando e zelando por nosso povo negro.

Informo que estamos providenciando o material fotográfico que vai ajudar no processo de instrução do tombamento do Bate-Folha e que, em breve, será remetido a essa Superintendência.

Cordialmente,

Mãe Stella de Oxossi
Yalorixá do Ilê Axé Opô Afonjá

ESTRADA DE SÃO GONÇALO DO RETIRO 557 · CGC [illegible] · SALVADOR · BAHIA · BRASIL

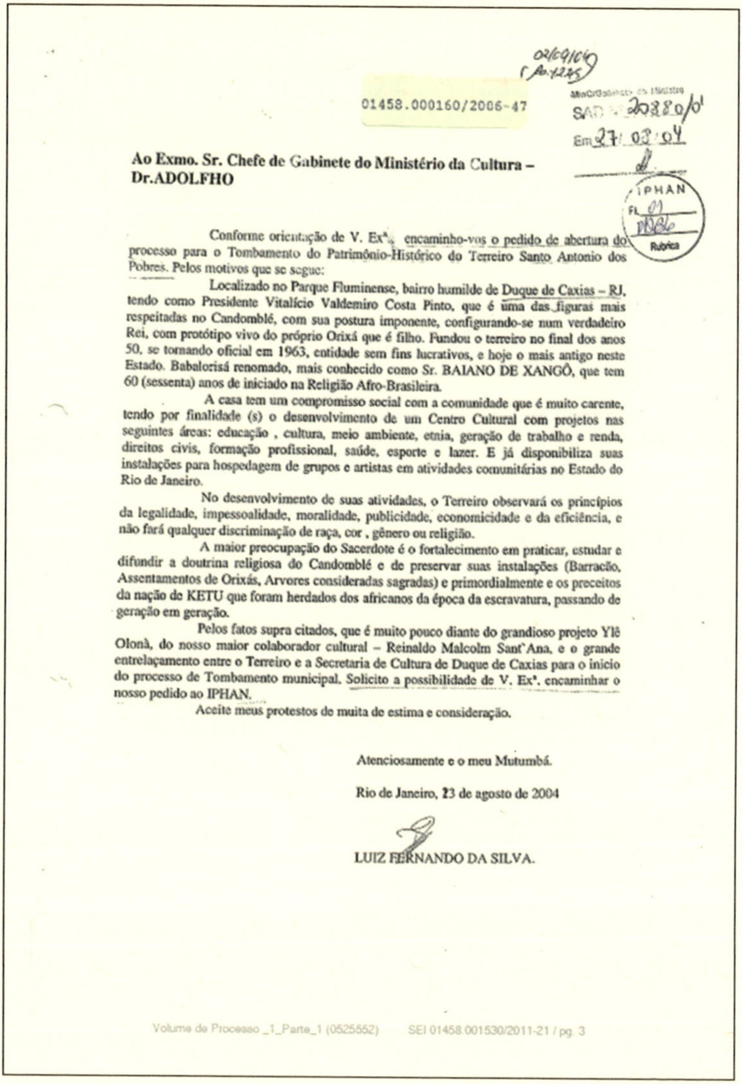

01458.000160/2006-47

Ao Exmo. Sr. Chefe de Gabinete do Ministério da Cultura – Dr.ADOLFHO

Conforme orientação de V. Exª., encaminho-vos o pedido de abertura do processo para o Tombamento do Patrimônio-Histórico do Terreiro Santo Antonio dos Pobres. Pelos motivos que se segue:

Localizado no Parque Fluminense, bairro humilde de Duque de Caxias – RJ, tendo como Presidente Vitalício Valdemiro Costa Pinto, que é uma das figuras mais respeitadas no Candomblé, com sua postura imponente, configurando-se num verdadeiro Rei, com protótipo vivo do próprio Orixá que é filho. Fundou o terreiro no final dos anos 50, se tornando oficial em 1963, entidade sem fins lucrativos, e hoje o mais antigo neste Estado. Babalorisá renomado, mais conhecido como Sr. BAIANO DE XANGÔ, que tem 60 (sessenta) anos de iniciado na Religião Afro-Brasileira.

A casa tem um compromisso social com a comunidade que é muito carente, tendo por finalidade (s) o desenvolvimento de um Centro Cultural com projetos nas seguintes áreas: educação , cultura, meio ambiente, etnia, geração de trabalho e renda, direitos civis, formação profissional, saúde, esporte e lazer. E já disponibiliza suas instalações para hospedagem de grupos e artistas em atividades comunitárias no Estado do Rio de Janeiro.

No desenvolvimento de suas atividades, o Terreiro observará os princípios da legalidade, impessoalidade, moralidade, publicidade, economicidade e da eficiência, e não fará qualquer discriminação de raça, cor , gênero ou religião.

A maior preocupação do Sacerdote é o fortalecimento em praticar, estudar e difundir a doutrina religiosa do Candomblé e de preservar suas instalações (Barracão, Assentamentos de Orixás, Arvores consideradas sagradas) e primordialmente e os preceitos da nação de KETU que foram herdados dos africanos da época da escravatura, passando de geração em geração.

Pelos fatos supra citados, que é muito pouco diante do grandioso projeto Ylê Olonà, do nosso maior colaborador cultural – Reinaldo Malcolm Sant'Ana, e o grande entrelaçamento entre o Terreiro e a Secretaria de Cultura de Duque de Caxias para o inicio do processo de Tombamento municipal. Solicito a possibilidade de V. Exª. encaminhar o nosso pedido ao IPHAN.

Aceite meus protestos de muita de estima e consideração.

Atenciosamente e o meu Mutumbá.

Rio de Janeiro, 23 de agosto de 2004

LUIZ FERNANDO DA SILVA.

Volume de Processo _1_Parte_1 (0525552) SEI 01458.001530/2011-21 / pg. 3

IMAGEM 4: Carta com solicitação de tombamento do Terreiro Santo Antonio dos Pobres — Ilê Ogum Memgegê. Processo n. 1533-T-06, fl. 03. IPHAN, 2006.

IPHAN
Fl. 01
Rubrica

FEDERAÇÃO NACIONAL DO CULTO AFRO-BRASILEIRO
FUNDADA A 24 DE NOVEMBRO DE 1946
CNPJ:14.443.014/0001-94
Utilidade Pública Lei n. 6866 de 17/07/95 e Lei Municipal n. 5.718/2000

OLORUN ELEDA

GABINETE DO PRESIDENTE

MinC/Gabinete do Ministro
SAD Nº 2580/05
Em 02/02/05

Exmo. Sr.
Dr. Gilberto Gil Moreira
MD: Ministro da Cultura

Na qualidade de representante da Federação Nacional do Culto Afro Brasileiro, Entidade que congrega as casas de Culto de Matriz Africana no Brasil, com várias Coordenações a nível Nacional, reconhecida de Utilidade Pública Municipal, Estadual, Federal e registrada no Conselho Nacional de Assistência Social.

Dessa forma vimos requerer de V. Execia. o processo de abertura de tombamento do Terreiro de Candomblé Asé Nassó Oká Ilê Osun da Titular Areonite da Conceição Chagas – RG nº 2194414-11 PM, CPF447.416.927-91, localizado na Rua Tamoio, 99 Miguel Couto – Nova Iguaçu, Rio de Janeiro – CEP 26.153.230 JR. Por motivo desse Terreiro de Candomblé da Nação Ketu fundado em 1970, pela Yá Nitinha de Osun filha do Terreiro da Casa Branca na Bahia o 1º Terreiro de Candomblé do Brasil. Essa é a razão de solicitar o tombamento dessa grande obra de Matriz Africana no Brasil.

Na certeza de sermos atendidos, agradecemos antecipadamente,

Cordialmente,
FEDERAÇÃO NACIONAL DO CULTO AFRO BRASILEIRO

Aristides Mascarenhas
Presidente Nacional

Rua Alfredo Brito,39 Pelourinho - Tel : (071) 322-0174/ 3841-7167-CEP:40025-040
SALVADOR – BAHIA

IMAGEM 5: Carta com solicitação de tombamento do Terreiro de Candomblé Asé Nassó Oká Ilê Osun. Processo n. 1531-T-06, fl. 01. IPHAN, 2006.

CNPJ n.º 02.449.416/0001-17
Endereço: Rua do Carmo, n.º 15
Bairro: Parque Amorim
Município: Belford Roxo/RJ
Cep.: 26.185-340
Fone: (021) 3134-9781 / 2759-1249

Entidade sem fins lucrativos não governamental

Fundada em 09 de outubro de 1963.

Ofício Culto n.º 001/2008

Rio de Janeiro, 15 de maio de 2008.

Excelentíssimo Senhor Ministro
Gilberto Passos Gil Moreira
Ministro da Cultura – MINC
Brasília - DF

Senhor Ministro,

O Culto Corte Real da Nação de Ijexá, CNPJ n.º 02.449.416/0001-17, casa religiosa dessa Nação Africana com o nome em Yorubá ILÊ TI OSUM OMI IYA IIYA OBA TI ÒDÔ TI OGUM ALÊ situado no Município de Belford Roxo no Estado do Rio de Janeiro, considerando que a cultura da nação africana Ijexá é praticada neste ILÊ de forma tradicional, sendo essa a casa matriz do Rio de Janeiro e objetivando preservar os rituais, as tradições afro-brasileiras praticados neste ILÊ e também seu espaço patrimonial, vem pleitear através de seu fundador, com mais de 50 anos em atuação, junto a esse Ministério o tombamento da casa. Para possibilitar a análise do pleito estamos enviando anexado ao presente ofício caderno contendo a história do Ilê distribuída da seguinte maneira: histórico do Ilê, histórico do povo de Ijexá, histórico da nação de Ijexá no Brasil, histórico do sacerdote, motivador do tombamento, abaixo assinado e ações sociais praticadas na instituição.
Por oportuno, nos colocamos a disposição para quaisquer esclarecimento pelos telefones (21) 3134-9781 ou 9769-3306 e no endereço eletrônico sergiopereira12@bol.com.br.

No aguardo de retorno em breve.

Respeitosamente,

José Zeferino Aquino
RG: 7.349.189-6 IFP
Pai Zezito de Oxum
Fundador do Ilê

Sergio Pereira
RG: 39.561-5 CRC/RJ
Coordenador de Projetos Sociais

Processo Digitalizado - Volume _1_Parte_1 (0520670) SEI 01458.000940/2008-59 / pg. 3

IMAGEM 6: Carta com solicitação de tombamento do Terreiro de Candomblé Culto Corte Real Nação Ijexá. Processo n. 1.682-T-13, fl. 01. IPHAN, 2008.

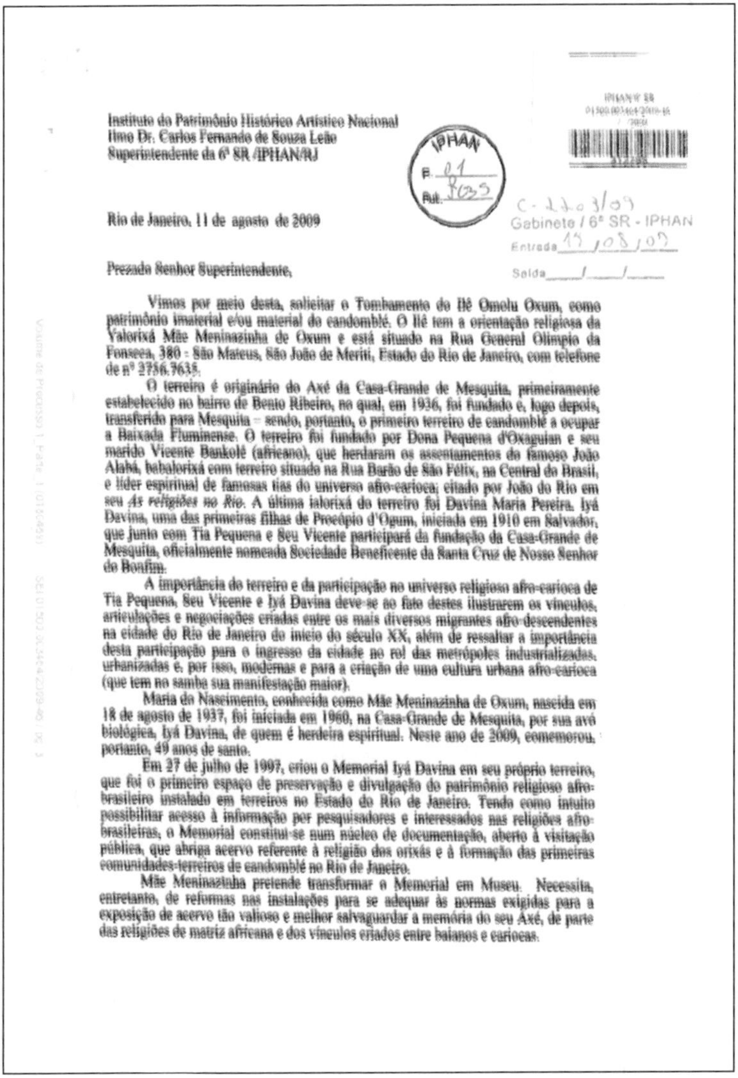

Instituto do Patrimônio Histórico Artístico Nacional
Ilmo Dr. Carlos Fernando de Souza Leão
Superintendente da 6ª SR /IPHAN/RJ

Rio de Janeiro, 11 de agosto de 2009

Prezado Senhor Superintendente,

Vimos por meio desta, solicitar o Tombamento do Ilê Omolu Oxum, como patrimônio imaterial e/ou material do candomblé. O Ilê tem a orientação religiosa da Yalorixá Mãe Meninazinha de Oxum e está situado na Rua General Olimpio da Fonseca, 380 - São Mateus, São João de Meriti, Estado do Rio de Janeiro, com telefone de nº 2756.7635.

O terreiro é originário do Axé da Casa-Grande de Mesquita, primeiramente estabelecido no bairro de Bento Ribeiro, no qual, em 1936, foi fundado e, logo depois, transferido para Mesquita - sendo, portanto, o primeiro terreiro de candomblé a ocupar a Baixada Fluminense. O terreiro foi fundado por Dona Pequena d'Oxaguian e seu marido Vicente Bankolê (africano), que herdaram os assentamentos do famoso João Alabá, babalorixá com terreiro situado na Rua Barão de São Félix, na Central do Brasil, e líder espiritual de famosas tias do universo afro-carioca; citado por João do Rio em seu *As religiões no Rio*. A última ialorixá do terreiro foi Davina Maria Pereira, Iyá Davina, uma das primeiras filhas de Procópio d'Ogum, iniciada em 1910 em Salvador, que junto com Tia Pequena e Seu Vicente participará da fundação da Casa-Grande de Mesquita, oficialmente nomeada Sociedade Beneficente da Santa Cruz de Nosso Senhor do Bonfim.

A importância do terreiro e da participação no universo religioso afro-carioca de Tia Pequena, Seu Vicente e Iyá Davina deve-se ao fato destes ilustrarem os vínculos, articulações e negociações criadas entre os mais diversos migrantes afro-descendentes na cidade do Rio de Janeiro do início do século XX, além de ressaltar a importância desta participação para o ingresso da cidade no rol das metrópoles industrializadas, urbanizadas e, por isso, modernas e para a criação de uma cultura urbana afro-carioca (que tem no samba sua manifestação maior).

Maria do Nascimento, conhecida como Mãe Meninazinha de Oxum, nascida em 18 de agosto de 1937, foi iniciada em 1960, na Casa-Grande de Mesquita, por sua avó biológica, Iyá Davina, de quem é herdeira espiritual. Neste ano de 2009, comemorou, portanto, 49 anos de santo.

Em 27 de julho de 1997, criou o Memorial Iyá Davina em seu próprio terreiro, que foi o primeiro espaço de preservação e divulgação do patrimônio religioso afro-brasileiro instalado em terreiros no Estado do Rio de Janeiro. Tendo como intuito possibilitar acesso à informação por pesquisadores e interessados nas religiões afro-brasileiras, o Memorial constitui-se num núcleo de documentação, aberto à visitação pública, que abriga acervo referente à religião dos orixás e à formação das primeiras comunidades-terreiros de candomblé no Rio de Janeiro.

Mãe Meninazinha pretende transformar o Memorial em Museu. Necessita, entretanto, de reformas nas instalações para se adequar às normas exigidas para a exposição de acervo tão valioso e melhor salvaguardar a memória do seu Axé, de parte das religiões de matriz africana e dos vínculos criados entre baianos e cariocas.

IMAGEM 7: Carta com solicitação de tombamento do Terreiro Ilê. Omolu Oxum. Processo n. 1.716-T-14, fl. 01 e 02. IPHAN, 2009.

Com o apoio do IPHAN para o Tombamento de seu terreiro, pretendemos realizar seu sonho de salvaguardar a memória do Ilê Omolu Oxum e, por extensão, das religiões de matriz africana, através da criação do Museu da Casa Grande de Mesquita.

O Ilê Omolu Oxum teve a honra de fazer parte do inventário realizado pelo projeto "Mapeamento dos Terreiros de Candomblé do Rio de Janeiro" (6ª SR/IPHAN). Desta forma, tomamos conhecimento dos instrumentos legais de proteção da nossa memória.

Sendo assim, contamos com o apoio e colaboração dos representantes do IPHAN para estudar a possibilidade de nos agraciar com o Tombamento do nosso Terreiro.

Olorum Modupé!

Maria do Nascimento

Mãe Meninazinha de Oxum
Maria do Nascimento

IPHAN
Fl. 02
Rub. [illegible]

IMAGEM 8: Continuação da carta com solicitação de tombamento do Terreiro Ilê. Omolu Oxum. Processo n. 1.716-T-14, fl. 01 e 02. IPHAN, 2009.

IMAGEM 9: Terreiro Filhos de Obá, Laranjeiras, SE, outubro de 2013.
FOTO: LUCIANE BARBOSA

IMAGEM 10: Casa de Oxumarê, Salvador, BA, julho de 2014. Babá Pecê ao centro com algumas lideranças de terreiro, dentre elas Mãe Beata de Iemanjá, em ocasião da visita do Rei de Oyó (Nigéria), Alafin Olayiwola Adeyemi III.

FOTO: LUCIANE BARBOSA

IMAGEM 11: O Terreiro do Alaketu Ilê Maroialaji recebeu o Rei de Oyó (Nigéria), Alafin Olayiwola Adeyemi III, em julho de 2014, em evento organizado pelo IPHAN e terreiros tombados de candomblé Ketu, em Salvador, Bahia, de vínculo étnico com o povo iorubá.

FOTO: LUCIANE BARBOSA

REFERÊNCIAS

ALMEIDA, Luiz Fernando; AMORIM, Carlos A. *Políticas de Acautelamento do IPHAN para Templos de Culto Afro-Brasileiros.* Salvador: IPHAN, 2012.

ALMEIDA, Silvio Luiz. *O que é racismo estrutural?* Belo Horizonte: Letramento, 2018.

ALVES, Elder P. Maia (ed.). *Políticas culturais para as culturas populares no Brasil contemporâneo*. Maceió: UFAL, 2011.

ALVES, Luiz Gustavo Guimarães Aguiar. *'Liberte nosso sagrado'*: as disputas de uma reparação histórica. Dissertação (Mestrado em História) — Programa de Pós-Graduação em História do Instituto de História, Universidade Federal Fluminense, 2021.

BAPTISTA, José Renato de Carvalho. Não é meu, nem é seu, mas tudo faz parte do axé: algumas considerações preliminares sobre o tema da propriedade de terreiros de candomblé. *Religião e Sociedade*, v. 28, n. 2, p. 138-155, 2008.

CALABRE, Lia; RUBIM, Antonio Albino Canelas; BARBALHO, Alexandre Almeida (ed.). *Políticas culturais no governo Dilma*. Salvador: UFBA, 2015.

CAMPOS, Marcus Vinícius Santos de; SOUZA, Luciane Barbosa de; OLIVEIRA, Otair Fernandes de. As políticas de preservação do patrimônio cultural dos terreiros de matriz africana no estado do Rio de Janeiro. In: Anais do *VII Congresso Internacional Interdisciplinar em Sociais e Humanidades (CONINTER)*, Rio de Janeiro, RJ, 2018.

CHAUI, Marilena. Cultura e democracia. *Crítica y emancipación: Revista Latinoamericana de Ciencias Sociales (Clacso)*, año 1, n. 1, p. 53-76, 2008.

CHUVA, Márcia Regina R. *Os Arquitetos da Memória*: sociogênese das práticas de preservação do patrimônio cultural no Brasil (anos 1930-1940). Rio de Janeiro: UFRJ, 2009.

CHUVA, Márcia Regina R. Por uma história da Noção de Patrimônio Cultural no Brasil. *Revista do Patrimônio Histórico e Artístico Nacional*, n. 34, p. 147-165, 2011.

CID, Gabriel da Silva Vidal. *A memória como projeto*: tensões e limites do processo de patrimonialização da capoeira. Tese (Doutorado em Sociologia). Programa de Pós-Graduação do Instituto de Estudos Sociais e Políticos, Universidade do Estado do Rio de Janeiro, 2016.

CID, Gabriel da Silva Vidal. Políticas para o patrimônio cultural afro-brasileiro: algumas interpretações acerca do registro da capoeira e de tombamentos de terreiros de candomblé. In: Anais do *19° Congresso Brasileiro de Sociologia*, Florianópolis, SC, 2019.

CID, Gabriel da Silva Vidal. Políticas para a capoeira: patrimônio cultural como reconhecimento e acesso à cidadania. *Naui: Dinâmicas Urbanas e Patrimônio Cultural*, v. 9, n. 17, p. 175-192, jul./dez. 2020.

CID, Gabriel da Silva Vidal; AGUIAR, Mariana de Araújo. Los debates sobre identidad y derecho cultural en la ampliación de las acciones para el patrimonio cultural en Brasil. *Revista de Estudios Brasileños*, v. 6, n. 13, p. 35-47, 2020.

CID, Gabriel da Silva Vidal; SOUZA, Luciane Barbosa de; VIEIRA, Sandra Regina Fabiano Rosário. Tombamento de Terreiros de Candomblé: algumas questões iniciais sobre o caso do estado do Rio de Janeiro". In: Anais do *X Seminário Internacional de Políticas Culturais*, Rio de Janeiro, Fundação Casa de Rui Barbosa, p. 544-554, 2019.

CID, Gabriel da Silva Vidal; SANTOS, Myrian Sepúlveda dos. Memória Afro-brasileira. In. *Memória coletiva e justiça social*. São Paulo: Ed. Annablume.

CUNHA, Juliana da Mata. *Quem pode mais do que o dono da casa?* Participação social no processo de patrimonialização do Terreiro Ilê Obá Ogunté (Sítio de Pai Adão) no Recife-PE. Dissertação (Mestrado Profissional em Preservação do Patrimônio Cultural) — Instituto do Patrimônio Histórico e Artístico Nacional, Rio de Janeiro, 2018.

DOMINGUES, João Luiz Pereira. *Programa Cultura Viva*: políticas culturais para a emancipação das classes populares. Rio de Janeiro: Luminária Academia/Multifoco, 2010.

DOMINGUES, José Maurício. As subjetividades coletivas e as províncias prático-hermenêuticas da vida social. *Tempo Social: Revista de Sociologia da USP*, v. 32, n. 3, p. 311-328, 2020.

DOURADO, Odete. Antigas falas, novas aparências: o tombamento do Ilê Axé Iyá Nassô Oká e a preservação dos bens patrimoniais no Brasil. *Risco: Revista de pesquisa em arquitetura e urbanismo*, Programa de Pós-Graduação do Instituto de Arquitetura e Urbanismo da USP, v. 14, n. 2, 2011.

ELIAS, Norbert. *Sobre o Tempo*. Rio de Janeiro: Jorge Zahar, 1998.

FONSECA, Maria Cecília Londres. Da modernização à participação: a política federal de preservação nos anos 70 e 80. *Revista do Patrimônio Histórico e Artístico Cultural*, n. 24, p. 153-163, 1996.

GUIMARÃES, Manoel Luiz Salgado. Nação e Civilização nos Trópicos: Instituto Histórico e Geográfico Brasileiro e o projeto de uma História Nacional. *Estudos Históricos*, v. 1, n. 1, p. 5-27, 1998.

LEAL, Claudia Feierabend Baeta; SILVA, Giorge Patrick Bessoni. Quando patrimônio é caso de polícia: perseguições, aceitações e reconhecimentos na trajetória do patrimônio cultural brasileiro. In: Anais do *31º Simpósio Nacional de História (ANPUH), ST 123 Patrimônio Cultural e a Crise da Democracia*, Rio de Janeiro, 20 jul. 2021.

LIMA FILHO, Manuel Ferreira. Cidadania Patrimonial. *Revista Anthropológicas*, ano 19, v. 26, n. 2, p. 134-155, 2015.

MATTOS, Hebe; ABREU, Martha; GURAN, Milton. *Inventário dos Lugares de Memória do Tráfico Atlântico de Escravos e da História dos Africanos Escravizados no Brasil*. Niterói: Universidade Federal Fluminense, 2014.

MATOS, Denis Alex Barboza de. *A Casa do "Velho"*: o significado da matéria no Candomblé. Dissertação (Mestrado em Arquitetura e Urbanismo) — Faculdade de Arquitetura da Universidade Federal da Bahia, 2017.

MOTTA, Lia. *Sítios Urbanos e Referência Cultural*: a situação exemplar da Maré. Tese (Doutorado em Urbanismo) — Programa de Pós-Graduação em Urbanismo da Universidade Federal do Rio de Janeiro, 2017.

MUNANGA, Kabengele. Território e Territorialidade como Fatores Constitutivos das Identidades Comunitárias no Brasil: Caso das Comunidades Quilombolas. In: NOGUEIRA, João Carlos; NASCIMENTO, Tânia Tomázia do (org.). *Patrimônio Cultural, Territórios e Identidades*. Florianópolis: Atilènde, 2012.

OLIVEIRA, Luís Cláudio de; SILVA, Paulo Henrique Menezes. Patrimônio, memória e resistência em tempos de traficantes de Jesus. In: Anais do *III Congresso Internacional e Interdisciplinar em Patrimônio Cultural*, Rio de Janeiro, 7-11 jun. 2021.

OLIVEIRA, Otair Fernandes de [et. al]. Dossiê Bens Culturais dos Povos e Comunidades Tradicionais de Matriz Africana da Região Metropolitana do Estado do Rio de Janeiro (PMAF-RMRJ). Nova Iguaçu: Universidade Federal Rural do Rio de Janeiro, 2020.

PAZ, Francisco Phelipe Cunha. Do "só o espaço" ao lugar de memória: preservação de bens culturais de matriz africana uma questão de "lugar"?. *Revista Calundu*, v. 1, n.1, p. 93-116, jan./jun. 2017.

POLLACK, Michel. Memória, esquecimento, silêncio. *Estudos Históricos*, v. 2, n. 3, p. 3-15, 1989.

POLLACK, Michel. Memória e identidade social. *Estudos Históricos*, v. 5, n. 10, p. 200-212, 1992.

SANTOS, Babalawô Ivanir dos [et al.] (ed.). *Intolerância religiosa no Brasil*: relatório e balanço. Rio de Janeiro: Klíne, CEAP, 2016.

RABELLO, Sonia. *O Estado na preservação dos bens culturais*: o tombamento. Rio de Janeiro: IPHAN, 2009.

RUBINO, Silvana. O mapa do Brasil Passado. *Revista do Patrimônio Histórico e Artístico Nacional*, v. 24, p. 97-105, 1996.

SANT'ANNA, Márcia (org.). *O registro do patrimônio imaterial*: dossiê final das atividades da Comissão e do Grupo de Trabalho Patrimônio Imaterial. Brasília: IPHAN, 2012.

SANTOS, Myrian Sepúlveda dos. *Memória coletiva & teoria social*. São Paulo: Ed. Annablume, 2003.

SANTOS, Myrian Sepúlveda dos. Representations of black people in Brazilian museums. *Museum and Society*, v. 3, n. 1, p. 51-65, 2005.

SANTOS, Myrian Sepúlveda dos. *Memória coletiva e identidade nacional*. São Paulo: Ed. Annablume, 2013.

SANTOS, Walkyria C. da Silva. *Políticas Públicas de Reafricanização*: Tombamento dos Terreiros de Candomblé do Estado da Bahia. Dissertação (Mestrado em Gestão de Políticas Públicas e Segurança Social) — Centro de Ciências Agrárias, Ambientais e Biológicas, da Universidade Federal do Recôncavo da Bahia, 2015.

SERRA, Ordep. Monumentos Negros: uma experiência. *Afro-Ásia*, v. 33, p. 169-205, 2005.

SODRÉ, Muniz. *Aula inaugural do Professor Doutor Muniz Sodré do segundo semestre do Programa de Pós-Graduação em Patrimônio, Cultura e Sociedade*. Nova Iguaçu: Universidade Federal Rural do Rio de Janeiro, 2018. Disponível em: https://www.youtube.com/watch?v=7wm1r7wJlbc. Acesso em: 29 ago. 2021.

SODRÉ, Muniz. *O terreiro e a cidade*: a forma social negro-brasileira. Rio de Janeiro: Mauad X, 2019.

SOUZA, Luciane Barbosa de. Os Terreiros de Matriz Africana nos Processos do IPHAN: debates no campo do Patrimônio Cultural. In: Anais do *X Congresso Brasileiro de Pesquisadores Negros* (COPENE), Uberlândia, 2018a.

SOUZA, Luciane Barbosa de. O tombamento do Ilê Iyá Nassô Oká pelo IPHAN: um estudo de caso. In: FELIPE, Delton Aparecido; OLIVEIRA, Otair Fernandes; ESCOBAR, Giane Vargas (org.). *Patrimônio e Cultura Afro-Brasileira*: Memória, Identidade e Reconhecimento. Coleções Especiais do X COPENE/ABPN. Franca, SP: Ribeirão Gráfica e Editora, 2018b. p 92-110.

SOUZA, Luciane Barbosa de. *O que não salvaguarda, o racismo leva*: a pertença das comunidades de terreiro nos processos de tombamento do IPHAN. Dissertação (Mestrado em Patrimônio, Cultura e Sociedade) — Instituto Multidisciplinar da Universidade Federal Rural do Rio de Janeiro, 2019.

SOUZA, Luciane Barbosa de. A salvaguarda dos lugares sagrados: ações afirmativas para a valorização da memória e do patrimônio cultural afro-brasileiro. In: MELO, Diogo Jorge de; SANTOS, Luane Bento dos; ROMEIRO, Nathália Lima; RANGEL, Thayron Rodrigues (org.). *Repensar o sagrado*: as tradições religiosas no Brasil e sua dimensão informacional. Florianópolis, SC: Rocha Gráfica e Editora, 2021. p. 69-87.

TURINO, Célio. Era uma vez o Programa Cultura Viva. *Revista Observatório Itaú Cultural*, n. 15, p. 21-26, 2013.

VELHO, Gilberto. Patrimônio, negociação e conflito. *Mana*, v. 12, n. 1, p. 237-248, 2006.

ZAMBUZZI, Mabel. *O espaço material e imaterial do Candomblé na Bahia*: o que é proteger? Dissertação (Mestrado em Arquitetura e Urbanismo) — Faculdade de Arquitetura e Urbanismo da Universidade Federal da Bahia, 2010.

Patrimônio cultural, comunidades remanescentes de quilombos e reparação: interconexões entre direitos culturais, territoriais e ambientais

JOSEANE PAIVA MACEDO BRANDÃO

Patrimônio, reconhecimento social e reparação: os anos 1980 e as demandas para a constituição de um patrimônio afro-brasileiro

Para iniciar a discussão, parte-se da argumentação de Saillant (2016), que trabalha com a perspectiva de que pedidos de reparação são solicitações de reconhecimento. Segundo essa autora, a teoria de Honneth permite reunir a experiência individual e a coletiva, o direito e o Estado, por conta das três esferas de reconhecimento com que o autor trabalha, que envolvem os níveis individual, intrafamiliar, intracomunitário e jurídico-político. Nesse caso, a experiência de uma identidade positiva implica a relação entre as três esferas do reconhecimento.

Desse modo, reconhecer identidades em um ambiente plural é fundamental nas sociedades contemporâneas e, além disso, é preciso que se assumam também as feridas, os sofrimentos e as injustiças históricas[1] dos quais grupos minoritários e minorizados foram vítimas em dado contexto. Nesse sentido, há um vínculo entre o reconhecimento de identidades de grupos minoritários ou que passaram por experiências

1 "O mal inscrito em um sistema histórico tem a particularidade de se perpetuar por um longo período de tempo e de ser sentido como tal ao longo de várias gerações ou até mesmo séculos" (Saillant, 2016, p. 23).

de minorização, a produção de conhecimento acerca do passado de injustiça histórica, os pedidos de reparação de grupos organizados e a resposta da sociedade aos pedidos de reparação em forma de leis, políticas, ações da sociedade civil etc. (Guimarães, 2001, p. 160-161). Saillant, entretanto, argumenta que o reconhecimento não pode se desvincular do discurso da injustiça. Portanto, reconhecer identidades afrodescendentes na sociedade brasileira implica tratar do passado de colonização e escravidão e de suas consequências.

> Para desnaturalizar a forma como, ainda hoje, a instituição da escravidão é pensada no Brasil, é urgente exercitar o dever de memória em relação aos que não sobreviveram. É preciso também, para além do reconhecimento da dívida do Brasil com todos aqueles que sofrem com o racismo, reconhecer a especificidade da dívida da sociedade brasileira com os descendentes diretos da última geração de africanos. Trazidos à força ao país há menos de 150 anos, seus descendentes compõem a maior parte das comunidades remanescentes de quilombo e dos grupos detentores do patrimônio cultural brasileiro de matriz africana oficialmente reconhecido (Mattos, 2016, p. 10).

A denúncia da democracia racial como mito se dá, portanto, no contexto das críticas à farsa da democracia política e passa a ser a principal arma ideológica dos movimentos negros para ampliar sua participação na sociedade brasileira nos anos 1980, seja em termos materiais ou culturais (Guimarães, 2001, p. 147). Apesar das mudanças contemporâneas, não é difícil afirmar que ainda hoje essas noções fazem parte das visões de mundo dos brasileiros em geral e são reproduzidas pela mídia, em narrativas oficiais do Estado e mesmo no sistema educacional.

Atualmente, como ressalta Saillant, as reparações fazem parte das medidas de justiça transicional, ou seja, referentes ao conjunto de medidas políticas e judiciais utilizadas como reparação das violações de direitos humanos. A autora afirma que as reparações podem ser: compensações financeiras, restituição de bens, reabilitação de vítimas, procura e restabelecimento da verdade histórica e garantia de não repetição do mal; mas também podem ter caráter simbólico, como: desculpas públicas, pedidos de perdão que reconheçam os sofrimentos causados às vítimas e também ações ligadas às artes, à espiritualidade e à ritualidade. Uma vez que a justiça transicional está ligada ao restabelecimento do Estado de direito e é o Estado que declara e enquadra as medidas de reparação, Saillant ressalta que há um limite para a aplicação dessas medidas no caso da escravidão, que foi anterior ao arcabouço jurídico da justiça transicional (Saillant, 2016, p. 26-27).

Na Constituição Federal de 1988, o reconhecimento constitucional dos territórios quilombolas (as comunidades de remanescentes de quilombo) e a previsão de regularização fundiária das terras tradicionalmente ocupadas por esses grupos foi um dos primeiros dispositivos legais no Brasil a ser considerado uma ação de reparação.

Entretanto, essa autora questiona se as reparações concedidas pelo Estado estão gerando reconhecimento individual e coletivo do ponto de vista das vítimas. Sendo assim, ela pensa em reparações diferentes das feitas pelo Estado, incluindo reparações simbólicas que caminham junto com o reconhecimento social. Daí se destaca a importância de encontrar o entrelaçamento das dimensões jurídico-políticas e culturais das reparações. Podemos pensar, desse modo, na importância também das "reparações vindas de baixo", isto é, nas ações coletivas que não esperam o reconhecimento social do Estado e do direito. São formas de se tornar visível socialmente, de forma positiva, tanto individual como coletivamente.

Desse modo, é possível pensar em políticas governamentais de patrimônio[2] como esferas que articulam o reconhecimento nas suas

---

2 Segundo Lima e Castro (2015, p. 35), "as *políticas governamentais* devem ser entendidas como planos, ações e tecnologias de governo formuladas não só desde organizações administrativas de Estados nacionais, mas também a partir de diferentes modalidades de organizações que estão fora desse âmbito mas que exercem funções de governo. Pensamos aqui em ONGs e movimentos sociais, assim como em organismos multilaterais de fomento e de cooperação técnica internacional para o desenvolvimento".

dimensões cultural e jurídico-política. A patrimonialização[3] é uma forma de reconhecimento da cultura e da história de um grupo pelo Estado e, muitas vezes, pela comunidade internacional, como no caso dos patrimônios reconhecidos pelas convenções da Organização das Nações Unidas para a Educação, a Ciência e a Cultura (Unesco), associando restauração, valorização, preservação, salvaguarda e produção de conhecimentos. Logo, podemos pensar nesse campo como parte das ações de reparação simbólicas e políticas. As políticas de patrimônio mobilizam dinâmicas que ligam Estado, sociedade civil e comunidades detentoras de patrimônio; nesse sentido, a luta pela constituição de um patrimônio afro-brasileiro, organizada no país desde os anos 1980, gerou ações e processos no campo das políticas governamentais que podem ser pensadas como reparações.

> Na perspectiva de Axel Honneth, há processos de reparações que articulam coletiva e explicitamente o reconhecimento jurídico-político e o reconhecimento cultural. As mudanças em andamento no campo do patrimônio vêm reforçar uma tal sinergia no espaço público (Saillant, 2016, p. 45).

Como já amplamente debatido, a gênese do patrimônio histórico e artístico está atrelada à ideia de nação e à formação dos Estados nacionais, resultantes de processos, ao longo dos séculos XVII, XVIII e XIX, que envolveram disputas e estratégias diversas para estabelecer um sentimento de cultura partilhada entre os membros da pátria. A identidade nacional dependeu, sobretudo, do reconhecimento de um "passado comum", sustentado por "tradições inventadas" (Hobsbawm; Ranger, 2012) ou reapropriadas, mitos fundadores, lendas de tradição oral e versões oficiais da história no espaço geograficamente delimitado

[3] Neste artigo, considera-se a patrimonialização como uma prática cultural de atribuição de valor a objetos, bens e práticas culturais, e a eleição destes como patrimônios culturais, representantes de uma coletividade e dignos de reconhecimento público. Esse processo é composto pela articulação de decisões políticas, estratégias sociais e práticas culturais.

do Estado-nação. Os bens que formam o patrimônio histórico e artístico viriam objetivar, legitimar e conferir realidade à "comunidade imaginada" (Anderson, 2008) que é a nação, materializando a sua ancestralidade (Gonçalves, 1996).

O pensamento que se consolidou em relação ao patrimônio no Brasil constituía a nação brasileira, afastando-se dos regionalismos no sentido de possibilitar que o país pertencesse ao rol das nações modernas. Partindo da crença na universalidade da arte e da cultura, o grupo do Serviço do Patrimônio Histórico e Artístico Nacional (Sphan)[4] valorizou o passado colonial, que representava as "origens" da nação, de matriz portuguesa, a partir da qual, no entanto, se configuraria um universo típico do Brasil. A produção artística do Barroco mineiro foi considerada a primeira genuinamente brasileira, sendo enquadrada na classificação tradicional da história da arte do mundo ocidental (Chuva, 2003).

Como visto, nas duas últimas décadas do século XX houve a afirmação dos multiculturalismos e a valorização da diferença a partir de novas categorias étnicas, religiosas e de gênero que se descolam da ideia de uma comunidade nacional homogênea. Nesse processo, a busca por reconhecimento social passa pela identificação com memórias coletivas particulares, que lutam por legitimidade no discurso histórico oficial, por representação política e por direitos. Tal fenômeno provocou uma reorientação dos discursos e estratégias das instituições associadas à preservação dos patrimônios culturais, que passaram a ser apropriadas como instrumento de construção de cidadania e afirmação social da identidade de grupos que demandam visibilidade e acesso a direitos.

---

4 Nos anos finais da década de 1930, no regime do Estado Novo, o Brasil passou a ter uma política cultural voltada para a construção de uma identidade unificada de nação. Diversas leis e instituições governamentais foram criadas com o objetivo de possibilitar uma intervenção sistemática do Estado no imaginário nacionalista da sociedade. Em 1937, foi criado o Serviço do Patrimônio Histórico e Artístico Nacional (Sphan) e promulgado o Decreto-Lei nº 25, de 30 de novembro, organizando a proteção do patrimônio histórico e artístico nacional. Nesse contexto, tínhamos um campo intelectual nacionalista associado ao movimento modernista, que pensava tradição e modernidade de forma associada e conformou o discurso sobre o patrimônio histórico e artístico no Brasil (Chuva, 2003).

Tratar das políticas de patrimônio no Brasil com foco no tema do reconhecimento social e da reparação requer iluminar o contexto de redemocratização do país na década de 1980, após a ditadura civil-militar. A valorização do patrimônio cultural na época esteve profundamente articulada com as disputas de memória na sociedade brasileira. Com o ressurgimento dos movimentos sociais, novos agentes, para além da burocracia e dos intelectuais, demandavam participação no campo das políticas patrimoniais, e o patrimônio passa a ter papel testemunhal das temporalidades que compõem as múltiplas experiências vividas individual e coletivamente na sociedade brasileira, tornando-se, assim, importante instrumento do reconhecimento de grupos sociais e da reelaboração de identidades coletivas (Fonseca, 2005; Nogueira, 2008).

Foi no bojo desse processo que se passou a discutir com mais afinco a democratização da preservação de bens culturais e a ampliação do próprio conceito de patrimônio, conforme escreve Gilberto Velho, em 1984, na *Revista do Patrimônio*:

> A ampliação do próprio conceito de patrimônio cultural e o enriquecimento e flexibilização dos meios e instrumentos de que dispomos fazem parte de um projeto mais amplo, a longo prazo, de democratização da sociedade brasileira. Está em jogo a noção de cidadania, a questão dos direitos humanos, assim como, necessariamente, a questão fundamental da memória de uma nação (Velho, 1984, p. 39).

Assim, os debates em torno da memória nacional ganham destaque e se realizam em instâncias diferenciadas, articulando as narrativas patrimoniais dos movimentos sociais e os contextos intelectuais. Nesse processo de reelaboração de paradigmas de representação da nacionalidade, contribuiu o fortalecimento dos movimentos negros do país ao longo da década de 1980, ganhando destaque as disputas em torno da violência de Estado contra as populações negras e tradicionais (Heymann; Arruti, 2012). Há um deslocamento da memória pública em relação à escravidão e à abolição, mobilizando-se a ideia de "dívida histórica" e as expectativas de reparação social e cultural.

Além disso, a figura dos quilombos ganha centralidade política na afirmação de uma "identidade negra" e na difusão da memória da luta dos escravos contra a escravidão, opondo-se à visão, celebrada na época imperial e posteriormente, da abolição como um ato de generosidade da família real.

É importante ressaltar que desde os anos 1970 houve uma revalorização da ideia de quilombo no imaginário social brasileiro e nas narrativas construídas pelos movimentos sociais, tornando-o símbolo do processo de construção e reafirmação política, social, cultural e identitária do movimento negro na contemporaneidade e convertendo-o em "paradigma para a formação da identidade histórica e política de segmentos negros no Brasil" (Heymann; Arruti, 2012, p. 10).

Institucionalmente, no Sphan, desde a saída de Rodrigo Melo Franco de Andrade de sua presidência, em 1967,[5] as mudanças em relação às práticas de preservação caminharam no sentido de apresentá-las como compatíveis com o processo de desenvolvimento e com os novos parâmetros internacionais de preservação. A criação do Centro Nacional de Referência Cultural (CNRC) por Aloísio Magalhães, em 1975, que buscava entender as diversas formas de produção cultural e seus modos de circulação e consumo nas comunidades e grupos locais, foi importante nesse contexto.

Mais tarde, noções como "participação da comunidade" e "direitos culturais" se tornaram importantes recursos para a legitimação de uma política cultural que se pretendia democrática. O CNRC foi integrado,

5 Serviço do Patrimônio Histórico e Artístico Nacional (Sphan) foi a primeira denominação do órgão federal de proteção ao patrimônio cultural brasileiro, hoje Instituto do Patrimônio Histórico e Artístico Nacional (IPHAN).

em 1979, à Fundação Nacional Pró-Memória[6]. Com a junção Sphan/Pró-Memória, sob a direção de Aloísio Magalhães até seu falecimento, em 1982, houve a ampliação e diversificação dos quadros profissionais do órgão, o que foi importante para alargar a noção de patrimônio e para uma representação mais plural da cultura brasileira[7].

Segundo Chuva, três noções criadas ou ressemantizadas entre 1982 e 2002 são centrais para as mudanças no campo das políticas federais de patrimônio cultural, quais sejam: *referência cultural*, *quilombo* e *cidade-documento*. "Ao refletir sobre a apropriação dessas noções nos anos 1980 e 1990, veremos a configuração de novos objetos passíveis de se tornarem patrimônio, novos problemas a serem enfrentados e novas abordagens sobre antigos objetos patrimoniais" (Chuva, 2017, p. 90-91).

A noção de *referência cultural*, inicialmente formulada na década de 1970, como visto, foi fundamental para incluir grupos sociais como legítimos sujeitos de atribuição de valor patrimonial, conforme expresso nos artigos 215 e 216 da Constituição Federal de 1988 (CF/88). O artigo 216, no seu parágrafo primeiro, afirma: "O poder público, *com a colaboração da comunidade*, promoverá e protegerá o patrimônio cultural brasileiro, por meio de inventários, registros, vigilância, tombamento e desapropriação, e de outras formas de acautelamento e preservação" (Brasil, 1988b, grifo meus).

Dois tombamentos ocorridos nos anos 1980 são recorrentemente apontados como casos emblemáticos da luta pela inclusão de representações de grupos identitários afro-brasileiros no patrimônio cultural formalmente reconhecido no Brasil: o do Terreiro da Casa Branca

6 "De 1979 a 1990 o atual Instituto do Patrimônio Histórico e Artístico Nacional (IPHAN) ficou conhecido pela sigla Sphan/Pró-Memória. Ao longo desse período mudanças significativas ocorreram na trajetória das políticas públicas voltadas para a área cultural envolvendo a instituição federal de preservação do patrimônio cultural. Essa forma de organização, a Sphan/Pró-Memória, correspondeu a três momentos distintos dessa trajetória: a estrutura de secretaria foi adotada para o órgão federal de proteção ao patrimônio duas vezes, de 1979 a 1981 e de 1985 a 1990, enquanto a de subsecretaria foi aplicada nesse intervalo, ou seja, de 1981 a 1985" (Rezende et al., 2015).

7 Para entender melhor a sequência de mudanças nos arranjos administrativos e as diversas nomenclaturas do que hoje é o IPHAN, cf. Thompson (2015).

(Ilé Axé Iyá Nassô Oká), em 1984, e o da Serra da Barriga, em 1986 — "local onde se estabeleceu no século XVII o Quilombo dos Macacos, sede do Quilombo dos Palmares" (IPHAN, 1982, v. 1, p. 1). Antropólogo, professor da Universidade Federal da Bahia e intelectual com importante atuação no campo das políticas públicas de patrimônio nesse período, Ordep Serra afirma:

> Uma terceira etapa nas relações entre terreiros e o Estado viria a inaugurar-se na década de 1980, quando se deu (em algumas instâncias) o reconhecimento do significado histórico desses centros de culto enquanto depositários da memória de um importante segmento da população brasileira, e se afirmou o valor do acervo de bens culturais neles encerrados: notáveis ilê axé tornaram-se, então, objeto de iniciativas de preservação que passaram a contemplar o patrimônio formado por monumentos e símbolos do povo-de-santo. [...] o processo teve desdobramentos etnopolíticos, envolvendo a "production des identités"; acarretou redefinições institucionais, reconfigurações do panorama intelectual e a geração de novos modelos de *policy-making* no campo da cultura (Serra, 2005, p. 170).

Vários intelectuais consideram a valorização patrimonial de terreiros o começo de uma política de reparos à violência histórica que marcou a comunidade religiosa afro-brasileira, na Casa Branca e noutros espaços similares por todo o Brasil, desde o início da Primeira República (Velho, 2006, p. 240). Como ressalta Saillant,

> as religiões afro-brasileiras, como o candomblé, foram elaboradas à sombra da escravidão como espaço de memória e elaboração cultural sobre a nova realidade dos indivíduos escravizados no Brasil. Por meio dos cultos aos ancestrais se estabeleceu um vínculo simbólico entre os ancestrais e a nova terra e entre os sobreviventes e os mortos da escravidão. O espaço religioso afro-brasileiro é certamente o primeiro ato de reparação, mas esse ato não veio da autoridade política, mas de uma autoridade religiosa coletiva que soube se impor com o tempo desde o século XIX (Saillant, 2016, p. 41).

Já a discussão sobre a noção de *quilombo* e sua inserção no campo do patrimônio, segundo Chuva, "contribuiu fortemente com os novos paradigmas que colocaram a temática do patrimônio como direito e como instrumento de reparação" (Chuva, 2017, p. 96).

Na verdade, a temática dos quilombos chegou ao Sphan/Pró-Memória em 1981, antes da promulgação da CF/88, com o pedido de tombamento da Serra da Barriga pelo Conselho Geral do Memorial Zumbi. A trajetória do processo de tombamento articulou intelectuais, principalmente vinculados ao movimento negro, com múltiplas inserções em instituições governamentais e espaços acadêmicos, levando à inscrição do bem nos Livros do Tombo Histórico e do Tombo Arqueológico, Etnográfico e Paisagístico em 1986.

> No ano de 1980, verificou-se na Fundação Nacional Pró-Memória uma intensa movimentação, antes disso absolutamente inusitada nos órgãos de cultura nacionais. O coordenador do Projeto Etnias mobilizou lideranças negras de todo o país e promoveu uma histórica reunião em União dos Palmares, Alagoas, dando origem ao Memorial Zumbi. Este se instalou sob a presidência do antropólogo Olympio Serra, reunindo no seu Conselho Geral representantes de diversas organizações antirracistas, pessoas e grupos envolvidos nas lutas pelos direitos humanos, membros e líderes de comunidades negras tradicionais, várias entidades da sociedade civil. Seu Conselho Deliberativo promoveu os estudos e implementou as medidas que possibilitariam o tombamento da Serra da Barriga, em 1985 (Serra, 2005, p. 171).

O Processo de Tombamento nº 1.069-T-82, disponível no Arquivo Noronha Santos, mostra que o pedido foi encaminhado em 2 de julho de 1981 para Aloísio Magalhães em ofício assinado por Olympio Serra[8]

[8] Olympio Serra, antropólogo da Universidade Federal da Bahia, participou, juntamente com o também antropólogo Ordep Serra, do Projeto de Mapeamento de Sítios e Monumentos Religiosos Negros da Bahia (MAMNBA). O projeto foi executado a partir de convênio celebrado entre a Fundação Nacional Pró-Memória e a prefeitura de Salvador.

— coordenador do Projeto Etnias, da Sociedade Nacional da Fundação Nacional Pró-Memória[9] e presidente do Conselho Deliberativo do Memorial Zumbi — em nome do Conselho Geral do Memorial Zumbi[10]. O ofício em questão assim solicita:

> O tombamento da área aventada para que nela se instale o Memorial Zumbi: Parque Histórico Nacional destina-se não só à preservação do sítio histórico, mas também a cultivar a memória de todos que, então, lutaram na busca de sua liberdade. Tal proposta vem de encontro às aspirações de grande número de brasileiros preocupados em preservar a Memória Nacional não apenas em suas manifestações visíveis, mas também no conjunto de seus símbolos, para que estes atuem como fonte de referência para as novas gerações. Palmares, em relação aos demais Quilombos, ocupa lugar de destaque não só por ter resistido por quase um século, mas por ter concretizado o ideal de pluralidade étnica, dele tendo participado, lado a lado, negros, índios, brancos e mestiços (IPHAN, 1982, v. 1, p. 1).

Ao pedido se seguia uma representação espacial da área de 2.200 hectares[11] solicitada para compor o Parque Histórico Nacional. O volume 1 do processo de tombamento em questão é composto por 228 folhas, das quais a grande maioria é preenchida de assinaturas em apoio

---

9 Segundo Serra (2005, p. 173), o projeto era "de início voltado para o resgate de uma memória indígena: envolveu a indexação e microfilmagem de rica documentação em depósito no Museu do Índio. Mas tinha ambição maior, a saber, corrigir um sério defeito da política cultural brasileira: reparar seu etnocentrismo, sua fixação eurocêntrica. Logo passou, também, a promover iniciativas voltadas para a defesa dos valores do patrimônio negro do Brasil".

10 O Conselho Geral do Memorial Zumbi contava com 17 membros, sendo dez deles de entidades de cultura negra presentes no Seminário de Maceió e pessoas cujos trabalhos eram relativos à situação do negro no Brasil (Boletim Sphan/Pró-Memória, 1981, p. 10).

11 A área proposta para tombamento teve uma diminuição significativa, passando dos 2.200 hectares iniciais para somente a parte mais acantilada da Serra da Barriga, devido ao desenvolvimento dos estudos iniciais para implantação do Memorial Zumbi e também ao pedido de impugnação do tombamento proposto pelos proprietários da Usina Laginha, que possuía terreno na área demarcada.

ao pedido. Ao todo foram acrescidas 5.804 assinaturas de membros de grupos ligados aos movimentos negros, grupos de pesquisa, universidades, intelectuais e políticos conhecidos pela produção acadêmica e atuação política vinculadas ao papel dos afrodescendentes na sociedade brasileira. Entre essas assinaturas, temos como principais apoiadores pessoas como: Joel Rufino dos Santos, Ordep Serra, Lélia Gonzalez, Abdias do Nascimento, Elisa Larkin Nascimento e Olympio Serra, dando o tom da visão sobre o quilombo que acompanhou essa solicitação[12].

No processo, são explicitados em documento enviado pelo Conselho Geral do Memorial Zumbi os antecedentes do pedido de tombamento. É informado que em junho de 1979 a Fundação Projeto Rondon solicitou à Empresa Brasileira de Turismo avaliação de projeto para um "Parque Histórico do Zumbi", e em outubro do mesmo ano foi estabelecido um convênio entre o governo de Alagoas, a Secretaria de Planejamento do estado, a Empresa Alagoana de Turismo, o Instituto Histórico de Alagoas, a prefeitura de União dos Palmares, a prefeitura de Maceió, a Universidade Federal de Alagoas (Ufal), a Fundação Projeto Rondon e a Secretaria de Educação e Cultura de Alagoas (IPHAN, 1982).

Em 1980, foi realizado por iniciativa da Ufal, com patrocínio da Coordenação de Aperfeiçoamento de Pessoal de Nível Superior (Capes) e da Fundação Nacional Pró-Memória, o Seminário para a criação do Parque Histórico Nacional Memorial de Zumbi (IPHAN, 1982). Compareceram ao evento 70 pessoas, entre representantes de instituições

---

12 "Para Hamilton Cardoso, Lélia Gonzalez, Beatriz do Nascimento, Clóvis Moura, Joel Rufino, entre outras lideranças e intelectuais afro-brasileiros, o quilombo foi o principal modelo de organização social e luta política do negro pela liberdade. Bebendo nas narrativas marxistas, viam os quilombos como lugares habitados por todos os 'oprimidos' do sistema escravista — sobretudo negros, mas também índios e brancos pobres —, os quais viviam com liberdade, igualdade e abundância, afinal, as terras e o fruto do trabalho seriam coletivizados. Ao desenvolverem uma agricultura diversificada, oposta à monocultura, os quilombos produziriam excedentes que eram vendidos ou trocados por outras mercadorias com os vizinhos das comunidades quilombolas, constituindo uma rede de cooperação e solidariedade mútua. Por essas razões, os quilombos teriam se convertido numa ameaça à ordem vigente, na medida em que forjaram, na prática, um modelo de sociedade alternativa" (Domingues; Gomes, 2013, p. 13).

governamentais e comunidades negras, e seu resultado foi o documento "Conclusões do primeiro Seminário para a criação do Parque Histórico Nacional Memorial de Zumbi", além da própria constituição do Conselho Geral do Memorial Zumbi. Essas informações mostram a multiplicidade de parcerias institucionais e agentes atuantes para a criação e valorização desse bem patrimonial, tão conectado às novas formas de legitimação das políticas culturais no contexto dos anos 1980.

No Boletim Sphan/Pró-Memória Nº 12, de maio/junho de 1981, ou seja, antes do envio do pedido de tombamento para o secretário Aloísio Magalhães, há uma notícia sobre a realização do Seminário e a constituição do referido Conselho Geral, com destaque para Olympio Serra como presidente e Joel Rufino dos Santos[13] como secretário. Também é informado que as reuniões para definição do regimento interno da organização ocorreram nos dias 29 e 30 de abril de 1981, na sede do Sphan/Pró-Memória, em Brasília, mostrando as importantes conexões que havia na época entre intelectuais vinculados ao movimento negro, universidades e instituições governamentais.

Outros acontecimentos nesse processo são a ocorrência anual, na Serra da Barriga, de peregrinações cívicas no dia 20 de novembro, escolhido pelos movimentos sociais como Dia Nacional da Consciência

---

13 Joel Rufino dos Santos, falecido em 2015, foi um historiador, professor e escritor tido como referência nos estudos da cultura afro-brasileira. "Nasceu no Rio de Janeiro em 1941. É doutor em Comunicação e Cultura pela Universidade Federal do Rio de Janeiro. Conhecido a partir de 1960, quando participou da elaboração da revolucionária coleção de livros didáticos 'História Nova', que o levou algumas vezes aos cárceres da ditadura militar. Tem incursões em várias formas de expressão escrita, do livro didático ao romance histórico, passando também pelo teatro, pelos roteiros de televisão e pela literatura infantil. Foi subtitular da Secretaria Extraordinária de Defesa e Promoção das Populações Negras do Estado do Rio de Janeiro (1991-1992) e presidiu a Fundação Cultural Palmares do Ministério da Cultura. O historiador e escritor é referência no pensamento e na atuação contra o racismo no Brasil. Rufino foi um dos intelectuais perseguidos, após o Golpe de Estado de 50 anos atrás (1964)" (Joel..., 2018).

Negra[14] por ser considerado a data do assassinato de Zumbi, o importante líder de Palmares. Ordep Serra observa:

> [...] já em 1980, a primeira reunião do Memorial deu início a um trabalho de resgate daquele sítio, originando uma romaria cívica ao local em que teve sede o quilombo de Zumbi. Da Bahia partiram rumo a Palmares centenas de jovens ligados aos blocos afros e a diversos grupos organizados da comunidade negra. Desde aquela primeira reunião de 1980, a peregrinação cívica a Palmares se repete todos os anos, com a participação de brasileiros de todos os quadrantes, e até de estrangeiros, que para lá convergem no dia 20 de novembro. O gesto pioneiro de 1980, início de uma campanha nacional, ajudou a fixar na memória do país a data de 20 de novembro como Dia Nacional da Consciência Negra (Serra, 2005, p. 174).

Na exposição de motivos enviada pelo Conselho Geral do Memorial Zumbi (IPHAN, 1982, v. 2, p. 26-36) para o tombamento federal, temos como fundamentação legal o artigo 1º do Decreto-Lei nº 25/1937, que refere fatos memoráveis da história do Brasil, além do Decreto-Lei nº 84.017/1979, que aprova o Regulamento dos Parques Nacionais Brasileiros, lançando mão da ideia de Zona Histórica Cultural: "é aquela onde são encontradas manifestações, históricas, culturais ou arqueológicas que serão preservadas, estudadas, restauradas e interpretadas para o público, servindo à pesquisa, à educação e ao uso científico" (IPHAN, 1982, v. 2, p. 28). Havia uma expectativa muito grande de que os estudos arqueológicos a serem realizados na área pudessem contribuir fortemente para reescrever a história do Brasil, principalmente da escravidão e da abolição. Na justificativa desse documento, é perceptível a importância da parceria entre as instituições governamentais,

---

14 Domingues e Gomes (2013, p. 10) afirmam que, em 1974, o Grupo Palmares, do Rio Grande do Sul, sugeriu que o 20 de novembro, suposta data de morte de Zumbi dos Palmares, em 1695, passasse a ser comemorado como data nacional, contrapondo-se ao 13 de maio, de forma que a rememoração do passado fosse centrada na resistência heroica do Quilombo do Palmares.

as comunidades acadêmica e negra, mostrando as inserções sociais dos agentes do pedido de tombamento.

Desse modo, podemos pensar nas narrativas e articulações construídas para o tombamento federal da Serra da Barriga, local do Quilombo dos Palmares, como processo de *invenção de tradição*, objetivando a incorporação do sujeito negro na história oficial do país, com base em um ideário de identidade pluriétnica e multicultural da nação brasileira. Esse tombamento incorporou demandas por reparação simbólica do movimento negro dos anos 1980, baseado na construção de uma nova memória da nação, a partir de releituras da história e da retificação de fatos históricos. Todo esse processo tem contribuído para a reflexão sobre a escravidão no Brasil, o pós-abolição e o racismo como problemas estruturais de nossa sociedade e como oportunidade para o campo do patrimônio intervir social e culturalmente, ao associar processos de reparação ao reconhecimento do patrimônio afro-brasileiro.

Nesse caso, o argumento é que as políticas governamentais de patrimônio cumpriram a importante tarefa de incorporar a dimensão cultural e jurídico-política do reconhecimento, tendo papel relevante na dimensão de reparação que a categoria "quilombo" ganhou na CF/88 e nas suas ressemantizações posteriores.

Patrimônio, comunidades remanescentes de quilombos e reparação: a interconexão de dimensões e direitos

No ano de 1988, a Constituição Federal Cidadã é promulgada com claros avanços jurídicos em relação ao patrimônio. Além da mudança da matriz do valor cultural do Estado para a sociedade e seus segmentos (Meneses, 2012, p. 25), as categorias "imaterial", "modos de vida", "referência à identidade, à ação e à memória" e "registro" adentram o ordenamento jurídico brasileiro, implicando uma ampliação conceitual da noção de patrimônio, pensado agora por meio da categoria "patrimônio cultural".

A CF/88, ao tratar da questão quilombola, passa a prever o tombamento de sítios e reminiscências históricas dos antigos quilombos (Brasil, 1988b, art. 216, § 5º) e reconhece as terras ocupadas como propriedade definitiva dos remanescentes dessas comunidades, criando a obrigação de que sejam tituladas pelo Estado (Brasil, 1988b, art. 68). As inovações no texto constitucional trazem para o campo de atuação governamental do patrimônio as políticas afirmativas e questões ligadas às dimensões jurídico-políticas das demandas por reparação.

Yussef Campos, na sua análise das discussões acerca do patrimônio cultural no processo constituinte, mostra que "questões indeléveis sobre a posse e a propriedade de terras, locais de práticas culturais e de vivência de valores e costumes — indispensáveis para a patrimonialização de bens culturais —, foram pontos polêmicos na Assembleia Nacional Constituinte" (Campos, 2017, p. 204).

> Veja que o mito das três raças, o mito das três raças no DNA da nação de cultura brasileira, a maldição das três raças, continua aqui. Mas não é certo que as pessoas não estivessem alertas para isso, tanto que no capítulo sobre os direitos indígenas houve avanços importantíssimos. Mas quanto ao tombamento dos "documentos e os sítios detentores de reminiscências históricas dos antigos quilombos"... Não se pode esquecer que 1988 é o ano do Centenário da Lei Áurea. Além disso, esse parágrafo esquece que o tombamento é um processo jurídico-administrativo extremamente complexo, que deve atender determinadas exigências, a primeira das quais é a precisa identificação de seu objeto. Um tombamento genérico como esse cria expectativas, ao mesmo tempo que não atende a nenhuma; ele cria o direito e o dever de preservar uma categoria indefinida de bens (Arantes, 2013 apud Campos, 2017, p. 204-205).

Além das dissonâncias em relação aos sentidos do tombamento, direitos culturais e territoriais são tratados separadamente no texto da Constituição, refletindo interesses políticos e econômicos no contexto da Assembleia Nacional Constituinte, o que gerou uma lacuna no ordenamento jurídico constitucional entre o patrimônio e o acesso à terra, num "descolamento do binômio lugar e território das práticas e bens culturais classificados como patrimônio" (Campos, 2018, p. 99). Essas dificuldades tiveram o efeito de postergar a regulamentação das normas constitucionais e, consequentemente, o efetivo atendimento das demandas das comunidades remanescentes de quilombos.

Como visto no tópico anterior, nos anos 1970 e 1980, a retórica do quilombo tornou-se importante instrumento para o movimento negro contra todas as formas de opressão. A incorporação gradual das comunidades negras rurais aos movimentos de afirmação racial (Domingues; Gomes, 2013, p. 13-14) ocorreu por conta do contexto desenvolvimentista, que aumentou conflitos e disputas por terras no país. Nesse sentido, diversos autores (Almeida, 2008; Arruti, 2011; Domingues; Gomes, 2013) apontam os Encontros de Comunidades Negras como marcos significativos.

Arruti (2011) mostra como o artigo 68 das disposições transitórias foi formulado segundo os movimentos negros urbanos, para os quais a metáfora do quilombo tinha centralidade, e que se desconhecia a dimensão da questão negra rural — daí a nomenclatura "comunidade remanescente de quilombo" ter ganhado destaque no texto constitucional, e não a expressão "comunidades negras rurais". Anteriormente, as populações negras rurais eram vistas pela história, pelos movimentos sociais e pelas políticas públicas como parte do campesinato (2011, p. 285), de modo que suas reivindicações e movimentos, nesse caso, não estavam ligados a uma política da diferença. A nova categoria adotada é de natureza jurídica e institui uma nova figura de direito.

Ao longo da década de 1990, embates acerca da ressemantização da categoria "quilombo" contaram com maior organização dos movimentos sociais ligados às comunidades negras rurais e com o respaldo de instituições acadêmicas, por meio de novas pesquisas antropológicas e historiográficas. Antropólogos adquiriram papel de relevo na confecção de laudos em procedimentos burocráticos de certificação de comunidades quilombolas e titulação de suas terras. Em 1994, a Associação Brasileira de Antropologia (ABA), a partir do Grupo de Trabalho Terra de Quilombo, expressou em documento um entendimento acerca do termo "quilombo" que teve o potencial de estabelecer parâmetros de atuação nesses campos.

> O termo quilombo tem assumido novos significados na literatura especializada e também para grupos, indivíduos e organizações. Ainda que tenha um conteúdo histórico, o mesmo vem sendo "ressemantizado" para designar a situação presente dos segmentos negros em diferentes regiões e contextos do Brasil. [...] Contemporaneamente, portanto, o termo não se refere a resíduos ou resquícios arqueológicos de ocupação temporal ou de comprovação biológica. Também não se trata de grupos isolados ou de uma população estritamente homogênea. Da mesma forma, nem sempre foram constituídos a partir de movimentos insurrecionais ou rebelados, mas sobretudo, consistem em grupos que desenvolveram práticas de resistência na manutenção e reprodução de seus modos de vida característicos num determinado lugar (ABA, 1994, p. 1-3)[15].

Os desdobramentos do texto constitucional trouxeram um desafio institucional para os órgãos de patrimônio, que é o de gerir bens culturais vinculados a demandas de outros órgãos competentes, como o Instituto Nacional de Colonização e Reforma Agrária (Incra), a Fundação Cultural Palmares e, como vamos ver, também os órgãos ambientais[16].

---

15 Participantes do encontro da ABA em 1994: Ilka Boaventura Leite (UFSC), Neusa Gusmão (Unesp), Lúcia Andrade (CPI-SP), Dimas Salustiano da Silva (advogado SMDDH-MA), João Batista Borges Pereira (USP), membro do Grupo de Trabalho da ABA que circunstancialmente não pôde estar presente, Eliane Cantarino O'Dwyer (tesoureira da ABA) e João Pacheco de Oliveira (presidente da ABA).

16 A criação da Fundação Cultural Palmares se dá em 1988, por meio da Lei nº 7.668, que no seu artigo 1º afirma que o Poder Executivo está "autorizado a constituir a Fundação Cultural Palmares — FCP, vinculada ao Ministério da Cultura, com sede e foro no Distrito Federal, com a finalidade de promover a preservação dos valores culturais, sociais e econômicos decorrentes da influência negra na formação da sociedade brasileira". Já o artigo 2º afirma que cabe à Fundação: "I- promover e apoiar eventos relacionados com os seus objetivos, inclusive visando à interação cultural, social, econômica e política do negro no contexto social do país; II- promover e apoiar o intercâmbio com outros países e com entidades internacionais, através do Ministério das Relações Exteriores, para a realização de pesquisas, estudos e eventos relativos à história e à cultura dos povos negros" (Brasil, 1988a).

Dessa forma, um maior número de procedimentos burocráticos, negociações políticas e certo consenso acerca dos entendimentos da categoria "remanescente de quilombo" são necessários para a construção de políticas governamentais que atendam às normas constitucionais.

Entretanto, divergências importantes acerca dessa categoria nas diversas esferas institucionais, e principalmente a confusão relativa às atribuições dos órgãos governamentais envolvidos na certificação e titulação das "comunidades remanescentes de quilombo", até hoje dificultam o acesso à terra e a outros direitos desses grupos. O Decreto nº 4.887/2003, ao levar em conta o acúmulo das discussões em várias esferas da sociedade brasileira desde meados da década de 1990, acaba por estabelecer condições reais de exercício dos direitos previstos constitucionalmente para as "comunidades remanescentes de quilombo", articulando noções como território e territorialidade nas suas dimensões culturais[17].

> Com este decreto o Instituto Nacional de Colonização e Reforma Agrária (Incra) passou a ser o responsável pelo processo de regularização fundiária das comunidades quilombolas; restituiu a possibilidade de se realizarem desapropriações para este fim; incorporou o direito destas comunidades ao autorreconhecimento, em concordância com a Convenção 169 da OIT [Organização Internacional do Trabalho] e, finalmente, estabeleceu que a titulação das terras deve se dar em nome de entidade representativa da comunidade (Arruti, 2011, p. 288).

---

17 Diz o artigo 2º do Decreto nº 4.887/2003: "Consideram-se remanescentes das comunidades dos quilombos, para os fins deste decreto, os grupos étnico-raciais, segundo critérios de autoatribuição, com trajetória histórica própria, dotados de relações territoriais específicas, com presunção de ancestralidade negra relacionada com a resistência à opressão histórica sofrida. § 1º Para os fins deste Decreto, a caracterização dos remanescentes das comunidades dos quilombos será atestada mediante autodefinição da própria comunidade. § 2º São terras ocupadas por remanescentes das comunidades dos quilombos as utilizadas para a garantia de sua reprodução física, social, econômica e cultural. § 3º Para a medição e demarcação das terras, serão levados em consideração critérios de territorialidade indicados pelos remanescentes das comunidades dos quilombos, sendo facultado à comunidade interessada apresentar as peças técnicas para a instrução procedimental" (Brasil, 2003).

Em relação às políticas federais de patrimônio, após 1988, 11 pedidos de tombamento de quilombos foram abertos no IPHAN com base no parágrafo 5º do artigo 216 da CF/88. É importante registrar que várias dessas solicitações foram encaminhadas ao IPHAN por meio da Fundação Cultural Palmares e do Ministério Público e procediam de comunidades que viviam em contexto de conflitos ligados à terra, como o pedido de tombamento dos Quilombos de Oriximiná[18], no Pará, com processo aberto em 7 de abril de 1995, e o pedido do Quilombo do Flexal, aberto no mesmo ano no município de Mirinzal, no Maranhão — ambos em resposta à orientação do Ministério Público de 1992[19] e encaminhados ao IPHAN a partir de pareceres da Fundação Cultural Palmares. Como afirmado anteriormente, em um período de indefinição das atribuições institucionais e na ausência da regulamentação do artigo 68 do ADCT, o tombamento foi visto como alternativa na luta pela garantia de acesso à propriedade dos territórios ocupados (Carvalho, 2018).

Das solicitações feitas ao IPHAN, apenas foi tombado, em 2002, o Quilombo do Ambrósio (IPHAN, 1998), em Minas Gerais, a partir

---

18 Carvalho (2018) mostra as dificuldades das comunidades remanescentes de quilombos do Alto Trombetas II, no município de Oriximiná (PA), para a manutenção de seu modo de vida, sua cultura e das relações com o meio ambiente, que garantem a sobrevivência das comunidades por meio de atividades extrativistas. As comunidades tratadas pela autora participam do pedido de tombamento dos Quilombos de Oriximiná. Apesar das solicitações de arquivamento, o processo encontra-se em andamento até os dias atuais, mas sem definição. Ele não se refere a uma comunidade específica, mas à região de Oriximiná, da qual a comunidade Alto Trombetas II faz parte. Todas as comunidades quilombolas da região estão atualmente certificadas pela Fundação Cultural Palmares, mas há problemas na titulação definitiva dos territórios quilombolas. Muitos dos territórios ainda não titulados na região estão sobrepostos a unidades de conservação: a Reserva Biológica do Rio Trombetas, a Floresta Nacional Saracá-Taquera e a Floresta Estadual Trombetas. A autora afirma que, na região do Alto Trombetas II, o início da organização para o reconhecimento dos grupos ocorreu quase simultaneamente com a implantação de projetos minerários e de uma Unidade de Conservação no ano de 1979.

19 Ofício nº 109, de 21 de fevereiro de 1992, que encaminha cópia dos processos nº 08100.003746/91-14, nº 08100.003746/91-59 e nº 08100.003746/91-99 e seus anexos, que tratam da existência da Comunidade Negra Rural de Frexal, no Maranhão, e dos Quilombos de Oriximiná, no Pará, para análise, parecer e encaminhamento ao Instituto Brasileiro do Patrimônio Cultural com vistas ao tombamento (IPHAN, 1995a, p. 2; 1995b, p. 1).

dos critérios tradicionais de valor histórico e arqueológico, pois ele foi considerado um caso de sítio arqueológico de valor excepcional. "Há aqui um elemento fundamental, por ser difícil fazer a classificação e submeter ao IPHAN, para tombamento, reminiscentes ou remanescentes da história da escravidão negra em nosso país, porque são raras provas da cultura material tão abundantes como neste quilombo"[20]. No período anterior ao Decreto nº 3.551/2000, que instituiu o Registro de Bens de Natureza Imaterial como patrimônio cultural brasileiro, trabalhos (Cheibub, 2015; Vaz, 2016) mostram como o entendimento do IPHAN acerca dos quilombos se ateve à ideia de vestígios arqueológicos ou manifestações puramente objetivas de cultura.

Em 2018, foi instituída a Portaria do IPHAN nº 375/2018 com a sistematização da Política Nacional do Patrimônio Material. O Capítulo III do documento trata do Patrimônio Cultural Material Quilombola e a imprecisão das atribuições institucionais para o reconhecimento desse patrimônio permanece.

> Art. 69. Nos termos do art. 18º do Decreto nº 4.887, de 20 de novembro de 2003, e após a expedição do título de reconhecimento de domínio, caberá à Fundação Cultural Palmares instruir o processo para fins de tombamento dos documentos e os sítios detentores de reminiscências históricas dos antigos quilombos. [...] Art. 70. As ações de preservação dos sítios detentores de reminiscências históricas dos antigos quilombos, ainda nos termos do art. 18º do Decreto nº 4.887, serão desenvolvidas pela Fundação Cultural Palmares (IPHAN, 2018).

É possível perceber as dificuldades de reconhecimento do patrimônio pertencentes às comunidades tradicionais negras e afro-brasileiros em geral. Em relação ao instrumento do tombamento, esse universo de bens ainda permanece sem a representatividade adequada.

O Decreto nº 3.551/2000, que instituiu o Registro de Bens Culturais de Natureza Imaterial e o Programa Nacional de Patrimônio Imaterial (PNPI), veio reconhecer que o campo cultural diz respeito à totalidade

---

20 Fala da conselheira Suzanna Sampaio (IPHAN, 2000, p. 13).

da vida social e que a ideia de continuidade do patrimônio imaterial se relaciona com a reiteração e recriação constantes das manifestações culturais pelos grupos e comunidades.

> São as lutas de representação em torno da legitimidade do patrimônio e dos sujeitos de atribuição de valor, processadas ao longo daquelas duas décadas, que vão conferir sentido e encorpar os significados da noção de referência cultural, até que se torne uma categoria operacional, na metodologia do Inventário Nacional de Referências Culturais — INRC, elaborada em 2000 (Chuva, 2017, p. 91).

A realização de Inventários Nacionais de Referências Culturais (INRCs) em comunidades quilombolas de alguns estados trabalhou com sua autoidentificação, que se articulava com a própria noção de referência cultural, considerada estruturante da política de patrimônio imaterial. Desse modo, é possível pensar na possibilidade de diferentes segmentos sociais se apropriarem de sua herança cultural e reivindicarem a valorização e o reconhecimento de qualquer tipo de patrimônio como um direito à memória.

O referido Decreto nº 4.887/2003 introduziu os grupos quilombolas no rol de populações atendidas por políticas diferenciadas[21]. Assim,

---

21 Em 2004, foram criados o Programa Brasil Quilombola (PBQ) e a Agenda Social Quilombola, que objetivavam, de forma coordenada, agrupar rubricas de diferentes políticas pré-existentes. "Tais objetivos estavam voltados para a promoção de abordagens e mudanças de posturas internas às próprias comunidades atendidas: a promoção da agroecologia, de uma política de gênero e o estímulo ao protagonismo dos quilombolas em todos os processos de decisão, como forma de fortalecer sua identidade cultural e política. Os outros quatro objetivos do PBQ tinham a ver com mudanças de posturas e de abordagens internas ao próprio Estado nos diferentes níveis do poder executivo, tendo em vista o reconhecimento e o fortalecimento organizacional das comunidades de quilombos. Para isso, entravam em foco a própria elaboração e gestão das políticas públicas: o incentivo aos governos estaduais e municipais na promoção do acesso de quilombolas às políticas públicas, com ênfase na regularização da posse da terra e no estímulo ao desenvolvimento sustentável em seus territórios; a proposição de um modelo de gestão destas políticas que preserve a igualdade de oportunidade dada a estas comunidades, em comparação com os demais públicos; a garantia dos direitos sociais e do acesso à rede de proteção social, com a exigência de uma articulação entre os diferentes órgãos governamentais com ações nas mais diferentes áreas" (Arruti, 2011, p. 288-289).

com a ampliação dos instrumentos utilizados para a identificação e o reconhecimento de patrimônios culturais pelo Estado, é importante perceber os usos de pedidos de registro e de inventários a partir de demandas por acesso a outras políticas governamentais[22], pois cada grupo recorre a esses instrumentos segundo as memórias locais e os contextos de conflitos em que se insere.

O registro do Sistema Agrícola Tradicional[23] das Comunidades Quilombolas do Vale do Ribeira (SATQ Vale do Ribeira)[24], único bem com a designação "quilombola" no seu título, ocorreu na 90ª Reunião do Conselho Consultivo do Patrimônio Cultural, no Rio de Janeiro, em 20 de setembro de 2018. Na análise de alguns documentos relativos a essa solicitação, recorrentemente há a afirmação de que o pedido de registro faz parte de uma estratégia de ação em defesa dos territórios ocupados pelas comunidades quilombolas e de seus modos de vida tradicionais[25], ou seja, o registro é pensado articuladamente com demandas por reparação.

Trata-se da segunda solicitação de registro de Sistema Agrícola Tradicional (SAT) recebida pelo IPHAN, tendo sido precedida pela solicitação do SAT do Rio Negro, aprovada em 2010. Segundo o parecer da relatora do Conselho Consultivo do Patrimônio Cultural, a antropóloga Manoela Carneiro da Cunha, a ênfase nos processos envolvidos,

---

22 Reconhecimento de propriedade intelectual, acesso a territórios e uso de recursos naturais são alguns exemplos de demandas que caminham juntamente com as solicitações de identificação, reconhecimento e salvaguarda do patrimônio cultural.

23 Aqui considera-se a seguinte definição de Sistema Agrícola Tradicional (SAT): "um conjunto estruturado, que é formado por elementos interdependentes: plantas cultivadas e criação de animais, redes sociais, artefatos, sistemas alimentares, saberes, normas, direitos e outras manifestações associadas" (Eidt; Udry, 2019, p. 23).

24 O SATQ Vale do Ribeira está situado no estado de São Paulo, nos municípios de Iguape (Comunidade Morro Seco), Cananeia (Comunidade Mandira), Jacupiranga (Comunidade Poça), Eldorado (comunidades de Pedro Cubas, Pedro Cubas de Cima, Sapatu, André Lopes, Ivaporunduva, Galvão, Abobral e São Pedro), Iporanga (comunidades Piririca, Nhunguara, Porto Velho, Bombas, Pilões, Maria Rosa e Praia Grande) e Itaóca, (Comunidade Cangume), que pertencem à região conhecida como Vale do Ribeira (Andrade et al., 2019, p. 55).

25 Parecer técnico nº 9/2018/Coreg/CGIR/DPI (2018, p. 2 apud IPHAN, 2014).

e não nos produtos, tal como propõe a política do patrimônio imaterial, afirma a importância do reconhecimento do IPHAN na luta por territórios e modos de vida.

> Uma das inovações então introduzidas foi a de colocar em realce não os produtos, por mais importantes que fossem — no caso do rio Negro, a extraordinária agrobiodiversidade observada —, mas o próprio processo que conduzia a eles. Esse processo repousa em múltiplas dimensões solidárias entre si. Valores, conhecimentos de toda a sorte sobre a floresta e o clima, calendários e técnicas agrícolas e culinárias, cultura material, direito costumeiro, formas de sociabilidade, formas de transmissão de saberes, religiosidade, festejos, são algumas dessas dimensões, justificando o uso do termo "sistema", e configurando o que, na venerável antropologia de Mauss e Durkheim, se convencionou chamar de "fato social total". Abriu-se, portanto, caminho para o protagonismo do IPHAN no reconhecimento dos ricos complexos culturais ligados às atividades agrícolas de povos indígenas e comunidades tradicionais brasileiras, em seus diversos biomas, dando visibilidade a esses importantes sistemas socioecológicos que vêm sendo ameaçados por problemas fundiários, pela imposição do modelo agrícola pós-Revolução Verde e pela integração crescente dessas populações ao mercado (IPHAN, 2014, p. 4-5).

O registro solicitado pelas Associações Quilombolas do Vale do Ribeira em parceria com a organização não governamental Instituto Socioambiental (ISA) foi consequência da realização do Inventário Cultural das Comunidades Quilombolas do Vale do Ribeira, que ocorreu de 2009 a 2012 e foi fruto de um acordo de cooperação técnica entre ISA e IPHAN, com a participação de pesquisadores quilombolas[26]. Com 180 bens culturais identificados, e tendo o sistema agrícola como eixo estruturante do modo de vida das comunidades quilombolas,

---

26 Noções como as de consentimento prévio e informado e participação social são importantes no desenvolvimento das ações governamentais ligadas aos bens patrimoniais.

o inventário também promoveu a capacitação de agentes culturais locais. Seu resultado foi publicado em 2013, com o apoio do IPHAN[27].

O INRC e o registro aparecem junto a outras ações organizadas pelas comunidades quilombolas e parceiros desde meados da década de 2000, mostrando intensa organização dos grupos considerados para fazer suas reivindicações:

> — Elaboração da Agenda Socioambiental das Comunidades Quilombolas do Vale do Ribeira, de 2007, que apresenta um retrato da situação e um plano de futuro das comunidades quilombolas, identificando pontos de atenção e as principais ações e políticas públicas a serem desenvolvidas, dentre elas, ações de incentivo agrícola e manutenção de valores e práticas culturais tradicionais.
>
> — Formação do GT da Roça (em 2007), espaço permanente em que os quilombolas se reúnem para discutir entraves e fortalecer as práticas agrícolas nos territórios; espaço de organização da feira de sementes.
>
> — Realização anual, desde 2008, de uma Feira de Trocas de Mudas e Sementes Quilombolas para estimular o manejo da agrobiodiversidade e dar visibilidade ao patrimônio cultural e biológico associado para a sociedade em geral. [...]
>
> — Criação da Cooperquivale, em 2012, visando articular e estimular a comercialização dos produtores quilombolas da região e facilitar o escoamento dos produtos e promover a geração de renda.
>
> — A criação do Paiol de Sementes Quilombolas em 2015 com objetivo de fortalecer as trocas e a diversidade das sementes tradicionais quilombolas (Andrade et al., 2019, p. 73-74).

Os documentos mostram que, desde 1989, por conta da iminente construção da usina hidrelétrica de Tijuco Alto, no Rio Ribeira, os quilombolas contribuíram para fundar o Movimento dos Ameaçados

---

27 Parecer técnico nº 9/2018/Coreg/CGIR/DPI (2018, p. 2 apud IPHAN, 2014).

por Barragem (Moab). Além dos empreendimentos desenvolvimentistas na região, ligados à mineração, madeira e monocultura, o estado de São Paulo criou Unidades de Conservação (UCs) sobrepostas aos territórios quilombolas, gerando restrições às roças tradicionais sob o argumento de que prejudicavam o meio ambiente. Desde a criação das UCs, antes de fazer a roça, as comunidades precisam solicitar autorizações do Estado para a supressão florestal, gerando perdas dos ciclos de plantio e de variedades alimentares.

Nesse sentido, o INRC é apontado como instrumento que contribuiu para consolidar a "consciência da importância e riqueza do patrimônio cultural quilombola dentro das comunidades" (ibid., p. 74.) (dimensão cultural do reconhecimento). A identificação do "modo de fazer roça" como um bem cultural central e estruturante do modo de vida quilombola tem lastro na história da comunidade na região, além de desempenhar seu papel no presente para a segurança alimentar e a renda das famílias quilombolas do Vale do Ribeira.

Ademais, os argumentos para o registro designam o SATQ como "um conjunto rico e inter-relacionado de práticas e conhecimentos agrícolas, ecológicos, sociais, religiosos e lúdicos que resultam da experiência histórica dos negros na América e são transmitidos por gerações no território" (ibid., p. 75). Nesse sentido, a construção da categoria SATQ e toda a pesquisa do INRC e do registro vêm qualificar a importância histórica dos afrodescendentes na formação social e cultural brasileira.

> O SATQ é possivelmente a expressão mais íntegra do modo de vida criado pelas comunidades negras do Vale do Ribeira desde o período colonial; representa ao mesmo tempo condição de existência e resultado da trajetória dos negros nessa região. Essa expressão é íntegra não só porque permanece viva, mas por ser uma instituição que coloca em relação aspectos fundamentais do tecido social: o parentesco, a linguagem, a reciprocidade, a economia, as relações com o meio, a religiosidade, o lazer e, mais recentemente, a política. [...] O Sistema Agrícola Tradicional Quilombola é expressão viva de um capítulo de pouca visibilidade da historiografia nacional, mas que, apesar disso, contém parte significativa da memória e identidade brasileiras (ibid., p.76-77).

A Política Federal de Salvaguarda do Patrimônio Imaterial lida historicamente com detentores de conhecimento tradicional associado à biodiversidade. A Lei nº 13.123/2015 (Lei da Biodiversidade) estabelece que tais conhecimentos são parte do patrimônio cultural brasileiro. Os sistemas de usos do ambiente, as paisagens e as estratégias agroalimentares do SATQ apresentam componentes tangíveis e intangíveis da biodiversidade que estão intimamente ligados e, desse modo, não há como dissociar o reconhecimento e a proteção aos conhecimentos tradicionais de um sistema jurídico que efetivamente proteja os direitos territoriais e culturais desses povos e populações tradicionais (Santilli, 2005).

O conhecimento gerado durante os processos de identificação e reconhecimento é o que permite diagnosticar, de modo bastante preciso, as formas mais adequadas de salvaguarda. A mobilização social de comunidades, grupos ou indivíduos vinculados à produção e reprodução do bem cultural é condição fundamental para o reconhecimento de suas identidades coletivas e, ainda, para transformar seus saberes práticos num vigoroso instrumento jurídico-formal. O dossiê entregue ao IPHAN demonstra que a utilização itinerante da floresta no território quilombola é um modelo de uso sustentável da Mata Atlântica, construindo assim representações positivas dos saberes e das práticas quilombolas, propiciando valorização, respeito e reconhecimento social:

> [...] a importância dos conhecimentos dos quilombolas do Vale do Ribeira não se limita a uma área geográfica, mas diz respeito à preservação de um bioma por meio de um modelo eficiente de uso sustentável, que vem assegurando a conservação da Mata Atlântica na região já reconhecida como Patrimônio Natural da Humanidade pela Unesco[28].

---

[28] Parecer técnico nº 9/2018/Coreg/CGIR/DPI (2018, p. 6 apud IPHAN, 2014).

As políticas de patrimônio contribuíram e contribuem para a produção de conhecimentos, tal como o debate público sobre a escravidão auxilia na compreensão histórica da sociedade brasileira. As políticas culturais, como construtoras da necessidade de representação (estética, política etc.), devem merecer atenção redobrada pelo papel que podem ter na afetação de outras políticas.

Como foi possível demonstrar, em relação às comunidades quilombolas, as políticas patrimoniais, para além de reconhecerem o desrespeito histórico da escravidão e a posição subalterna dos afrodescendentes na sociedade brasileira, mostrando a injustiça histórica como foram tratados, também reconhecem formas de organização social e cultural específicas que, nesse caso, geram a designação particular de "quilombola" (Arruti, 2011, p. 289-290).

Desse modo, a salvaguarda do Sistema Agrícola Tradicional Quilombola só é possível com a proteção dos direitos culturais dos indivíduos e grupos produtores/detentores desse patrimônio, bem como a necessidade de políticas intersetoriais, diálogos e acordos interinstitucionais. Aqui entende-se direitos culturais de forma ampla, ou seja, as interconexões entre os direitos culturais, territoriais e ambientais, fundamentais para a proteção dos modos de criar, fazer e viver (cf. CF/88), ou seja, dos modos de vida quilombolas.

REFERÊNCIAS

ABA — ASSOCIAÇÃO BRASILEIRA DE ANTROPOLOGIA. Documento do Grupo de Trabalho sobre comunidades negras rurais, realizado de 17 a 18 outubro de 1994 Rio de Janeiro, Brasília, DF: ABA, 1994.

ABREU, Marta. Cultura imaterial e patrimônio histórico nacional. In: *Cultura Política e leituras do passado*: historiografia e ensino de história. Rio de Janeiro: Civilização Brasileira, 2007.

ALMEIDA, Alfredo Wagner Berno de. *Terra de quilombo, terras indígenas, "babaçuais livre", "castanhais do povo", faixinais e fundos de pasto*: terras tradicionalmente ocupadas. Manaus: UFAM, 2008.

ANDERSON, Benedict. *Comunidades imaginadas*: reflexões sobre a origem e a difusão do nacionalismo. São Paulo: Companhia das Letras, 2008.

ANDRADE, Anna Maria et al.. Sistema Agrícola Tradicional Quilombola do Vale do Ribeira, SP. In: EIDT, Jane Simoni; UDRY, Consolacion (ed.). *Sistemas Agrícolas Tradicionais do Brasil*. Brasília, DF: Embrapa, 2019. p. 55-92.

ARANTES, Antônio Augusto. Introdução: cultura e cidadania. *Revista do Patrimônio Histórico e Artístico Nacional*, Brasília, DF, n. 24, p. 9-13, 1996.

ARRUTI, José Maurício. Diferenciar, redistribuir, reconhecer: ensaio de atualização dos debates sobre terra e educação para quilombos. *Cadernos de Campo*, São Paulo, n. 20, p. 285-294, 2011.

BOLETIM SPHAN/PRÓ-MEMÓRIA Nº 12. Brasília, DF: Fundação Nacional Pró-Memória, 1981.

BRASIL. Lei nº 7.668, de 22 de agosto de 1988. Autoriza o Poder Executivo a constituir a Fundação Cultural Palmares (FCP) e dá outras providências. *Diário Oficial da União*, Brasília, DF, p. 160025, 23 ago. 1988a. Disponível em: https://bit.ly/3oDIlt7. Acesso em: 6 nov. 2020.

BRASIL. Constituição da República Federativa do Brasil de 1988. *Diário Oficial da União*, Brasília, DF, 5 out. 1988b. Disponível em: https://bit.ly/3oDIlt7. Acesso em: 6 nov. 2020.

BRASIL. Decreto nº4.887, de 20 de novembro de 2003. Regulamenta o procedimento para identificação, reconhecimento, delimitação, demarcação e titulação das terras ocupadas por remanescentes das comunidades dos quilombos de que trata o art. 68 do Ato das Disposições Constitucionais Transitórias. *Diário Oficial da União*, Brasília, DF, p. 4, 21 nov. 2003.

BRASIL. Lei nº 13.123, de 20 de maio de 2015. Regulamenta o inciso II do § 1º e o § 4º do art. 225 da Constituição Federal, o Artigo 1, a alínea j do Artigo 8, a alínea c do Artigo 10, o Artigo 15 e os §§ 3º e 4º do Artigo 16 da Convenção sobre Diversidade Biológica, promulgada pelo Decreto nº 2.519, de 16 de março de 1998; dispõe sobre o acesso ao patrimônio genético, sobre a proteção e o acesso ao conhecimento tradicional associado e sobre a repartição de benefícios para conservação e uso sustentável da biodiversidade; revoga a Medida Provisória nº 2.186-16, de 23 de agosto de 2001; e dá outras providências. *Diário Oficial da União*, Brasília, DF, p. 1, 21 maio 2015.

BRESSIANI, Nathalie. Redistribuição e reconhecimento: Nancy Fraser entre Jürgen Habermas e Axel Honneth. *Caderno CRH*, Salvador, v. 24, n. 62, p. 331-352, 2011.

CAMPOS, Yussef Daibert Salomão de. Desafios propostos pela Constituição de 1988 ao patrimônio cultural. *Revista do Patrimônio Histórico e Artístico Nacional*, Brasília, DF, n. 35, p. 203-211, 2017.

CAMPOS, Yussef Daibert Salomão de. Os conceitos de lugar e território na composição do patrimônio cultural: quilombos e terras indígenas na Constituição Federal brasileira. *Tempo e Argumento*, Florianópolis, v. 10, n. 25, p. 99-114, 2018.

CARVALHO, Luciana Gonçalves de. Aporias da proteção do patrimônio cultural e natural de uma comunidade de remanescente de quilombo na Amazônia. *Revista do Patrimônio Histórico e Artístico Nacional*, Brasília, DF, n. 37, p. 211-231, 2018.

CHEIBUB, Michelle de Carvalho. *Patrimônio cultural e comunidades remanescentes de quilombos*: direitos culturais e instrumentos de proteção do IPHAN. Dissertação (Mestrado Profissional em Preservação do Patrimônio Cultural) — Instituto do Patrimônio Histórico e Artístico Nacional, Brasília, DF, 2015.

CHUVA, Márcia. Fundando a nação: a representação de um Brasil barroco, moderno e civilizado. *Topoi*, Rio de Janeiro, v. 4, n. 7, p. 313-333, 2003.

CHUVA, Márcia. Possíveis narrativas sobre duas décadas de patrimônio: de 1982 a 2002. *Revista do Patrimônio Histórico e Artístico Nacional*, Brasília, DF, n. 35, p. 79-103, 2017.

DOMINGUES, Petrônio; GOMES, Flávio. Histórias dos quilombos e memórias dos quilombolas no Brasil: revisitando um diálogo ausente na Lei 10.639/03. *Revista da ABPN*, Goiânia, v. 5, n. 11, p. 5-28, 2013.

EIDT, Jane Simoni; UDRY, Consolacion (editoras técnicas). *Sistema Agrícolas Tradicionais no Brasil*. Brasília, DF: EMBRAPA, 2019.

ENCICLOPÉDIA Itaú Cultural de arte e cultura brasileiras. ABDIAS Nascimento. São Paulo: Itaú Cultural, 2018. Verbete. Disponível em: https://bit.ly/3l568oV. Acesso em: 15 jul. 2020.

FONSECA, Maria Cecília Londres. Da modernização à participação: a política federal de preservação nos anos 70 e 80. *Revista do Patrimônio Histórico e Artístico Nacional*, Brasília, DF, n. 24, p. 153-164, 1996.

FONSECA, Maria Cecília Londres. *O patrimônio em processo*: trajetória da política federal de preservação no Brasil. Rio de Janeiro: Editora UFRJ, 2005.

FREIRE, Jacqueline. Núcleo de Estudos Afro-Brasileiros comemora 33 anos durante Caiite 2015. *Universidade Federal de Alagoas*, Maceió, 12 jun. 2015. Disponível em: https://bit.ly/2IfW2D5. Acesso em: 16 jan. 2020.

GONÇALVES, José Reginaldo. *A retórica da perda*: os discursos do patrimônio cultural no Brasil. Rio de Janeiro: Editora UFRJ, 1996.

GUIMARÃES, Antonio Sérgio Alfredo. Democracia racial: o ideal, o pacto e o mito. *Novos Estudos Cebrap*, São Paulo, n. 61, p. 147-162, 2001.

HEYMANN, Luciana; ARRUTI, José Mauricio. Memória e reconhecimento: notas sobre as disputas contemporâneas pela gestão da memória na França e no Brasil. In: GONÇALVES, Márcia de Almeida et al. (org.). *Qual o valor da história hoje?* Rio de Janeiro: FGV, 2012. p. 96-119.

HOBSBAWM, Eric; RANGER, Terence. *A invenção das tradições*. 2. ed. São Paulo: Paz e Terra, 2012.

HONNETH, Axel. *Luta por reconhecimento*: a gramática moral dos conflitos sociais. Tradução de Luiz Repa. São Paulo: Editora 34, 2003.

IPHAN — INSTITUTO DO PATRIMÔNIO HISTÓRICO E ARTÍSTICO NACIONAL. *Processo de Tombamento nº 1.069-T-82*: Serra da Barriga, Quilombo dos Palmares. Arquivo Noronha Santos. Rio de Janeiro: IPHAN, 1982.

IPHAN — INSTITUTO DO PATRIMÔNIO HISTÓRICO E ARTÍSTICO NACIONAL. *Processo de Tombamento nº 1.352-T-95*: Quilombo de Frechal/Frexal/ Flexal. Arquivo Noronha Santos. Rio de Janeiro: IPHAN, 1995a.

IPHAN — INSTITUTO DO PATRIMÔNIO HISTÓRICO E ARTÍSTICO NACIONAL. *Processo de Tombamento nº 1.353-T-95*: Quilombos de Oriximiná. Arquivo Noronha Santos. Rio de Janeiro: IPHAN, 1995b.

IPHAN — INSTITUTO DO PATRIMÔNIO HISTÓRICO E ARTÍSTICO NACIONAL. *Processo de Tombamento nº 1.428-T-98*: Quilombo de Ambrósio. Arquivo Noronha Santos. Rio de Janeiro: IPHAN, 1998.

IPHAN — INSTITUTO DO PATRIMÔNIO HISTÓRICO E ARTÍSTICO NACIONAL. *Ata da 117ª reunião do Conselho Consultivo do Patrimônio Cultural.* Brasília, DF: IPHAN, 1985.

IPHAN — INSTITUTO DO PATRIMÔNIO HISTÓRICO E ARTÍSTICO NACIONAL. *Ata da 25ª reunião do Conselho Consultivo do Patrimônio Cultural.* Brasília, DF: IPHAN, 2000.

IPHAN — INSTITUTO DO PATRIMÔNIO HISTÓRICO E ARTÍSTICO NACIONAL. *Processo IPHAN nº 01450.004794/2014-59*: solicitação de registro do Sistema Agrícola Tradicional Quilombola do Vale do Ribeira, SP. Brasília, DF: IPHAN, 2014.

IPHAN — INSTITUTO DO PATRIMÔNIO HISTÓRICO E ARTÍSTICO NACIONAL. *Portaria Nº 375, de 19 de setembro de 2018*. Institui a Política do Patrimônio Cultural Material do IPHAN e dá outras providências. Brasília, DF: IPHAN, 2018.

JOEL Rufino dos Santos. *Global Editora*, São Paulo, 29 set. 2018. Disponível em: https://bit.ly/354kmks. Acesso em: 20 dez. 2019.

LIMA, Antonio Carlos de Souza; CASTRO, João Paulo Macedo. Notas para uma abordagem antropológica da(s) política(s) pública(s). *Revista Anthropológicas*, Recife, v. 26, n. 2, p. 17-54, 2015.

MATTOS, Hebe. Introdução. In: MATTOS, Hebe (org.). *História oral e comunidades*: reparações e culturas negras. São Paulo: Letra e Voz, 2016. p. 7-14.

MENESES, Ulpiano Toledo Bezerra de. O campo do patrimônio cultural: uma revisão de premissas. In: Anais do *I Fórum Nacional do Patrimônio Cultural*. Sistema Nacional de Patrimônio Cultural: desafios, estratégias e experiências para uma nova gestão, Ouro Preto, MG, 2009. Brasília, DF: IPHAN, v. 1, 2012. p. 25-39.

NOGUEIRA, Antonio Gilberto Ramos. Diversidade e sentidos do patrimônio cultural: uma proposta de leitura da trajetória de reconhecimento da cultura afro-brasileira como patrimônio nacional. *Anos 90*, Porto Alegre, v. 15, n. 27, p. 233-255, 2008.

O QUE SÃO ações afirmativas? *Gemaa*, Rio de Janeiro, 24 ago. 2011. Disponível em: https://bit.ly/38q4o66. Acesso em: 10 jan. 2020.

REZENDE, Maria Beatriz; GRIECO, Bettina; TEIXEIRA, Luciano; THOMPSON, Analucia. Secretaria e Subsecretaria do Patrimônio Histórico e Artístico Nacional: 1979-1990. In: REZENDE, Maria Beatriz; GRIECO, Bettina; TEIXEIRA, Luciano; THOMPSON, Analucia (org.). *Dicionário IPHAN de patrimônio cultural*. Rio de Janeiro: COPEDOC/IPHAN, 2015. Verbete. Disponível em: https://bit.ly/354SAEl. Acesso em: 6 nov. 2020

SAILLANT, Francine. Reconhecimento e reparações: o exemplo do movimento negro no Brasil. In: MATTOS, Hebe (org.). *História oral e comunidades*: reparações e culturas negras. São Paulo: Letra e Voz, 2016. p. 17-48.

SANTILLI, Juliana. A interface intangível do socioambientalismo: conhecimentos, inovações e práticas de povos indígenas, quilombolas e populações tradicionais, relevantes à conservação e à utilização sustentável da diversidade biológica: bens socioambientais intangíveis. In: *Socioambientalismo e novos direitos*. Proteção jurídica à diversidade biológica e cultural. São Paulo: Peirópolis, 2005.

SERRA, Ordep José Trindade. Monumentos negros: uma experiência. *Afro-Ásia*, Salvador, n. 33, p. 169-205, 2005.

THOMPSON, Analucia. Campo cultural e contexto histórico: nomes do IPHAN. In: MOTTA, Lia (org.). *Um panorama do campo da preservação do patrimônio cultural*. Rio de Janeiro: COPEDOC/IPHAN, 2015. p. 9-78. (Caderno de Estudos do PEP/MP, v. 9).

VAZ, Beatriz Accioly. Quilombos. In: GRIECO, Bettina; TEIXEIRA, Luciano; THOMPSON, Analucia (org.). *Dicionário IPHAN de patrimônio cultural*. 2. ed. rev. ampl. Rio de Janeiro: COPEDOC/IPHAN, 2016. Verbete. Disponível em: https://bit.ly/3p2HbwX. Acesso em: 6 nov. 2020.

VELHO, Gilberto. Antropologia e patrimônio cultural. *Revista do Patrimônio Histórico e Artístico Nacional*, Rio de Janeiro, n. 20, p. 37-39, 1984.

VELHO, Gilberto. Patrimônio, negociação e conflito. *Mana* [online], v. 12, n. 1. p. 237-248, 2006.

Museus nacionais no século XXI: o lusotropicalismo nas construções identitárias brasileira e portuguesa

LÍLIA ABADIA

Do surgimento dos museus públicos no século XVIII até os dias de hoje, ocorreram muitas transformações de conceitos, práticas e configurações dos espaços museais. Especialmente nas últimas décadas, museus nacionais de diversos países têm adotado uma retórica de inclusão, que é considerada, por alguns autores, uma "nova episteme" (Henning, 2011, p. 306) ou um novo modelo de museu (Hooper-Greenhill, 2000). No entanto, diversos autores e trabalhadores da área apontam que ainda há uma lacuna entre a aceitação desses paradigmas e a efetiva alteração de discursos museais (Tojal, 2015; Knell, 2011). Knell (2011), por exemplo, sugere que os museus nacionais e de estilo nacional[1] encontram-se perante um dilema entre a crescente demanda por inclusão social e a promoção de engajamento cívico, que geralmente é proposta a partir de narrativas "de grandes feitos do passado que reafirmam valores e incitam a ações no presente" (Weiser, 2017, p. 31, tradução minha).

Smith (2011, p. 260) nos recorda que "tradicionalmente os museus podem ser caracterizados como, por assim dizer, lugares seguros de celebração e afirmação". Bonnell e Simon (2007) sugerem que, quando não cumprem essa missão tradicional de promover o consenso, os museus tornam-se pedagogicamente problemáticos. Curiosamente,

1 Expressão emprestada do Arts and Council England, organização responsável pelo setor museal, entre outros, na Inglaterra. A expressão refere-se a museus que não estão sob administração do Estado, mas que têm relação com símbolos de identidades e discursos nacionais, seja pelo seu acervo, pelas ações que executam, ou pela sua arquitetura.

o principal dispositivo de autoridade desses museus não é, necessariamente, a celebração de um passado glorioso pela exibição de fatos (de forma fria e calculista), mas sim pelas "verdades espirituais" (Knell, 2011, p. 5) que a dramaticidade dos museus gera nos visitantes, ou seja, seu aspecto afetivo, sensorial, emotivo.

Centrarei esta análise em exposições de longa duração[2], mais especificamente nos efeitos de sentido que elas propiciam. A exposição de longa duração será compreendida como o ponto de articulação do discurso museal, uma vez que é "a exposição de referência (ou de síntese) do museu, que se articula em torno da temática central do museu, do qual ela apresenta uma visão de conjunto" (Gog; Drouguet, 2019, p. 146).

Partindo dessas premissas, pretendo, neste texto, refletir sobre como se apresentavam as exposições de longa duração, no primeiro semestre de 2015, em três museus situados em dois países distintos, especificamente o Museu Histórico Nacional, no Rio de Janeiro; o Museu Afro Brasil, em São Paulo; e o Museu Nacional de Etnologia, em Lisboa. Notadamente, focarei na forma como três museus de temática nacional mobilizavam ideias sistematizadas pelo Lusotropicalismo na forma de apresentar as identidades nacionais brasileira e portuguesa.

O Lusotropicalismo é aqui compreendido como uma produção discursiva arraigada nas concepções de identidade nacionais em ambos os países. Esse discurso naturaliza a ideia de excepcionalismo colonial português e justifica uma prática de não questionamento das relações de poder que se estabelecem a partir das categorias — socialmente construídas — étnico-raciais. Trata-se de um discurso essencialista primeiramente sistematizado pelo sociólogo brasileiro Gilberto Freyre a partir da década de 30 do século XX, sendo o seu marco inicial a obra

---

2 É preciso ressaltar que um museu nacional, ou de estilo nacional, tende a realizar diversas funções especializadas, como, por exemplo, marketing, pesquisa, comunicação, administração, curadoria, educação, entre outras. Essa ideia está consolidada nas definições de museu da legislação brasileira (Brasil, 2009), manuais (Gob; Drouguet, 2019; Latham; Simmons, 2014) e organizações de profissionais de museus (ICOM, 2017).

Casa Grande e Senzala (1933). Nesse discurso, enaltece-se a miscigenação racial, assumindo-a como um sinal da identidade brasileira, marca que diferencia o Brasil de outras nações e ajuda a posicioná-lo em um contexto internacional. Como explica Jane-Marie Collins, "Freyre proclamou a miscigenação como uma declaração da autenticidade racial brasileira, um símbolo da construção de uma democracia moderna" (2010, p. 2).

O Lusotropicalismo ganhou força política no Brasil durante o primeiro e segundo regimes Getúlio Vargas, 1930-1947 e 1951-1954, (Hanchard, 1999; Pallares-Burke, 2012) e mais tarde, em Portugal, do final dos anos 50 aos 60 do século XX (Vale de Almeida, 2005; Castelo, 1998; Medina, 2000; Matos, 2006). Em ambos os países, ele foi utilizado para sustentar noções de identidade nacional, evidentemente, não sem críticas[3] (*vide* Abadia, 2019a). Foram muitas as contestações sobre o obscurantismo que a perspectiva freyriana trazia aos processos de violência no processo de colonização[4]. O debate que proponho sobre o conceito não visa simplificar o propósito para o qual foi concebido e a leitura das suas consequências político-sociais. Tampouco tenciono imputar, apenas, a Gilberto Freyre toda a responsabilidade pelas consequências do Lusotropicalismo. Não procuro reforçar o tão presente "culto à personalidade"[5], que subjaz a exacerbação do papel individual na articulação de discursos (e sobretudo, seus efeitos). Pretendo, antes,

---

3 É importante destacar outra perspectiva que se abre com a leitura de Jessé Souza (2000) sobre a importância do Lusotropicalismo na constituição da autoestima da identidade nacional brasileira e sua possibilidade de rebater o racismo científico, que recebeu uma nova roupagem (cultural) na obra de Sérgio Buarque de Holanda (2000).

4 Para uma síntese das críticas do Lusotropicalismo em África, ver Medina (2000).

5 O termo é aqui empregado de forma distendida para criticar a redução das ideias aos indivíduos que as sistematizam ou divulgam. Nesse ponto, pensamos como Peter Burke quando sugere: "Pode-se argumentar que os historiadores têm muito a ganhar por fazer um uso maior e mais sistemático do conceito de "papel" [social] do que fizeram até agora. Fazer isso os encorajaria a explicar em termos estruturais o comportamento que foi discutido em termos de personalidades e, muitas vezes, condenado com demasiada facilidade e etnocentrismo" (Burke, 1980, p. 51, tradução minha).

compreender a identidade nacional como um "significante vazio" (Laclau, 1996, p. 15), no qual o processo de hegemonização toma forma e, no caso das identidades brasileira e portuguesa, o Lusotropicalismo é articulado de distintas formas.

Assim, a chave de leitura utilizada para refletir sobre o discurso lusotropicalista nas exposições dos museus selecionados é permeada pela ideia de discurso e de hegemonia e contra-hegemonia, conceitos rearticulados por Ernesto Laclau e Chantal Mouffe em uma perspectiva pós-estruturalista e pós-marxista. Segundo Laclau (1996), o significante vazio acarreta um processo de universalização que ocorre quando um aspecto particular do conceito passa a representar muitas outras particularidades[6].

A teorização da hegemonia de Laclau e Mouffe (2014) sustenta que o estatuto fixo e universal de um discurso só é alcançado momentaneamente e é mantido em constante tensão com contra-hegemonias. Ou seja, quando há um discurso consolidado em um determinado espaço-tempo, há muitas outras articulações possíveis desse mesmo discurso que lutam por alcançar uma posição hegemônica, ou seja, conseguir fixar seus significados em discursos universais (Laclau; Mouffe, 2014).

Este texto consiste em uma breve síntese da pesquisa de doutorado, desenvolvida no Programa de Teoria Crítica e Estudos Culturais, na Universidade de Nottingham (Abadia, 2019a). Naquele trabalho, eu objetivava pesquisar a experiência vivida nas exposições de longa duração mencionadas a partir da "tradição" dos Estudos Culturais (Gray, 2003).

---

6 Como explica Laclau (1996, p. 15, tradução minha), "se o universal resulta de uma cisão constitutiva em que a negação de uma identidade particular transforma essa identidade em símbolo de identidade e plenitude como tal, nesse caso, devemos concluir que: (1) o universal não tem conteúdo próprio, mas é uma plenitude ausente ou, antes, o significante da plenitude; (2) o universal só pode emergir do particular, porque é apenas a negação de um conteúdo particular que o transforma no símbolo de uma universalidade que o transcende; (3) já que, no entanto, o universal — tomado por si mesmo — é um significante vazio, o conteúdo particular que simboliza é algo que não pode ser determinado nem por uma análise do particular em si, nem do universal. A relação entre os dois depende do contexto do antagonismo, sendo, no sentido estrito do termo, uma operação hegemônica".

Tratou-se, portanto, de uma pesquisa de caráter etnográfico, com base em observação da exposição e dos visitantes, entrevistas e pesquisa documental. A pesquisa *in locu* foi realizada no primeiro semestre de 2015, e despendeu-se cerca de oito semanas em cada museu.

Nesta comunicação, apresentarei, brevemente, os museus que compõem o *corpus* de análise deste texto; a seguir, ressaltarei alguns aspectos da missão fundadora de cada museu, bem como sua origem, sua missão fundadora e os elementos gerais da exposição de longa duração (ou da versão da exposição de 2015), explorando a forma como o discurso lusotropicalista permeia a representação da identidade nacional. Advirto que o presente texto faz um recorte de três publicações anteriores (Abadia, 2019a, 2019b, 2020), nas quais abordo o tema, contendo algumas adaptações para o objetivo desta apresentação.

Os Museus

Os museus examinados variam quanto à disciplina, ao tamanho, à data de criação e à localização. Dois deles estão localizados no Brasil: o Museu Histórico Nacional (MHN), no Rio de Janeiro, e o Museu Afro Brasil (MAB), em São Paulo. Um deles fica na capital portuguesa, Lisboa: o Museu Nacional de Etnologia (MNE). Dois deles são museus nacionais — o MHN e o MNE —, sendo financiados e regulamentados por instituições nacionais: o Instituto Brasileiro de Museus (IBRAM) no Brasil e a Direção-Geral do Património Cultural (DGPC) em Portugal. O MAB tem uma missão institucional que o leva ao âmbito nacional: "promover o reconhecimento, a valorização e a preservação do patrimônio cultural brasileiro, africano e afro-brasileiro e sua presença na cultura nacional" (MAB, 2011, p. 9; MAB, 2016, p. 8). No entanto, é um museu governamental subordinado à Secretaria de Estado da Cultura de São Paulo (hoje, Secretaria de Cultura e Economia Criativa do Estado de São Paulo).

É importante ressaltar que:

> O museu nacional, visto que é produzido localmente, reflete as condições locais de nacionalismo e riqueza, conexões internacionais, identidade e competição, interesses individuais e corporativos, relações políticas e econômicas, possibilidades ideológicas da cultura, redes de apropriação e emulação, esforços diplomáticos, entre outros (Knell, 2011, p. 6, tradução minha).

Tendo a proposição de Knell em mente, não é difícil de depreender que as instituições se relacionam de distintas formas à história, à antropologia e a abordagens multidisciplinares. Antes de apontarmos algumas das relações históricas que explicam a configuração dessas características, resta-me destacar alguns aspectos das instituições. O MHN enfoca a história por meio de fontes políticas oficiais; o MNE é um museu dedicado à investigação antropológica (etnológica); e o MAB entrelaça as três principais disciplinas: história, antropologia e artes plásticas. Em relação ao tamanho, o MHN e o MAB são maiores e mais hierarquizados do que o MNE. Em relação ao número de funcionários, em 2013, o MHN empregava cerca de 88 pessoas (MHN, 2013b), enquanto, em 2015, ano em que realizei meu trabalho de campo, o MAB contava com 99 funcionários (MAB, 2015) e o MNE tinha 19 funcionários (DGPC, 2015b). Uma disparidade semelhante à dos recursos humanos pode ser observada em relação aos visitantes que cada museu recebe. Naquele ano, os museus receberam respectivamente: 89.340 (IBRAM, 2015), 15.397 (DGPC, 2015a) e 181.745 (MAB, 2015) visitantes.

Em outra ocasião (Abadia, 2019a), procurei contemplar aspectos do período histórico da sua fundação, a missão institucional, a disciplina acadêmica central com a qual se relacionam, a cidade e o bairro em que estão situados, o estilo arquitetônico de seus edifícios e o foco do seu acervo fundador. Nesta apresentação, cingir-me-ei aos aspectos da missão institucional e da exposição de longa duração que evidenciam os elementos do discurso lusotropicalista.

A criação do Museu Histórico Nacional (MHN) concretizou um desejo longamente sonhado por seu fundador, Gustavo Barroso. O museu foi fundado pelo Decreto Federal nº 15.596, de 2 agosto de 1922 (Brasil, 1922), no Rio de Janeiro — então capital do Brasil —, durante o apogeu da Primeira República. Embora o projeto republicano tivesse a intenção de criar instituições para narrar os grandes feitos do passado, celebrar os heróis nacionais e forjar símbolos para a nação (Abreu, 1996; Oliveira, 1990), não deixa de ser curioso que o projeto avançado no MHN fosse o de celebrar o passado imperial brasileiro (1822-1889) e suas conquistas militares (Chagas, 2003; Gomes, 2014).

Durante os 35 anos que Barroso chefiou o museu, o discurso do MHN foi imbuído de ideias de lei e ordem, religião e autoridade[7]. Segundo Myrian Sepúlveda dos Santos,

> O Museu de 1922 é um museu que nasce preocupado em delimitar o perfil da "nação brasileira" a partir de um forte cunho militarista. Nele, a história é tratada de forma muito próxima àquela dos antigos antiquários ou mesmo da história romântica, que demonstrava o desejo de resguardar do tempo futuro tudo o que fosse original e autêntico, bem como um forte sentimento comemorativo pelo passado (Santos, 2006, 21).

O trecho de Santos enfatiza o caráter comemorativo da instituição em sua busca pela originalidade e autenticidade da identidade nacional única. Nessa forma de conceber a história, Barroso traçava uma divisão disciplinar que a separava da ergologia (Bezerra, 2014; Magalhães, 2009). À ergologia caberia o estudo dos indígenas, negros, mestiços e da classe trabalhadora, os quais Barroso considerava ter menor capacidade de moldar a história do país.

---

[7] As visões históricas de Barroso refletiam as ideias veiculadas pelos então populares relatos historiográficos de Francisco Varnhagen e Oliveira Lima (Levy, 2014).

Em relação aos elementos arquitetônicos que propiciam sentido ao discurso expositivo, destacamos a sua dimensão e as memórias que carregam. O complexo de edifícios que o museu ocupa contém um palimpsesto de vestígios de tempos passados, que remontam ao século XVII (MHN, 2013a). O conjunto arquitetônico passou por diversas reformas, sendo a última (até o trabalho de campo, em 2015) realizada pelo "Projeto de modernização", que englobou uma ampla reforma de infraestrutura e arquitetura (fase I) e reenquadramento conceitual e museográfico (fase II) (MHN, 2008; Tostes, 2013).

As atas das reuniões de curadoria, disponíveis no Arquivo Institucional, bem como a equipe do museu, relatam que a exposição de longa duração do museu foi redesenhada no "Projeto de modernização" em um processo coletivo e horizontal que procurou dialogar com a expertise da equipe diversificada do museu. É importante ressaltar que o corpo de profissionais do MHN é formado por servidores públicos, tendo uma estrutura institucional bem definida e especializada. Há, por exemplo, setores dentro do museu como: direção e curadoria, arquitetura e museografia, conservação, pesquisa, educação e serviço social.

Uma vez que o processo coletivo demanda tempo para amplas discussões, a solução encontrada foi a segmentação do trabalho curatorial por núcleos expositivos. Assim, cada núcleo foi inaugurado em estágios diferentes. Eles correspondem a um período/tema histórico, sendo: "Oreretama", termo da língua tupi que significa "A Nossa Casa"; "Os Portugueses no Mundo"; "A Construção da Nação"; e "Cidadania em Construção". O primeiro trecho a ser inaugurado foi o relacionado com a contribuição dos indígenas para a formação do país, "Oreretama". No entanto, esse núcleo teve um processo de curadoria diferente do relatado anteriormente, sendo coordenada por uma consultora externa, Raquel Prat, especialista em cultura indígena. O último trecho a ser inaugurado foi a seção "Cidadania em Construção", que notoriamente carece de desenvolvimento, e é dedicada à história dos séculos XX e XXI.

A narrativa principal da exposição de longa duração do museu está organizada em uma cronologia linear, pensada para facilitar a sua compreensão pelo público leigo, ou seja, pelos não historiadores. A narrativa acompanha as mudanças no poder político no Brasil, enfatizando algumas consequências socioeconômicas em segundo plano. De forma geral, a exposição de longa duração do MHN não desafia os padrões profissionais estabelecidos. Como sugeriu Ruth Beatriz Andrada (2015), diretora interina na época do trabalho de campo, a exposição optou por "ser [tematicamente] conservadora" e, acrescentamos, também, esteticamente. Isso pode explicar-se, parcialmente, pela respeitabilidade do MHN no campo museal, que provém tanto da sua relação histórica com os órgãos nacionais de preservação do patrimônio (Chagas, 2003; Julião, 2014; Santos, 2006) quanto da ênfase na natureza didática da exposição, que se constitui pela narrativa linear e pelo uso sequencial do espaço. Há outras performances, que não são consequência das decisões curatoriais, mas da estrutura da instituição, como a própria arquitetura e a presença autoritária de monitores e seguranças, que na sua maioria têm uma atitude inamistosa.

O cerne da discussão que nos interessa nesta apresentação encontra-se no núcleo expositivo "Os Portugueses no Mundo", em uma galeria que inicia a abordagem da temática com uma citação de Gilberto Freyre (1933), que afirma o seguinte:

> na ternura, na mímica excessiva, no catolicismo em que se deliciam nossos sentidos, na música, no andar, na fala, no canto de ninar menino pequeno, em tudo que é expressão sincera de vida, trazemos quase todos a marca da influência negra (Freyre, 1933, no painel de parede da exposição do MHN).

Na galeria, podemos ver diversos objetos que complementam a citação de Freyre, exibindo o caráter lúdico e criativo da cultura africana e afro-brasileira.

FIGURAS 1, 2 E 3: Museu Histórico Nacional. Exposição de longa duração (2015): vista geral da galeria apresentada, Alegoria de Baiana e instalação de Emanoel Araújo, "Templo de Oxalá", realizada em 2010.

FONTE: MUSEU HISTÓRICO NACIONAL/ INSTITUTO BRASILEIRO DE MUSEUS, ACERVO MINC. FOTOGRAFIAS DA AUTORA, 2015.

FIGURAS 4 E 5: Museu Histórico Nacional. Exposição de longa duração (2015): painel com instrumentos de tortura usados em escravos, palco com móveis de nobreza brasileira e vitrines com porcelanas gravadas de famílias nobres.
FONTE: MUSEU HISTÓRICO NACIONAL/ INSTITUTO BRASILEIRO DE MUSEUS, ACERVO MINC. FOTOGRAFIAS DA AUTORA, 2015.

Embora haja elementos de contraposição de um discurso meramente celebratório, o tom geral da sala recai na divisão de uma atribuição de ciência e cognição aos portugueses e ludicidade e afetividade aos africanos e seus descendentes.

Há outros espaços na exposição que retomam as questões étnico-raciais na construção nacional. Notadamente, um nicho no núcleo expositivo "A Construção da Nação" — núcleo que parece ser o "carro-chefe" da exposição —, que aborda as desigualdades cimentadas na escravidão (*vide* Abadia, 2019a).

Em linhas gerais, concluímos que a exposição de longa duração do MNH desarticulou a exibição de histórias afro-brasileiras (e indígenas), apenas reforçando a narrativa hegemônica da história nacional. No caso do MHN, essa narrativa é baseada em ideias lusotropicalistas de colonização moderada e de uma propensão natural dos portugueses para se misturarem com as chamadas "raças inferiores" (Freyre, 1933). A narrativa mestre da exposição de longa duração desse museu reforça ainda mais essa ideia ao optar por enfatizar o império luso-atlântico no início e continuar a fazê-lo com a narrativa dos portugueses como base da formação do Estado brasileiro. Embora seja verdade que a base da formação do Estado-nação repousa no legado português (Freyre, 1933; Holanda, 2000; Ribeiro, 1995), também é verdade que o sentido da identidade nacional brasileira foi construído a partir de grandes debates sobre "raça", nos quais os diversos legados étnico-raciais foram vistos como prejudiciais a um futuro idealizado ou celebrados como a singularidade da identidade brasileira (Pereira; Araujo, 2017).

A África e o legado do continente e de seus povos estão diluídos na narrativa expositiva de longa duração, ao contrário de Portugal, que está fortemente presente. Consequentemente, africanos e afrodescendentes são deslocados e, embora sejam mencionados na exposição, menos valor é dado à sua cultura do que à cultura europeia, visto que o Estado-nação é o principal personagem onipresente na narrativa histórica.

O Museu de Etnologia do Ultramar (MEU), que posteriormente se tornou o Museu Nacional de Etnologia, só foi criado em 1965, pelo Decreto nº 46.253, de 19 de março de 1965 (Ministério do Ultramar, 1965). De acordo com essa legislação, desde 1945, a Junta de Missões do Ultramar teria como uma das suas atribuições a organização de um museu dedicado ao império português (Ministério das Colónias, 1945). A legislação estipula que a recolha de objetos para o acervo do museu deveria ser realizada pelos departamentos que funcionavam sob a alçada da Junta de Missões Geográficas e Investigação Ultramarina. Assim, pode-se inferir que o primeiro acervo museológico foi constituído majoritariamente por objetos recolhidos em pesquisas etnográficas, com o objetivo de fazer parte do acervo museológico (*vide* Chuva, 2016), e por objetos recolhidos sem formação etnográfica em missões coloniais (Carvalho, 2015; Gouveia, 1997).

Em comparação com os demais congêneres europeus, o Museu Nacional de Etnologia (antes MEU) teve criação bastante tardia e em uma década de crescente movimento de libertação nacional de territórios africanos (e asiáticos) colonizados pelas então potências europeias[8]. Como apontam Rui M. Pereira (1998) e João Leal (2006), o MEU foi o resultado de diferentes interesses e atores que convergiram naquele determinado momento. No entanto, parte da literatura que estuda o museu possui uma dificuldade de ver além das personalidades que criaram o museu, seu carisma e sua importância para a consolidação da antropologia como campo universitário em Portugal (*vide* Abadia, 2019a, 2020).

---

8 A década de 60 do século XX marca o final do período colonial em Portugal, conhecido na historiografia portuguesa como Terceiro Império (*vide* Clarence-Smith, 1985), quando um forte esforço governamental foi feito para manter seu empreendimento colonial na África. De 1933 a 1974, Portugal esteve sob um "Estado não liberal, autoritário, corporativo" (Almeida, 2013, p. 129) conhecido por Estado Novo. Alguns pesquisadores apontam que a força do projeto governamental de manutenção de seus territórios coloniais pode ser notada na alteração da linguagem de dominação por outra mais velada, por exemplo, substituindo "territórios coloniais" por "territórios ultramarinos" no discurso oficial (Castelo, 1998; Peralta, 2011; Thomaz, 1996).

António Jorge Dias, antropólogo que fundou e dirigiu o museu até o princípio da década de 70 do século XX, possuía uma convergência com as ideias lusotropicalistas de Freyre (*vide* Dias, 1961). Contudo, Pereira (2005) e Leal (2006) apontam que a perspectiva de Dias muda após o trabalho de campo em território Maconde (Moçambique), inclinando-se para o direito à emancipação dos então territórios ultramarinos portugueses. A principal base do argumento de subversão do plano colonial parece residir na discordância documentada entre a equipe do museu e o departamento administrativo (tutela) — a Junta de Investigações do Ultramar (JIU) — sobre a missão do museu (Leal, 2011).

É sabido que o Ministério Ultramar idealizou um museu que pudesse exibir o poder do império português ao mesmo tempo que propagava as ideias lusotropicalistas (Leal, 2006). Contudo, Areia (1986), Leal (2006, 2011, 2016) e Pereira (2005) sugerem que a equipe do museu se concentra principalmente no desenvolvimento científico da disciplina antropológica. Dessa forma, para os autores, o plano da equipe fundadora do museu ultrapassou a ideia governamental predominante de um museu imperialista.

Embora parte da literatura falhe em reconhecer a ligação entre a ciência e o poder político, é verdade que as disputas de sentido do projeto museal dificultaram a implantação do museu. Este só passou a ocupar seu prédio atual em 1976,[9] período em que o museu não promovia exposições regulares, estando aberto apenas para realização de pesquisas (Carvalho, 2015; Gouveia, 1997). Após a redemocratização de Portugal, em 1974, tanto o museu quanto a sua equipe foram estigmatizados devido à sua ligação com o regime do Estado Novo (Pais de Brito, 2015).

O MNE é um museu recente que somente inaugurou a sua primeira exposição de longa duração em 2013, intitulada "Um museu, muitas

---

9 O edifício resulta de um projeto arquitetônico original liderado por António Saragga Seara, que, segundo Milheiro (2013), possuía experiência com arquitetura colonial em Angola. O museu se situa em um bairro com bastante simbolismo imperial, estando integrado no circuito cultural Belém-Restelo (*vide* Elias, 2004).

coisas". Como explica o curador da exposição e, na época, diretor do museu, Joaquim Pais de Brito, uma exposição permanente não estava no planejamento original da equipe fundadora do museu, que, em vez disso, tencionava mudanças recorrentes de exposições temporárias seguindo o modelo do *Le Musée de l'Homme* (Pais de Brito, 2015).

Conforme relatam membros da equipe do museu, a curadoria da exposição de longa duração foi realizada por meio de uma abordagem vertical, ou seja, planejada e concebida pelo curador-diretor, somente contando com a participação do restante da equipe nos estágios subsequentes. A concepção e seleção do acervo seguiu três justificativas acadêmicas: (i) reformular as exposições temporárias anteriores do museu (Abad García, 2018); (ii) mostrar os estudos mais recentes sobre o acervo do museu (Pais de Brito, 2015); e (iii) incidir sobre questões relativas aos estudos museológicos como disciplina e como prática: nomeadamente, o que fazer com objetos do acervo desconhecidos, heterogêneos e diacronicamente reunidos (Pais de Brito, 2015).

O resultado desses princípios organizadores foi uma exposição teatral e esteticamente agradável, repleta de metáforas de temas atuais na discussão acadêmica antropológica: a poética da escrita antropológica; os sons e as emoções; a relação entre o papel individual e o coletivo na Antropologia; e as alterações que o antropólogo faz nas coletividades estudadas no trabalho de campo. Consequentemente, há uma narrativa crítica sobre o papel dos museus na contemporaneidade, que nem sempre é interpretada como tal. Por exemplo, Abad García (2018) a caracteriza como uma "narrativa em abismo", considerando-a desencontrada.

A exposição de longo prazo do MNE pode ser dividida em oito seções, conforme expresso no blog oficial do MNE: (i) Sombras. Wayang Kulit teatro de Bali; (ii) Franklim Vilas Boas. Com o olhar de Ernesto de Sousa; (iii) A Brincar e já a sério. Bonecas do Sudoeste angolano; (iv) A música e os dias. Instrumentos musicais populares portugueses; (v) Matéria da fala. Tampas de panelas com provérbios; (vi) A tala de Rio de Onor. Uma escrita e seu suporte; (vii) Animais como gente. Máscaras e marionetas do Mali; e (viii) Cronologia expositiva. Cada seção está organizada em uma estrutura modular; geralmente, contendo um *banner* anunciando a sessão, um painel multimídia (nem sempre operativo), um painel explicativo, fotografias, objetos dentro e fora de vitrines e legendas.

Em comparação com o modo de exibição do MHN, a exposição de longo prazo do MNE mobiliza os sentidos com muito mais eficácia, através da teatralidade do espaço expositivo. Sua estética se aproxima da proposta de Hooper-Greenhill (2000) de um pós-museu. Presumivelmente, a natureza da disciplina central do MNE (antropologia) aliada à missão institucional do museu — "representar as culturas do globo" (MNE, 2019) — explica, ao menos em parte, a adoção deste modo de exibição.

Existe, também, na exposição uma mensagem universalista subjacente de que todos os humanos brincam, tocam música, criam belos objetos do cotidiano que comunicam e produzem teatro. Inevitavelmente, a abordagem universalista termina na exotização do menos conhecidos. O objetivo de traduzir todas as culturas do mundo (ou representá-las) é, em si mesmo, um esforço universalista que inevitavelmente se compromete na hegemonização do conhecimento, do *savoir-faire*, da cultura, da beleza etc. Essa hegemonização favorece as culturas ocidentais, resultando em outras ontologias como "inferiores" ou exóticas. Como Dingwaney (1995) nos lembra, sempre há violência envolvida na tradução cultural.

Embora a fragmentação das coleções do MNE e das culturas representadas na exposição sintetize uma fragmentação de ideias da África, isso não significa uma falta de narrativa. A narrativa principal da exposição de longa duração do MNE trata dos temas, questões e contradições dos museus de antropologia, mais especificamente, do próprio MNE. Portanto, a narrativa mestra estimula a reflexividade sobre como envolver, interpretar, gerenciar e exibir esses objetos distintos. Além disso, ao abordar debates atuais amplamente desenvolvidos na literatura antropológica acadêmica, o museu é consistente com sua própria história e postura de ensino e pesquisa antropológica. Essa abordagem, no entanto, hegemoniza ideias de identidade nacional, subscrevendo-a a uma visão lusotropicalista do colonialismo português. O silêncio sobre a conexão do MNE com o passado colonial do país resulta na diminuição da reflexão política — no sentido de bem comum — para construir reflexões éticas sobre o presente (*vide* Abadia, 2019b).

Significativamente, o *Outro* africano em um museu português cumpre inevitavelmente o papel de informar a identidade portuguesa. No MNE, o performativo e a curiosidade entrelaçados com a exposição reforçam a imagem do português como o explorador (ou indo ainda mais longe, como o navegador), aquele capaz de ligar povos e culturas tão diferentes, ou — na imaginação lustropicalista — o "colonizador benevolente".

MUSEU AFRO BRASIL | SÃO PAULO, BRASIL

O Museu Afro Brasil (MAB) foi inaugurado em 2004, com financiamento da Petrobras. Originalmente, não possuía tutela pública, porém, atualmente, responde à Secretaria de Estado da Cultura de São Paulo (MAB, 2018). O museu situa-se num dos espaços mais nobres da cidade — o Parque do Ibirapuera — o parque natural mais importante da cidade de São Paulo (Barone, 2007; Marins, 1999) e uma das áreas mais caras por metro quadrado. O museu está, portanto, rodeado por bairros igualmente afluentes. O Parque do Ibirapuera é também um complexo cultural, fundado na década de 1950.

O projeto arquitetônico das edificações do parque foi assinado por Oscar Niemeyer, que, na época, já era um arquiteto modernista de renome (Barone, 2007; Marins, 1999). O edifício onde está situado o MAB foi denominado Pavilhão do Palácio das Nações, tendo sido construído sem qualquer referência material ao passado, em uma projeção sugestiva da identidade da cidade, que na época se tornava a maior e economicamente mais destacada megalópole do país (Barone, 2007; Marins, 1999).

O acervo fundante do museu provém da coleção do seu criador, Emanoel Araujo, um renomado artista e prolífico colecionador de objetos relacionados à arte, cultura e história afro-brasileira. Tal como nos estudos de caso anteriores, o capital cultural, simbólico e social do fundador do museu é destacado na literatura como a razão pela qual o museu se tornou uma realidade (Silva, 2013; Souza, 2009; MAB, 2011). Segundo essa literatura, o prestígio de Araujo no mundo da arte (Almeida, 2007; Silva, 2013; Souza, 2009) e sua autoridade sobre a temática afro-brasileira, devido à sua vida pessoal, carreira e pesquisa, permitiram que o museu se materializasse (*vide* Silva, 2013). Apesar da inegável importância de Araujo para a concretização do MAB, não se deve desconsiderar as forças políticas e sociais mais amplas que auxiliaram na criação do museu[10].

Além do papel de Araujo na criação do museu, contingências históricas e sociais provocadas por mobilizações sociopolíticas de longa data contribuíram para o estabelecimento do museu. Quando a história da instituição foi discutida nas entrevistas que realizei com a equipe do museu, a conexão entre as circunstâncias sociopolíticas e a criação do museu foi frequentemente traçada (*vide* Abadia, 2019a). Por exemplo, Renato Silva, o então chefe do departamento de pesquisa do museu, mencionou a Lei Federal nº 10.639, de 9 de janeiro de 2003, como uma conquista política das Ações Afirmativas e uma prova de que a conjuntura política era favorável para a concretização de um museu dedicado à herança afro-brasileira (Silva, 2015).

De fato, o ano de 2003 trouxe passos marcantes para o compromisso político com a criação do museu, já que foi o ano em que o Pavilhão Padre Manoel da Nóbrega foi designado para abrigar o futuro (ainda não criado) Museu Afro Brasil (São Paulo, 2003). No ano seguinte, o município publicou o decreto que criou oficialmente o museu (São Paulo, 2004). No entanto, como menciona Lúcia Lopes, então braço direito de Araujo na equipe de curadoria, esse decreto não foi totalmente implementado (Lopes, 2015). O museu foi levado adiante pelos

10 Em Abadia (2019a), explorei o Arquivo Institucional do MAB como recurso para um olhar mais compreensivo sobre a relação entre os antecedentes da criação da instituição e diversos atores e acontecimentos históricos.

esforços e interesses de muitas pessoas: o grupo rearticulador, Araujo e a comissão de implantação, bem como outras instituições, tais como a Petróleo Brasileiro S.A. (Petrobras), que forneceu recursos para a implantação do museu, administrados pela gestão do Instituto Florestan Fernandes. O MAB foi finalmente inaugurado em 23 de outubro de 2004, com a presença de notáveis políticos.

No que diz respeito à história da administração do museu, e com base nos documentos legais municipais e estaduais, pode-se dividi-la em três períodos: (i) os anos de implantação (2004-2005), que contou com a gestão acima mencionada; (ii) os anos de parceria com a prefeitura e as crises financeiras agudas (2005-2009); e (iii) os anos durante os quais o museu emergiu como um museu do estado de São Paulo (2009-2015) (*vide* Abadia, 2019a). Em 2009, a Associação Museu Afro Brasil se transformou em uma organização social, tendo estabelecido um convênio com o governo do estado de São Paulo para a administração do museu (MAB, 2016). Isso significa que a associação tinha um prazo limitado para administrar o museu, ou seja, a continuidade da administração dependia de nova licitação. Para se tornar uma instituição privada de interesse público, Araújo teve que doar ao governo do estado de São Paulo os objetos do museu de sua coleção particular, que estavam em regime de comodato desde 2004 (MAB, 2016).

No seu curto período de existência, a instituição passou por muitas instabilidades. Não obstante, a importância do museu sempre foi enfatizada discursivamente na legislação. No decreto de criação do MAB, de 2004, sugere-se que o museu é necessário devido à inexistência de outra instituição de natureza semelhante na cidade e "considerando a relevância das expressões patrimoniais afro-brasileiras no contexto da Cidade de São Paulo" (São Paulo, 2004). A linguagem do decreto parece sugerir que o recém-criado museu possui uma herança afro-brasileira, que ressoa mais profundamente na cidade de São Paulo e, portanto, com um caráter mais municipal/regional do que nacional. No entanto, a missão da instituição está relacionada à história do país como um todo, e o acervo do museu também não se restringe ao estado de São Paulo.

Passando às especificidades da mensagem discursiva do museu, percebe-se que ele se apresenta como uma ferramenta de combate à invisibilidade de africanos e afro-brasileiros nas narrativas históricas hegemônicas do país. A missão e os objetivos do museu são definidos da seguinte forma:

> Este museu pretende unir História, Memória, Cultura e Contemporaneidade, entrelaçando essas vertentes num só discurso, para narrar uma heroica saga africana, desde antes da trágica epopeia da escravidão até os nossos dias, incluindo todas as contribuições possíveis, os legados, participações, revoltas, gritos e sussurros que tiveram lugar no Brasil e no circuito da diáspora negra. Um Museu que reflita uma herança na qual, como num espelho, o negro possa se reconhecer, reforçando a autoestima de uma população excluída e com a identidade estilhaçada, e que busca na reconstrução da autoimagem a força para vencer os obstáculos à sua inclusão numa sociedade cujos fundamentos seus ancestrais nos legaram (MAB, 2011, p. 11).

A mensagem central do discurso do museu é seu desejo de inscrever a história africana no contexto da construção do Brasil e da diáspora negra. Essa revisão da história não se baseia apenas na historiografia, mas também na memória, na cultura e nos acontecimentos contemporâneos.

Em comparação com os modos de exibição do MHN e do MNE, o MAB apresenta inúmeros desafios analíticos devido à polifonia de sua exposição de longa duração. Entre as dificuldades em fazer uma crítica matizada e justa de sua exposição de longo prazo, posso enfatizar a sobreposição de tópicos que cria mais camadas de discursos quando avaliados como uma unidade. No entanto, devido ao tamanho e à grande quantidade de objetos — aproximadamente 6.000 objetos dispostos em uma galeria aberta de 6.500m2 —, é impossível analisar a exposição como um todo nesta apresentação.

A exposição cria muitas camadas no seu discurso. Alguns deles são ambivalentes ou mesmo contraditórios. Por exemplo, a denúncia sistemática do branqueamento do negro está presente em uma articulação contraditória da negritude. No entanto, apesar da ambiguidade, e talvez por causa dela, a exposição mostra com sucesso o conflito e a coesão na representação da nação, uma nação que — como os movimentos sociais negros têm denunciado (*vide* Abadia, 2010) — sutilmente (e não tão sutilmente) discrimina os negros por negar o racismo estrutural na sociedade e se basear no mito fundacional na mistura pacífica de três raças

Em relação aos elementos na exposição que sinalizam uma leitura lusotropicalista da identidade nacional, destacamos a falta de distinção em relação a alguns núcleos. Essa sutil fusão dos núcleos sustenta a ideia de um país mestiço, no qual diferentes matrizes culturais se combinam em uma cultura polimorfa: a brasileira. Muitas conexões com práticas culturais divergentes são evidenciadas por esse projeto exuberante, rizomático e oblíquo, com ênfase na religião afro-brasileira, principalmente no Candomblé Yorubá.

Significativamente, é a celebração do país mestiço que recoloca o MAB como um museu monumental, ainda que seu modo de exibição o aproxime a um pós-museu (Hooper-Greenhill, 2000). Apesar de muitas quebras de paradigmas, a exposição de longa duração do MAB não desconstrói a narrativa de "nação"; nem a *desessencializa*. Em vez disso, o objetivo do museu é claro: inscrever as histórias negras na narrativa hegemônica. Isso não quer dizer que esse objetivo seja destituído de contra-hegemonia, pois, ao reinserir o sujeito negro na história brasileira, o MAB desestabiliza o branco como norma de inteligência, criatividade e produtividade.

Considerações finais

Embora tenha havido uma grande transformação nas epistemes dos museus analisados nesta apresentação, eles continuam a assumir a missão de promoção de consenso sobre a identidade nacional. O que meu trabalho de campo indicou, em 2015, é que, apesar da grande transformação das práticas e discursos expositivos, nos quais há diversos elementos de contra-hegemonia, a exposição de longa duração dos museus não se desprende totalmente dos pressupostos arraigados sobre as respectivas identidades nacionais. A literatura sobre estudos museológicos relata casos semelhantes em que a alegada inclusão da exposição apenas serviu para destacar a engenhosidade do grupo hegemônico.

Nesse âmbito, as exposições nos três museus reforçam pressupostos lusotropicalistas, em diferentes medidas e com diferentes efeitos. Notadamente, o Museu Afro Brasil, devido à sua própria missão institucional, sua história e seu acervo, é o único que consegue inscrever o lusotropicalismo em uma crítica da identidade nacional hegemônica, partindo de uma complexa (e ambígua) reflexão sobre as identidades étnico-raciais. No MAB, o lusotropicalismo é utilizado como estratégia de criação de consenso de um discurso inclusivo contra-hegemônico.

González de Oleaga, em uma incursão nas metodologias para a análise expositiva, pontua os problemas da criação de consenso em instituições nacionais e, ao mesmo tempo, aponta para o valor pedagógico desses museus mesmo quando produzem exposições problemáticas, partindo da seguinte questão: "como fazer coisas com os museus?" (González de Oleaga, 2018, p. 11, tradução minha). Segundo a autora, o primeiro passo para o aproveitamento dessas instituições consiste em um exame crítico de suas exposições para que os problemas sirvam de pontes para o diálogo entre visitantes, educadores, curadores e sociedade em geral (González de Oleaga, 2018). Este é um passo difícil no âmbito do diagnóstico institucional, uma vez que demanda uma autocrítica da instituição e das práticas adotadas pelos agentes na produção do conhecimento.

É exatamente porque os museus ainda são instituições com um papel relevante na sociedade, conciliando ensino/aprendizagem com entretenimento, que o escrutínio de suas práticas deve ser realizado com seriedade e integridade intelectual. Ao mesmo tempo, é preciso reconhecer que o *status* dos museus como portadores de autoridade e seu apelo ético por inclusão e educação devem contribuir para uma verdadeira revolução (para usar a expressão de Knell; Macleod; Watson, 2007), e não apenas cumprir um papel politicamente correto representando a sociedade. Na verdade, o valor da análise aqui proposta está na necessidade premente de examinar novas articulações do discurso de identidade, que estão relacionadas ao passado e, ao mesmo tempo, em constante remodelação.

REFERÊNCIAS

ABAD GARCÍA, Emiliano. Del campo a la selva, de la biografía al anonimato. El Museu Nacional de Etnologia (Lisboa) y su relación con la historia. *A Contracorriente: Revista de Historia Social y Literatura en América Latina*, v. 15, n. 2, p. 62-92, 2018.

ABADIA, Lília. *A identidade e o património negro no Brasil*. Dissertação (Mestrado em Ciências da Cultura) — Faculdade de Letras da Universidade de Lisboa, 2010.

ABADIA, Lília. *Lusophone Monumental Museum*: Intersecting 'Africa' and 'Nation' in Identity Discourses. Thesis (Doctor of Philosophy) — University of Nottingham, 2019a .

ABADIA, Lília. Portugal e seu passado recente: representações do fim da colonização no Museu Nacional de Etnologia. In: SERRES, Juliane Conceição Primon; FERREIRA, Maria Letícia Mazzucchi (ed.). *Memória e Patrimônio*: tramas do Contemporâneo. Porto Alegre: Casaletras, 2019b.

ABADIA, Lília. Reconfigurações do lusotropicalismo em museus monumentais de países de língua portuguesa. *Revista Lusófona de Estudos Culturais*, v. 7, n. 2, p. 33-52, 2020.

ABREU, Regina. *A Fabricação do Imortal*: Memória, História e Estratégias de Consagração no Brasil. Rio de Janeiro: Rocco, 1996.

ALMEIDA, Joana Estorninho. Liberal State and Images of Civil Servants. In: TRINDADE, Luís (ed.). *The Making of Modern Portugal*. Newcastle-upon-Tyne: Cambridge Scholars Publishing, 2013. p. 125-48.

ALMEIDA, Mil. *Emanoel Araujo*. São Paulo: Lazuli Editora, Companhia Editora Nacional, 2007.

ANDRADA, Ruth Beatriz. Entrevista. Museu Histórico Nacional, Rio de Janeiro, 2015.

AREIA, Manuel Laranjeira Rodrigues de. A investigação e ensino da antropologia em Portugal após o 25 de Abril. *Revista Crítica de Ciências Sociais*, n. 18/19/20, p. 139-52, fev. 1986.

ARTS and Council England. Website. Disponível em: https://www.artscouncil.org.uk/accreditation-scheme/support-and-advice#-section-1. Acesso em: 12 ago. 2021.

BARONE, Ana Cláudia Castilho. *Ibirapuera: parque metropolitano (1926-1954).* Tese (Doutorado em Arquitetura e Urbanismo) — Faculdade de Arquitetura e Urbanismo da Universidade de São Paulo, 2007.

BEZERRA, Rafael. *A Invenção das Relíquias*. Dispositivos de Autoridade na Musealização de Objetos do Acervo do Museu Histórico Nacional (1922-2012). Tese (Doutorado em História) — Programa de Pós-Graduação em História Social da Universidade Federal do Rio de Janeiro, 2014.

BONNELL, Jennifer; SIMON, Roger. 'Difficult' exhibitions and intimate encounters. *Museum and Society*, v. 5, n. 2, p. 65-85, 2007.

BRASIL. Decreto Federal nº 15.596/1922. Diário Oficial da União. Seção 1, 16 ago. 1922, p. 16.081. Disponível em: http://www2.camara.leg.br/legin/fed/decret/1920-1929/decreto-15596-2-agosto-1922-568204-publicacaooriginal-91597-pe.html. Acesso em: 26 set. 2018.

BRASIL. Lei nº 11.904/2009. Presidência da República Casa Civil Subchefia para Assuntos Jurídicos. Institui o Estatuto de Museus e dá outras providências, 2009. Disponível em: http://www.planalto.gov.br/ccivil_03/_Ato2007-2010/2009/Lei/L11904.htm. Acesso em: 10 ago. 2021.

BURKE, Peter. *Sociology and History.* Londres, Boston e Sydney: George Allen & UNWIN, 1980.

CARVALHO, Ana Alexandra Rodrigues. *Diversidade Cultural e Museus no séc. XXI*. Tese (Doutorado em História e Filosofia da Ciência) — Universidade de Évora, 2015.

CASTELO, Cláudia. *O modo português de estar no mundo.* O lusotropicalismo e a ideologia colonial portuguesa (1933-1961) Porto: Afrontamento, 1998.

CHAGAS, Mário de Souza. *Imaginação museal*: museu, memória e poder em Gustavo Barroso, Gilberto Fleyre e Darcy Ribeiro. Tese (Doutorado em Ciências Sociais) — Programa de Pós-Graduação em Ciências Sociais da Universidade do Estado do Rio de Janeiro, 2003.

CHUVA, Márcia. Forjar patrimônio em campo: deslocamentos e missões no Brasil e na África. *Estudos Históricos*, v. 29, n. 57, p. 29-48, 2016.

CLARENCE-SMITH, Gervase. *The Third Portuguese Empire (1825-1975)* Manchester: Manchester University Press, 1985.

COLLINS, Jane-Marie. *Intimacy and Inequality: Nanumission and Miscigenation in Nineteenth-Century Bahia* (1830-1888), Thesis (Doctor of Philosophy) — University of Nottingham, 2010.

DGPC — Direção-Geral do Património Cultural. Estatísticas de Visitantes. Monumentos, Museus e Palácios. 2015a. Disponível em: http://www.patrimoniocultural.gov.pt/static/data/museus_e_monumentos/estatisticas_visitantes_dgpc_2015.pdf. Acesso em: 14 jul. 2018.

DGPC — Direção-Geral do Património Cultural. Mapa de Pessoal. 2015b. Disponível em: http://www.patrimoniocultural.gov.pt/static/data/instrumentosdegestao/mapa_de_pessoal_da_dgpc_para_2015_877.pdf. Acesso em: 14 jul. 2018.

DIAS, António Jorge. Relatório suscinto da actividade do MEMEUP desde a sua criação. MEMEUP: Ministério do Ultramar, 1961.

DINGWANEY, Anuradha. Introduction: Translating 'Third World' Cultures. In: DINGWANEY, Anuradha; MAIER, Carol (ed.). *In Between Languages and Cultures: Translations andCross-Cultural Texts.* Pittsburgh: University of Pittsburgh Press, 1995. p.3-15.

ELIAS, Helena. A emergência de um espaço de representação: arte pública e transformações urbanas na zona ribeirinha de Belém. *On the w@terfront*, n. 6, p. 43-134, set. 2004.

FREYRE, Gilberto. *Casa Grande e Senzala*. Formação da Família Brasileira sob o Regime de Economia Patriarcal. Rio de Janeiro: Maia e Schmidt LTDA, 1933.

GOG, André; DROUGUET, Noémie. A exposição: a função de apresentação. In: GOG, André; DROUGUET, Noémie (ed.). *A museologia: história, evolução, questões atuais.* Rio de Janeiro: FGV Editora, 2019. p. 137-205.

GOMES, Ângela de Castro. O contexto historiográfico de criação do Museu Histórico Nacional: cientificidade e patriotismo na narrativa da história nacional. In: Aline Magalhães, e Rafael Bezerra. (Ed.). *90 anos do Museu Histórico Nacional em debate (1922—2012)*. Rio de Janeiro: Museu Histórico Nacional, v.1, p. 14-30, 2014.

GONZÁLEZ DE OLEAGA, Marisa. ¿Cómo hacer cosas con museos? Aprender a mirar, enseñar a ver. *A Contracorriente: Revista de Historia Social y Literatura en América Latina*, v. 15, n. 2, p. 11-38, 2018.

GOUVEIA, Henrique Coutinho. Museologia e Etnologia em Portugal: instituições e personalidades. Tese (Doutorado em Antropologia) — Faculdade de Ciências Sociais da Universidade Nova de Lisboa, 1997.

GRAY, Ann. *Research Practice for Cultural Studies*: ethnographic methods and lived cultures. London, Thousand Oaks and New Delhi: SAGE Publications, 2003.

HANCHARD, Michael. Introduction. In: HANCHARD, Michael (ed.). *Racial Politics in Contemporary Brazil.* Durham: Duke University Press, 1999. p. 1-29.

HENNING, Michelle. New Media. In: MACDONALD, Sharon (ed.). *A Companion to Museum Studies.* Malden MA, Oxford and Chichester: Wiley-Blackwell, 2011. p. 302-318.

HOLANDA, Sérgio Buarque de. *Raízes do Brasil*. Lisboa: Gradiva, 2000.

HOOPER-GREENHILL, Eilean. *Museums and the Interpretation of Visual Culture*. London: Routledge, 2000.

IBRAM [Instituto Brasileiro de Museus], Relatório de Visitação, 2015. Disponível em: https://www.museus.gov.br/wp-content/uploads/2016/10/FVM-site-Relatorio-de-visitacao-2015.pdf. Acesso em: 12 jul. 2021.

ICOM [International Council of Museums] Statutes, 2017. Disponível em: https://icom.museum/en/. Acesso em: 11 ago. 2021.

JULIÃO, Letícia. Museus e a preservação do patrimônio no Brasil. In: MAGALHÃES, Aline; BEZERRA, Rafael (ed.). *90 anos do Museu Histórico Nacional em debate (19222012)*. Rio de Janeiro: Museu Histórico Nacional, p. 173-86, 2014.

KNELL, Simon. National museums and the national imagination. In: KNELL, Simon; ARONSSON, Peter et al. (ed.). *National Museums*: New studies from around the world. London: Routledge, p. 3-28, 2011.

LACLAU, Ernesto. *Emancipation(s)* Phronesis: Verso, 1996.

LACLAU, Ernesto; MOUFFE, Chantal. *Hegemony and socialist strategy*: towards a radical democratic politics. Radical thinkers; London: Verso, 2014.

LATHAM, Kiersten; SIMMONS, John. *Foundations of Museum Studies*: Evolving Systems of Knowledge. Santa Barbara, CA: Libraries Unlimited, 2014.

LEAL, João. *Antropologia em Portugal*: mestres, percursos, tradições. Lisboa: Livros Horizonte, 2006.

LEAL, João. "The past is a foreign country"? Acculturation theory and the anthropology of globalization. *Etnográfica: Revista do Centro em Rede de Investigação em Antropologia*, v. 15, n. 2, p. 313-36, 2011.

LEAL, João. A Antropologia em Portugal e o Englobamento da Cultura Popular. *Sociologia & Antropologia*, v. 6, n. 2, p. 293-319, 2016.

LEVY, Ruth. O Rio e a Exposição do Centenário. In: MAGALHÃES, Aline; BEZERRA, Rafael (ed.). *90 anos do Museu Histórico Nacional em debate (1922-2012)*. Rio de Janeiro: Museu Histórico Nacional, p. 31-48, 2014.

LOPES, Lúcia. Entrevista. Museu Afro Brasil. São Paulo, 2015.

MAB [Museu Afro Brasil]. Plano Museológico, 2016. Disponível em: http://museuafrobrasil.org.br/docs/default-source/docs-admin/plano-museol%C3%B3gico-2016.pdf?sfvrsn=2. Acesso em: 17 jan. 2018.

MAB [Museu Afro Brasil], Relatório de Atividades Anual. 2015. Disponível em: http://www.museuafrobrasil.org.br/docs/default-source/docs--admin/relat%C3%B3rio-de-atividades-anual-2015.pdf?sfvrsn=0. Acesso em: 14/06/2018.

MAB [Museu Afro Brasil]. Plano Museológico, 2011. Disponível em: http://www.museuafrobrasil.org.br/docs/default-source/Institucional/plano-museologico.pd. Acesso em: 23 mar. 2015.

MAGALHÃES, Aline Montenegro. *Troféus da guerra perdida*: um estudo histórico sobre a escrita de si de Gustavo Barroso. Tese (Doutorado em História Social) — Instituto de Filosofia e Ciências Sociais da Universidade Federal do Rio de Janeiro, 2009.

MHN [Museu Histórico Nacional] Website. Disponível em: http://mhn.museus.gov.br/. Acesso em: 18 fev. 2018

MHN [Museu Histórico Nacional] (Ed.) National Historical Museum: 90 years of history. Rio de Janeiro: MHN, 2013a.

MHN [Museu Histórico Nacional] Website. [seção] Equipe do MHN. Disponível em: http://mhn.museus.gov.br/. Acesso em: 28 out. 2013b.

MHN [Museu Histórico Nacional] Plano Museológico, 2008. Disponível em: http://www.museus.gov.br/wp-content/uploads/2014/10/PlanoMuseologico_MuseuHistoricoNacional.pdf>. Acesso em: 12 dez. 2014.

MARINS, Paulo César Garcez. O Parque do Ibirapuera e a construção da identidade paulista. *Anais do Museu Paulista: História e Cultura Material*, v. 6/7, p. 9-36, 1999.

MATOS, Patrícia Ferraz. *As "Côres" do Império*. Representações Raciais no Império Português. Lisboa: ICS, 2006.

MEDINA, João Gilberto Freyre contestado: o lusotropicalismo criticado nas colónias portuguesas como alibi colonial do salazarismo. *Revista USP*, n. 45, , p. 48-61, mar./maio 2000.

MILHEIRO, Ana Vaz *Construir em África a arquitectura do Gabinete de Urbanização Colonial em Cabo Verde, Guiné-Bissau, São Tomé e Princípe, Angola e Moçambique, 1944-1974*. Lisboa: ISCTE, 2013.

OLIVEIRA, Lúcia Lippi. *A questão nacional na Primeira República*. São Paulo; Brasília: Brasiliense; CNPQ, 1990.

PAIS DE BRITO, Joaquim. Entrevista. Museu Nacional de Etnologia, Lisboa, 2015.

PALLARES-BURKE, Maria Lúcia. Gilberto Freyre and Brazilian Self-Perception. In: BETHENCOURT, Francisco; PEARCE, Adrian (ed.). *Racism and ethnic relations in the Portuguese-speaking world*. Oxford: Oxford University Press for the British Academy, p. 113-32, 2012.

PERALTA, Elsa. Fictions of a creole nation: (re) presenting Portugal's imperial past. In: BONAVITA, Helen Vella (ed.). *Negotiating identities*: constructed selves and others. Amsterdam; New York: Rodopi, p. 193-217, 2011.

PEREIRA, Amilcar Araujo; ARAÚJO, Marta. Raça, História e Educação no Brasil e em Portugal: desafios e perspectivas. *Educação & Realidade*, v. 42, p. 139-160, 2017.

PEREIRA, Rui Mateus. Introdução à reedição de 1998. In: DIAS, Jorge (ed.). *Os Macondes de Moçambique*. Volume I. Lisboa: CNCDP/ IICT), 1998.

PEREIRA, Rui Mateus. Raça, Sangue e Robustez. Os paradigmas da Antropologia Física colonial portuguesa. *Cadernos de Estudos Africanos*, v. 7/8, p. 209-41, 2005.

RIBEIRO, Darcy. *O povo brasileiro*: a formação e o sentido do Brasil. São Paulo: Companhia das Letras, 1995.

SANTOS, Myrian Sepúlveda dos. *A escrita do passado em museus históricos* Rio de Janeiro: Garamond, 2006.

SÃO PAULO (Município). Decreto nº 44.148/2003. Dispõe sobre revogação de decreto de permissão de uso. Câmara Municipal de São Paulo, 2003. Disponível em: http://documentacao.camara.sp.gov.br/iah/fulltext/decretos/D44148.pdf. Acesso em: 12 ago. 2021.

SÃO PAULO (Município). Decreto nº 44.816/2004. Dispõe sobre a criação do museu Afro-Brasil. Secretaria do Governo Municipal de São Paulo, 2004. Disponível em: http://legislacao.prefeitura.sp.gov.br/leis/decreto-44816-de-1-de-junho-de-2004. Acesso em: 12 ago. 2021.

SILVA, Nelson Inocêncio. *Museu Afro Brasil no Contexto da Diáspora*: dimensões contra-hegemônicas das artes e culturas negras. Tese (Doutorado em Arte) — Programa de Pór-Graduação em Arte da Universidade de Brasília, 2013.

SILVA, Renato. Entrevista. Museu Afro Brasil. São Paulo, 2015.

SMITH, Laurajane. Affect and Registers of Engagement: Navigating Emotional Responses to Dissonant Heritages. In: SMITH, Laurajane; CUBITT, Geoffrey; WILSON, Ross; FOUSEKI, Kalliopi. *Representing Enslavement and Abolition in Museums*: Ambiguous Engagements. London: Routledge, p. 260-303, 2011.

SOUZA, Jessé. Gilberto Freyre e a singularidade cultural brasileira. *Tempo Social*, v. 12, p. 69-100, 2000.

SOUZA, Marcelo de Salete. A Configuração da Curadoria de Arte Afro-Brasileia de Emanoel Araujo. Dissertação (Mestrado em História e Historiografia da Arte) — Programa de Pós-Graduação Interunidades em Estética e História da Arte da Universidade de São Paulo, 2009.

THOMAZ, Omar Ribeiro. Do saber colonial ao luso-tropicalismo: "raça" e "nação" nas primeiras décadas do Salazarismo. In: THOMAZ, Omar Ribeiro; MAIO, Marcos Chor; SANTOS, Ricardo Ventura (ed.). *Raça, ciência e sociedade*. Rio de Janeiro: Fiocruz/CCBB, p. 85-106, 1996.

TOJAL, Amanda. Política de acessibilidade comunicacional em museus: para quê e para quem?. *Museologia e Interdisciplinaridade*, v. 4, n. 7, p. 190-202, 2015.

TOSTES, Vera. Museu Histórico Nacional - De Fortaleza a Maior Museu de História Brasileira. In Wagner Barja (ed.), Gestão museológica: Questões teóricas e práticas (Brasília: Edições Câmara), p. 81-90, 2013.

VALE DE ALMEIDA, Miguel. *An earth-colored sea*: "race", culture and the politics of identity in the postcolonial Portuguese-speaking world. New York; Oxford: Berghahn, 2005.

WEISER, M. Elizabeth. *Museum Rhetoric*: Building Civic Identity in National Spaces. University Park: Penn State University Press, 2017.

Adebal Andrade Júnior

E-MAIL: **adebaldeandrade@gmail.com**

Doutor em Antropologia Cultural pela Universidade Federal do Rio de Janeiro (UFRJ).

Carlos Alfredo Gadea

E-MAIL: **cgadea@unisinos.br**

Doutor em Sociologia Política pela Universidade Federal de Santa Catarina (UFSC). Professor e pesquisador do Programa de Pós-graduação em Ciências Sociais e do Programa de Pós-graduação em Educação da Universidade do Vale do Rio dos Sinos (UNISINOS). Bolsista de Produtividade 1C do CNPq.

Fred Coelho

E-MAIL: **pauperia@gmail.com**

Doutor em Literatura Brasileira pela Pontifícia Universidade Católica do Rio de Janeiro (PUC-Rio). Professor adjunto dos cursos de Literatura e Artes Cênicas e da Pós-Graduação em Literatura, Cultura e Contemporaneidade (PPGLCC) do Departamento de Letras da PUC-Rio. Diretor do Museu Universitário Solar Granjean de Montigny da PUC-Rio.

Gabriel da Silva Vidal Cid

E-MAIL: **gabrielsvcid@gmail.com**

Doutor em Sociologia pelo Instituto de Estudos Sociais e Políticos, da Universidade do Estado do Rio de Janeiro (IESP/UERJ). Bolsista FAPERJ de pós- doutorado no Programa de Pós-graduação em Ciências Sociais da Universidade do Estado do Rio de Janeiro (PPCIS/UERJ). Coordenador do grupo de pesquisa Arte, Cultura e Poder.

Gilvan Barreto

E-MAIL: **gilvan@gilvanbarreto.com**

Fotógrafo e artista visual. Diretor do documentário *Prelúdio da Fúria* (2016) e codiretor de *Novo Mundo* (2020), websérie e curta-metragem sobre violência de Estado e racismo. Vencedor dos prêmios Brasil de Fotografia (em 2017 e 2014), Marc Ferrez Funarte (2014), Conrado Wessel de Arte (2013), Pierre Verger (2017) e um dos artistas selecionados pelo Rumos (Itaú Cultural) em 2018 e 2014.

Joseane Paiva Macedo Brandão

E-MAIL: **joseanebrandao71@gmail.com**

Doutora em Sociologia pela Universidade Federal de Sergipe (UFS). Professora do Mestrado Profissional em Preservação do Patrimônio Cultural do Instituto do Patrimônio Histórico e Artístico Nacional (IPHAN).

Leopoldo Guilherme Pio

E-MAIL: **leopoldo.pio@unirio.br**

Doutor em Ciências Sociais pela Universidade do Estado do Rio de Janeiro (UERJ). Professor adjunto da Faculdade de Ciências Sociais e do Departamento de Saúde Coletiva da Universidade Federal do Estado do Rio de Janeiro (UNIRIO). Colaborador do grupo de pesquisa Arte, Cultura e Poder.

Lília Rolim Abadia
E-MAIL: **liliabadia@gmail.com**

Doutora em Teoria Crítica e Estudos Culturais pela Universidade de Nottingham. Pesquisadora associada ao Programa de Pós-graduação *Stricto Sensu* em Educação da Universidade Católica de Brasília (UCB) pelo Programa Nacional de Pós-doutorado (CAPES PNPD-UCB).

Luciane Barbosa de Souza
E-MAIL: **llucianebarbosa@gmail.com**

Mestre em Patrimônio, Cultura e Sociedade pelo Programa de Pós-graduação do Instituto Multidisciplinar da Universidade Federal Rural do Rio de Janeiro (IM-NI/UFRRJ).

Maurício Barros de Castro
E-MAIL: **barrosdecastro@yahoo.com.br**

Doutor em História pela Universidade de São Paulo (USP). Professor adjunto do Programa de Pós-graduação em Artes (PPGArtes) e do Programa de Pós-graduação em História da Arte (PPGHA) do Instituto de Artes da Universidade do Estado do Rio de Janeiro (IA-UERJ).

Myrian Sepúlveda dos Santos
E-MAIL: **myrian@uerj.br**

Doutora em Sociologia pela New School for Social Research. Professora titular do Programa de Pós-graduação em Ciências Sociais (PPCIS) da Universidade do Estado do Rio de Janeiro (UERJ). Coordenadora do grupo de pesquisa Arte, Cultura e Poder . Bolsista de Produtividade 1B do CNPq.

Tatiane Schilaro

E-MAIL: **trosa@ucsc.edu**

Doutoranda em Estudos Visuais pela University of California Santa Cruz, escritora e curadora independente. Foi diretora criativa e curadora da residência artística AnnexB, em Nova York, e curadora das exposições Mexic-Arte Museum (Austin), A.I.R. Gallery e Fundação NARS (Nova York), Fundação Pró-Memória de São Caetano (São Paulo), e ArteActual FLASCO (Quito).

Tereza Ventura

E-mail: **terezatons@gmail.com**

Doutora em Sociologia pela Universidade de São Paulo (USP). Professora do Instituto de Ciências Sociais da Universidade do Estado do Rio de Janeiro (UERJ). Membro do grupo de pesquisa Arte, Cultura e Poder.

Viviane Borges

E-mail: **vivianetborges@gmail.com**

Doutora em História pela Universidade Federal do Rio Grande do Sul (UFRGS). Professora da Universidade do Estado de Santa Catarina (UDESC). Bolsista de Produtividade 2 do CNPq.

Yussef Dabert Salomão de Campos

E-mail: **yussefcampos@ufg.br**

Doutor em História pela Universidade Federal de Juiz de Fora (UFJF). Professor adjunto do Programa de Pós-graduação em História da Universidade Federal de Goiás (UFG) e do Mestrado em Estudos Culturais, Memória e Patrimônio da Universidade Estadual de Goiás (UEG). Coordenador do Grupo de Pesquisa Lugares e Patrimônio (LUPA-UFG/CNPq).

1ª edição	dezembro 2021
impressão	rotaplan
papel miolo	pólen soft 80g/m²
papel capa	cartão triplex 300g/m²
tipografia	calluna